霍布斯

西方思想家评传丛书

Hobbes

[美] A.P.马尔蒂尼 著　王军伟 译

目 录

前言 …………………………………………………… 1
致谢 …………………………………………………… 3
霍布斯作品简称 ……………………………………… 5
年表 …………………………………………………… 7

第一章　生平 …………………………………… 1
还乡 …………………………………………………… 1
早年生活 ……………………………………………… 4
科学与国际交流 ……………………………………… 8
政治观 ………………………………………………… 15
宗教、数学和科学论争 ……………………………… 18
拓展阅读 ……………………………………………… 23

第二章　形而上学与心 ………………………… 24
唯物主义 ……………………………………………… 25
意动 …………………………………………………… 29
机械论 ………………………………………………… 31
决定论 ………………………………………………… 32

心灵	33
感觉	34
想象	36
心理讨论	38
愿望、欲望和嫌恶	39
欲望的重要性	45
自由意志	48
结论	54
拓展阅读	55

第三章 道德哲学 …… 56

道德哲学和政治哲学	56
善与恶	59
自然状态	66
平等	68
自然权利	80
自由	82
自然法的定义	83
自然法的演绎	89
法与命题形式	100
其他自然法	102
自然法适用于何时	103
永恒的自然法	104
愚人	105
结论	109
拓展阅读	110

第四章 政治哲学 ································ 111

国家的起源 ································ 111
人 ······································ 116
授权和让权 ······························ 119
以力取得的主权 ·························· 130
主权者的性质 ···························· 134
政治自由 ································ 137
国家的解体 ······························ 138
霍布斯哲学的价值 ························ 141
结论 ···································· 142
拓展阅读 ································ 143

第五章 语言、逻辑和科学 ···················· 144

语言的基本单位 ·························· 145
名称 ···································· 148
含义与指称 ······························ 151
言语行为 ································ 153
定义 ···································· 154
必然命题和偶然命题 ······················ 157
哲学的价值 ······························ 158
哲学的范围和定义 ························ 160
科学的统一 ······························ 179
结论 ···································· 181
拓展阅读 ································ 182

第六章 宗 教 ······························ 183

文化语境和宗教信仰 ······················ 183

启示、先知和奇迹	187
信仰	193
宗教、迷信和真宗教	196
宗教的起因	200
宗教衰落的原因	207
上帝的本质和述说他的语言	209
结论	215
拓展阅读	216

第七章　霍布斯在当代　218

1975前的霍布斯研究	219
1975后的霍布斯研究政治哲学	224
道德哲学	228
主权者与国家	235
怀疑论与宽容	239
宗教	243
结论	247
拓展阅读	248

术语表	249
参考文献	251
译后记	260

图　表

图 5.1　一条平分一个角的直线的形成过程(见第 172 页)
图 5.2　一个复杂的几何图形的形成过程(见第 173 页)

前　言

我的《霍布斯传》于1999年出版后,我本打算不再撰写有关霍布斯的书了。从我最初研究霍布斯的作品《〈利维坦〉中的两个上帝》(1992)开始,再继之以另外两部作品《霍布斯词典》(1996)和《托马斯·霍布斯》(1997),我以为这本传记是我研究霍布斯的完美终结的作品。我的这本书赢得2000年罗伯特·汉米尔顿图书奖,我以为以一本书的长度来谈霍布斯,该说的都已经说尽。可是,一当布莱恩·雷特邀请我为他大名鼎鼎的"劳特里奇哲学家系列丛书"贡献作品时,我又改变了主意。我意识到我还有许多话要说,对某些问题我还会说得更好。要不是布莱恩,我不可能写出这本书,因此,我首先要感谢的就是他。

我还要感谢马克·伊格尔顿和尼尔·辛哈巴布,他们阅读了这本书的许多部分。还要感谢沙伦·利奥德和莱斯利·马蒂尼奇,他们阅读并讨论了全书。

这本书为本科生和非霍布斯哲学专家所写,这些读者可能是职业学者,也可能是受过教育的普通人。这个事实也说明了我的某些观点为什么会明了得多,因为假使我脑子里老想着霍布斯学者,这些观点本不会如此明了。除了最后一章,本书主要致力于解说霍布斯的哲学,有时我还与霍布斯展开争论。对哲学家来说,这种争论是一种尊重。

致　谢

摘自托马斯·霍布斯《利维坦》的引文均出自阿·帕·马蒂尼奇主编、大视野出版社2002年出版的《利维坦》一书,对本书的付印也受到该出版社的慷慨允诺。

霍布斯作品简称

征引办法:出自《论公民》、《论物体》、《自然法和政治法原理》和《利维坦》的引文均以章和节或章和段的模式标注。如果引文出处给出页码,则所用版本可在"参考文献"里找到。

AW	*Anti-White*	《驳怀特》
B	*Behemoth*	《比希莫特》
BB	*An Answer to Bishop Bramhall's Book, 'The Catching of the Leviathan'*	《对布拉姆霍尔主教的书〈捕捉利维坦〉的回应》
DC	*De cive*	《论公民》
DCo	*De corpore*	《论物体》
DH	*De homine*	《论人》
DPS	*Dialogue Between a Philosopher and a Student of the Common Laws*	《哲学家和英国普通法学者对话录》
DP	*Dialogus physicus*	《物理学对话录》
EL	*The Elements of Law, Natural and Politic*	《自然法和政治法原理》
EW	*English Works*	《英文作品集》
L	*Leviathan*	《利维坦》
LL	*Latin Leviathan*	拉丁文版《利维坦》
LN	*Of Liberty and Necessity*	《论自由和必然》

LR(C *Leviathan*, "Review and Conclusion" 《利维坦：评论和结论》

OL *Opera Latina* 《拉丁文作品集》

QLNC *Questions Concerning Liberty, Necessity, and Chance* 《关于自由、必然和偶然的问题》

年　表

1588　4月5日的一个大好星期五,霍布斯降生

1608　毕业于牛津的马格达伦学堂

1614　与未来的第二代德文郡伯爵威廉·卡文迪什首次出游欧洲大陆

1626　第一代德文郡伯爵去世

1627　第二代德文郡伯爵去世

1628　霍布斯所译修昔底德的《伯罗奔尼撒战争史》出版;与格瓦斯·克里夫顿第二次出游欧陆

1637　《修辞艺术概要》出版,可能不是霍布斯的译本

1640　随着短期国会的解散,《自然法和政治法原理》开始流传;12月动身去法国

1641　撰写并出版《对笛卡尔〈沉思录〉的第三轮辩驳》

1642　私自出版《论公民》

1645　与约翰·布拉姆霍尔就自由意志问题展开论战

1647　《论公民》公开出版;感染重病

1649　查理一世国王被处决

1651　《利维坦》出版

1652　1月末或2月初回到英国

1655　《论物体》出版

1656　《论物体》的英文版出版,内容有所变化,书末还附加"给数学专家所上的六次课"一文作为附录

1658　《论人》出版

1666—1668　可能为撰写《比希莫特》和《哲学家和英国普通法学者对话录》的时期

1668　《哲学作品集》在阿姆斯特丹出版;拉丁文本《利维坦》首次出版

1679　12月3日霍布斯离世

第一章 生 平

还乡

1652年冬天,63岁的托马斯·霍布斯渡过英吉利海峡,从法国回到英国。经过十年的自我流放,他或许以为这是一次凯旋。他的巨著①《利维坦》头一年的春季刚出版,而在大前年《论政治体》(1650)也已出版。他的第三部政治哲学著作《关于政府和社会的哲学基本原理》的出版日期是1651年,这是一本从拉丁文本《论公民》翻译过来的英文译本,而拉丁文本则以小私刻本的形式于1642年最早出现于巴黎,此后于1647年又出版了该书的扩充版。

这三部政治哲学著作全都为所谓的

---

① 巨著原文为拉丁文 magnum opus。——译者注

"绝对主权"观提供论证。"绝对主权"可能有两种不同的含义,而霍布斯似乎对两者都表示赞同。较薄弱形式的"绝对主权"的含义是:主权者不与任何其他的政治实体共同分享政治权力。在此意义上,绝对主权与混合政府体制形成对比。较牢固形式的"绝对主权"的含义是:主权者或政府拥有全部的政治权力,并且有权控制民众生活的各个方面。在此意义上,"绝对主权的学说"很容易与当今民主派理论家所持有的"有限主权论"形成对比。根据"有限主权论"的主张,要么政府无权控制民众生活的各个方面,要么政治权力必须在两个或两个以上的机构之间进行分割,而通常的情形是政府应具备两者。即使在君主立宪制政府中,君主的权力和它的权力的范围也是有限的。美国宪法有关隐私权的规定就是政府权力的有限性所造成的结果,而权力在立法、行政和司法等部门之间的分割,则是由政府各部门权力范围的有限性所造成的结果。

霍布斯返归英国,他的确表现得像是凯旋。他安顿在政治和知识活动集中的伦敦,而没有去他早年曾经工作过几十载的北方的德比郡定居。在伦敦,他经常参加名人们的社交聚会。

然而,霍布斯也得应付他不喜欢的情形。霍布斯在英国内战前和内战中很爱戴的国王查理一世在1649年被处决。尽管霍布斯献给了正被流放的国王查理二世一本他亲手写在羊皮纸上的豪华本《利维坦》,但是他也与查理的敌人——英国新建立的共和国——保持着友好的关系。由于英国公民自认为根据先前的誓言,他们有义务效忠君主,国会于是便要求所有的英国成年男性公民在"国会效忠书"上签字,这使得保皇党人很是不安,因为对这些人来说,国王流放的事实并未能减少他们对国王的效忠。然而,霍布斯却有办法对付这种良心上的不安。对他来讲,一个不能保护自己公民的"政府"就不能叫作政府。确切来讲,一个不能保护其人民的政治实体就不是人民的主权者。既然现在唯一能够保护英国人民的政治实体是当今的共和国,那么当今的共和国就是唯一的主权者。虽然霍布斯在其他书里曾经提到过这一观点,但只是在《利维坦》附录的"评论和结论"一文里才对此做过正面论证。尽管他认为查理一世被处决是一件不幸的事件,尽管他对君主制的喜爱胜过他对其他政府形式的喜爱,他的政治哲学却没有死缠在君主制上,他认为贵族制和民主制也同样是合法的政府形式。

由于霍布斯在 1630 年代和 1640 年代把大部分(或许最大部分)的时间都花在数学和自然科学上面,他作为 1650 年代早期杰出政治理论家的声誉便显得有些奇怪。他从 1630 年代开始就一直是未来纽卡斯尔公爵威廉·卡文迪什科学圈子中的一员。1635 年他在巴黎结识了身为巴黎科学界领袖的马丁·梅森,而他结识的其他法国哲学家和科学家就不必再提了。1636 年春天,他和伽利略在佛罗伦萨会面。1637 年,他从卡纳尔姆·迪戈比男爵那里收到一本笛卡尔的《方法谈》,而迪戈比男爵是科学最亲密的赞助人。

当霍布斯准备于 1640 年代后期离开英国时,他曾与梅森通信,也许是为了安排他们在巴黎的会面。1644 年他为梅森的《弹道学》杂志撰写了一篇关于"弹道学"的文章。1640 年代霍布斯的主要工作是撰写他早已构思成型的哲学三部曲《哲学原理》的第一部。第一部叫作《论物体》,但是霍布斯直到 1640 年代末甚至到 1655 年都没有写完。在 1646 年的一封信中,霍布斯写道:

> 我之所以在《原理》的第一部上花去这么多的时间,部分原因是我的懒惰,但更主要的原因却是由于以下一个事实:我发现很难令我满意地说明我的意思,因为我力图在形而上学和物理学领域获得我希望在道德哲学领域已经获得的成就,以便不给任何批评家留下攻击我的余地。
>
> (霍布斯 1994:133)

大多数学者都认为,不是霍布斯的懒惰,而是他所遇到的论证上的困难延误了这本书的写作。

《论物体》于1655年出版后不久(英文译本出版于1656年)，便随即给霍布斯惹来了持续二十年的麻烦。麻烦的起因是他的唯物主义，因为许多批评家认为唯物主义与基督教水火不容。他自我吹嘘的"化圆为方的证明"也给他惹来争议。所谓"化圆为方的证明"，无非是一种方法，以这种方法仅靠直尺和圆规就可以画出一个与已知的一个圆面积相等的正方形。霍布斯与牛津的萨维里安几何学教授约翰·瓦利斯就这种证明的各个方面进行过争论，这些争论都记载于1650年代、1660年代以及1670年代出版的许多书籍和小册子里。霍布斯的所有证明，在当时有才干且不动感情的数学家看来，都是有问题的。尽管瓦利斯是一个非常有才干的数学家，并且也看出了霍布斯证明的错误，他却被感情左右，这使他在与霍布斯的争论中，不得不援引与数学问题无关的宗教和政治方面的论据。我想，霍布斯赢得的是一场不相干的战争，而输掉的却是数学战争。到1670年的时候，霍布斯作为数学家和科学家的声誉遭到无可挽回的损害。

早年生活

1588年4月15日，霍布斯因母亲早产而出生于威尔特郡马尔姆斯伯里的乡村，谁也没有料到他后来会成为显赫的名人。霍布斯在《自传》中说自己和"恐惧"是一对孪生兄弟。一些学者对其早产一事提出质疑，因为西班牙无敌舰队企图对英国的入侵直到七月才最终发生。对站在三百年历史高度上的后人来说，这或许是一个很舒服的推测：一个面对侵略而又受不到任何保护的孕妇，腹内除了胎儿一定还满怀恐惧。

霍布斯的父亲是一个愚昧无知而又嗜酒如命的乡村牧师。有一次他和另一名乡村牧师发生殴斗，随后往伦敦方向逃去，从此便从历史上消失。这事发生在霍布斯正要去牛津的马格达伦学堂读书的当儿,霍布斯的学费不得不由他的做手套生意发家的叔叔弗朗西斯来承担。

霍布斯生性早熟,他4岁入学,去牛津之前已通晓拉丁语、希腊语和数学。入学时他比马格达伦学堂的其他男同学们的年龄要小得多,然而他的成绩却毫不逊色。他对学校里传授的亚里士多德主义不屑一顾,然而却对花在捕鸟和逛书店及研究地图上的时光津津乐道。1608年2月霍布斯毕业,在校长的推荐之下,他受雇于威廉·卡文迪什,做他孩子威廉的家庭教师,后者即将成为德文郡伯爵。事实上,与其说霍布斯是教师,还不如说是一个玩伴。1614他们到欧洲大陆进行了一次伟大的旅行,这也是霍布斯有生以来第一次出国旅行。他们走访过许多地方,其中包括巴黎、威尼斯和罗马,他们的行程甚至遍及最南端的拿波里。1615年回到英国后,霍布斯开始把弗简提欧·米坎齐欧写给威廉的意大利文信函翻译成英文,这项工作一直持续到1628年。米坎齐欧是威尼斯共和国神学家保罗·萨皮的秘书。他在信中报道了发生在意大利附近的三十年战争的战况,并试图鼓动威廉,让他迂回游说詹姆斯一世支持威尼斯的事业。另一条接近詹姆斯的捷径须经由弗朗西斯·培根,于是米坎齐欧也开始与培根通信。约翰·奥布里是霍布斯的第一个传记作者,他说霍布斯有一段时间曾经做过培根的秘书,还把培根的一些小品文翻译成了拉丁文,这事可能发生在1620年代中期。霍布斯1615到1620年间的生活不为人知。

1620年到1630年,霍布斯为威廉完成了许多任务。他身兼弗吉尼亚公司的股东,列席1622—1624年间公司的会议,而弗吉尼亚公司是最早企图在美洲开拓殖民地的机构之一。他还要设法借钱,以帮助维持威廉①挥霍无度的生活。威廉在接任第二代德文

---

① 这里的威廉和紧接着提到的去世的威廉指儿子辈威廉,前次的威廉都是指其父。——译者注

郡伯爵的第二年,即1628·年就去世了。

霍布斯把自己的译作——修昔底德的《伯罗奔尼撒战争史》——题献给威廉(1629年)。霍布斯在他晚年的一个相当私密的日记里,说他和威廉在一起的时光是他一生中最幸福的时刻,他做梦不断梦到这段时光。霍布斯或许把他对修昔底德历史的翻译看作是政治行动的一部分。修昔底德对民主制的鄙视众所周知,对他的历史作品的翻译,很容易被看作是对查理一世的支持,而查理一世在1620年代的后五年正与国会的支持者们闹得不可开交。在他"致读者"的前言里,霍布斯说:"历史的主要和正当的任务,是以过去事件的知识教导人们,使他们在当下能够审慎处世,对未来能够未雨绸缪。"(霍布斯 1629:xxi)1620年代通常被认为是霍布斯生命中的人文时期,他花在翻译米坎齐欧书信上的时间,从希腊语翻译修昔底德的历史,以及他为这部历史作品所撰写的引言——"修昔底德的生活和历史",都可以证明这个判断。"修昔底德的生活和历史"是"按照古典修辞学手册所奠定的准则而创作的,其目的是为了展现有说服力的论证"(斯金纳 2002:5)。

威廉死后,其庄园一度出现可怕的状况,威廉的遗孀克丽丝汀以为霍布斯在某种程度上应为此负责,因此可能责备过霍布斯。霍布斯于是被解雇,但是很快就又受雇于威廉的邻人葛外思·克里夫顿,以陪伴他的儿子于1629—1630年去欧陆周游,这是霍布斯第二次去欧洲大陆旅行。这次旅行期间,霍布斯在欧几里得的几何书中可能偶然发现了毕达哥拉斯定理的论证。起初,他对这个证明有些怀疑,因为据记载他曾经说道:"上帝呀,这不可能!"他仔细研究了关于此定理前提的证明,然后又研究了证明的前提,最后他终于信服。约翰·奥布里说,"这使他爱上几何学"(奥布里 1680:332)。一些学者、尤其是利奥·施特劳斯,认为科学和几何学对霍布斯并不重要,他们声称霍布斯不过是披着科学外衣的人文主义者。我却认为,自然科学尤其是几何学,给霍布斯以很大启示,使其能够以缜密的方式从事哲学。如果霍布斯未能做到这一点,那也不是因为他没有如此尝试过。无可否认,霍布斯在《利维坦》中有意识地努力使他的论证对那些不甚严密的思想者来说,显得更加有说服力。霍布斯特别钟爱几何学之处,是它的首先给出定义、然后再从定义得出逻辑结论的方法。如果求证正确,我们就会得到一个命题相互交织而形成的宝塔,宝塔的底座是无可质疑的定义;定义无可怀疑,乃是因为根据规定定义为真。几何学方法对霍布斯一般哲学的影响在《论物体》(1655 年)中表现得最为明显。

霍布斯刚一回到英国,克丽丝汀就重新雇用了他。1634 年,他带着第三代德文郡伯爵威廉①游历了法国和意大利。此时的霍布斯已进入不惑之年,他对这个桀骜不驯的孩子已疏于使用强硬的手段,他自己则专心致志地研究起物理学原理来。霍布斯把自己的大部分时间都花在梅森的学术圈里,尤其对感觉的结构发生浓厚的兴趣。理解感觉的关键如下:假设所有物质的东西都静止不动,或者假设万物都以同一速度向着同一方向运动,我们就无从把一物与另一物区分开来,因此也就无所谓感觉(《驳怀特》323)。因此,他认为万物之因无非是运动间的区别。他在《论物体》中对此观念的表述是:"因此,感觉者的感觉无非是感觉者内部某些器官的运动,这些如此运动的器官就是感觉器官。"(《论物体》25.2)我们对颜色、气味、味道和声音的质的经验,不是对事物本身所是(存在)的方式的精确表象,他的这一思想最早是由伽利略提出来的,而霍布斯有可能在 1636 年春天的佛罗伦萨遇见过伽利略。霍布斯于这年的秋天回到英国。

---

① 此威廉是克丽丝汀的儿子,此时尚年幼,因此文中用"带着"翻译 took。——译者注

科学与国际交流

霍布斯1630年代的生活鲜为人知。有一件有意思的事,说他可能在本·琼生1633年为查理一世所写的剧本中演过一个角色(马蒂尼奇1998a:370 – 371)。这时期比较重要的一件事是霍布斯与数学家和科学家圈子交往甚密,这个学术圈由威廉·卡文迪什主持,后来又由纽卡斯尔公爵主持。纽卡斯尔是"德文郡"卡文迪什们的堂兄弟。霍布斯与纽卡斯尔的交往早在几年前就开始了,当时他与纽卡斯尔都是邻近的高峰地区的探险队成员,探险的结果是霍布斯所写的一首拉丁文诗歌——《高峰奇观》,探险的目的是要发现"万物之因"(《拉丁作品集》5:327;也可参见马蒂尼奇1998b)。

1634年,霍布斯去了马尔姆斯伯里,就我们所知,这是他最后一次游访该地。这次游访期间,他遇见一个8岁的聪明孩子,这个男孩儿是他以前上小学时的老师罗伯特·拉蒂莫的学生。这次偶遇可谓好事,因为这个名叫约翰·奥布里的小学生,后来不但熟悉了解霍布斯,而且还为我们留下了霍布斯大部分生活的传记,尽管他的撰述不是那么精确,然而却栩栩如生地描绘了霍布斯生平的许多真实事件。我们没理由怀疑霍布斯有一个千金,他称其为他年轻时代的乐子。他一辈子没有结婚,因为处在他这种地位的人,不过是仰赖富人庇护过活的书生,一旦有了家室的确不方便。

1636年10月霍布斯回到伦敦后,除了与梅森和纽卡斯尔的圈子过往甚密以外,霍布斯可能还是牛津附近的大图圈子的常客。大图的圈子里有一些人注定要成名,这些人包括卢修斯·卡里、威廉·齐灵沃斯、亨利·哈蒙德、爱德华·海德和艾德蒙特·沃勒等。大图成员讨论的主要问题包括早期基督教史以及理性和启示的关系等。

1630年代,霍布斯与之交往的人们主要对三个问题中的两个尤其感兴趣,这两个问题就是科学与宗教,这两个问题也成了霍布斯从1640年代开始起的著述的主题。这其中的第三个问题是政治理论。《自然法和政治法原理》的手稿本在1640年的春天非常流行,霍布斯在这本书中首次提出了他的政治理论和他有关人的那部分科学。手稿的第一部分是"论人性",霍布斯给了感觉、想象、理性和感情以自然主义和唯物主义的解释。这部分还包含霍布斯政治理论的两对基础,即"人类在自然状态中相互平等和相互为战的观念"是基础一;"人类若根据自然法的命令而放弃对一切事物的权利,他们就能够逃脱这种状态",这种观念是基础二。第二部分名曰"论政治体",主要讨论政体的类别(例如君主制、贵族制和民主制),主权者的最高权力、叛乱的原因(这在1640年是一个敏感的话题)以及主权权力的义务等。1640年代末,正当长期国会即将开会时,霍布斯认为待在英国对自己来说已经不太安全,这主要是因为他在《自然法和政治法原理》中所表达的观点,以及他认为英国很可能要爆发内战,因此他离开英国。他后来称自己是"第一批逃跑的人"。1642年果然爆发内战,战争的结果是查理一世于1649年被处决。

1640年代霍布斯待在巴黎的十年,使他成了梅森学术圈很有价值的成员。他为学术圈贡献了他对笛卡尔《沉思录》第一轮驳难的一篇文章,此文出版于1641年。霍布斯是一个毫不留情的批判者。我想花一些篇幅来讨论霍布斯与笛卡尔之间的情感和哲学的联系,因为这有助于我们了解霍布斯的个性。

霍布斯批评了笛卡尔"我在思维因而我是思想"这种肤浅的推论(笛卡尔1641:122)。霍布斯说,它比"我在行走因而我是走"这种推论好不到哪里。霍布斯认为,"我思故我在"不是从某种直觉或直接的自我意识推论而来,它毋宁是从以下事实推论而来,即人不能"想象一个没有其主体的行为"。换言之,笛卡尔未能区分主体与其特性。霍布斯于是说,"似乎可由此推出:一个在思维的东西就是具有形体的东西"。笛卡尔尖刻地反驳说,"霍布斯的论断没有任何道理,它不仅完全违背了普通用法,也完全违背了逻辑"(笛卡尔 1641:124)。十五年之后,霍布斯终于搞清楚了笛卡尔犯错误的原因,原来笛卡尔推论的出发点源自以下事实,即"人可以不顾身体而去思考思维",即有些东西虽然没有躯体但仍然是在进行思维的东西(《论物体》3.5)。

霍布斯认为笛卡尔的问题还出在他对推理的错误认识上。霍布斯暗示了他后来即将断言的想法,即"推理不过是名称的相加减和相连接"。再者,既然名称是人附着于事物之上的任意标签,推理的结论对事物便无所说明,它所说明的无非是用在它们身上的标签(霍布斯 1641:125)。

> 既然我们已经证明推理无非是名称的相加减和相连接,无非是经由语词"是"连接起来的标签,我们还有什么可说的呢?我们会得出结论说,推理的结论对事物的本质无所说明,它们不过说明了用于事物的标签而已。也就是说,我们唯一能够推论的是,我们能否按照任意的约定俗成而把事物的名称结合在一起,这种约定俗成是我们就事物的意义而确定下来的。   (霍布斯 1641:125–126)

笛卡尔回敬说没必要把心思全部放在名称的起源问题上。人们推理时,他们连接的不是名称,而是"名称所指示的东西"(笛卡尔 1641:126)。尽管法国人和德国人操不同的语言,他们也还能就同一事物进行推理。

霍布斯与笛卡尔之间的重要区别之一,关系到人对上帝的知识。霍布斯认为所有观念最终都来自感觉。由于上帝永远不可能成为感觉的对象,因此人实际上不可能具有上帝的知识。霍布斯似乎认为人具有两类意象或观念。其中一种我们可称之为"求相似的"意象,这意味着它们能够表征或者刻画某种物质的对象,这也是我们所谓的本来意义上的观念。若问人对大树的意象,甚至人对狮头羊身蛇尾的吐火女怪客迈拉的意象,是否与某种对象"相似",这种问法是有道理的。但是,如果我们也这样就另一类"不求相似的"意象来设问,却是没有道理的。当人想到天使时,他或她的思想会伴随有火苗或"有着双翼的美丽孩子"的意象,但是这人却万万不可能想到这些意象会表示与天使的"相似"。与人对上帝的思想相伴随的任何意象也有着同样的情形:"(我们)不具有与神圣上帝的名字相对应的观念或者意象",总之,"我们不具有上帝的观念"(霍布斯1641:127)。这种隐含在霍布斯有关天使和上帝的断言背后的思想,不仅仅适用于天使和上帝,他还认为人也不具有对实体的观念。实体是这样一种东西,它的存在只有经由人的推理才能为人所知晓(霍布斯1641:130)。对于一个没有相应的意象与之对应的物体,我们还可举出一个更重要的实例,即盲人。盲人即使"认识到有什么东西使他发热",他也不具有与火相类似的意象。盲人相信的是:火的存在是推论的结果,不是任何直接经验的结果。

霍布斯用"盲人相信火存在"这样的实例,来类比人对上帝存在的知识。霍布斯对上帝存在的证明,是宇宙论证明的草率的翻版:人认识到——

> 他的意象或观念一定有原因,而这个原因也一定有在先的原因,如此类推。这促使他最终假定有一个永恒因,这种永恒因由于从没有开始存在过,因此也不可能有先于它自身的原因存在,于是他便断定一定有某种永恒的东西存在。
>
> (霍布斯1641:127)

霍布斯把这种东西称作上帝。

十年后霍布斯在《利维坦》中使用了类似的证明:

> 好奇心或对于原因的知识的爱好,引导人们从考虑结果

而去探索原因,接着又去探求这原因的原因;一直到最后就必然会得出一个想法:某一个原因的前面再没有其他原因存在,它是永恒因,也就是人们所谓的上帝……只是他的心中不可能存在与上帝的本性相符合的任何神的观念。

(《利维坦》11.25)

天生的瞎子"听见人家谈烤火取暖,并且自己也被领去烤火取暖",于是霍布斯就把人对上帝的知识同这种天生瞎子的知识相提并论(《利维坦》11.25)。这个瞎子开始相信火即便没有与之相似的观念也照样存在。霍布斯对上帝的证明既简略又草率。不过,既然17世纪中期英国的无神论者少之又少,那么对上帝的存在进行精致的论证,也的确没有多大意义。

霍布斯与笛卡尔对"无限"的含义也意见不一致。霍布斯的意见较消极。他说:"某物是无限的,这意味着我不可能设想或想象任何人们所认定的界限或极端,除非我能够想象超出它们以外的界限。"我们由此便可推出,"与'无限'这个词语相关联而产生的,不是关于上帝的、无限性的观念,而是有关我自身的边界或界限的观念"(霍布斯1641:131)。相反,笛卡尔却持有一种较积极的无限观。尽管上帝不与外界任何物质客体相似,只要我们从某些观念进行推论,我们仍然能够对上帝无限存在的方式形成某种观念。从人的有限智力的观念,我们能够推论出上帝的无限智力的观念。

霍布斯不能够照着几乎两千年来哲学家们所一直进行的那种方式去从事哲学,即他无法设想一个非物质的东西,笛卡尔对此不知如何是好。从这一点开始,霍布斯的反驳变得越来越轻蔑,而笛卡尔的应答也越来越不耐烦。笛卡尔用一两句话的篇幅说道:"我看不出有什么东西值得答复。"霍布斯在下一轮的辩驳中说:"我们不具有上帝的观念(也没有什么能够证明我们的确具有这种观念)。"笛卡尔反唇相讥道:"我们的确具有上帝的观念,很显然,我们

的确具有上帝的观念。"(霍布斯 1641:127,笛卡尔 1641:127)

现在回想起来,霍布斯与笛卡尔辩论不起来,其实并不奇怪。霍布斯是一个顽固不化的一元论者和唯物主义者,而笛卡尔则是一个二元论者和理性主义者,他们每个人都把自己看得很高,他们似乎都认为哲学声誉是得失攸关的赌赛。

到 1640 年,霍布斯已经发展出他的有关光学的理论,这种理论最终作为《论人》的一部分于 1658 年出版。他把 1640 年代的大部分时光都用在了撰写《论物体》上面,这本书将是他的《哲学原理》的第一部分。到 1645 年 5 月他已经写到第十三章,而 1648 年 8 月他可能已写到第三十五章,但是他却不能将其写成令自己满意的形式。他在 1646 年 6 月的一封信中写道,他正试图把自己的科学观点写进一种"不会给任何批评家留有批判我的余地"的形式中去。再后来,他又说不是"寻求真理的努力,而是解释和证明真理的努力,延误了书的出版"(摘自斯金纳 2002:11)。这种解释和证明来得太晚了,我们有理由相信他正犹豫不决。他还写过一部厚厚的、通常被称作"驳怀特"的手稿,它除了批判托马斯·怀特的《论宇宙》(1642 年)以外,还检审了后来出现于《论物体》中的许多观点。1647 年,他接受了为未来英王查理二世教授数学的任务。然而,他依然有时间从事自己的研究(斯金纳 2002:17),并且可能一直在撰写《利维坦》有关罗伯特·贝拉民的那部分章节(舒曼 2004)。人们期待霍布斯能够大约于 1647 年初完成此书,但是过了这个期限,他的朋友才开始明白,这本书即使再过一年也完不成。1649 年 6 月,霍布斯自己曾经乐观地估计会在那一年的夏季末完成此书。但是事情往往不如人意,这本书的出版要一直等到未来好几年以后。《论物体》于 1655 年出版,并且于第二年出版了英文译本。正如我们后来看到的那样,霍布斯"作家的大厦"(如果这个词用得合适的话)并没有继续"扩建"到政治哲学领域,也没有扩展到哲学的其他领域。1645 年,他用英语撰写了他的光学草稿,草稿的一半作为《论人》的一部分以拉丁文出版于1658年。

纽卡斯尔与霍布斯一样,也在巴黎自我流放。1645年,他邀请霍布斯和约翰·布拉姆霍尔就自由意志问题进行一番辩论。布拉姆霍尔持传统的学术观,他认为人有自由意志,而自由意志则是褒贬的归属和奖惩的分配的必要条件。霍布斯则认为自由意志是一个有着内在矛盾的概念。唯有行动的人才有自由,而意志不过是人在行动前的最后欲望。只有人才能被驱使,而欲望却不能。褒奖应该赐予那些以满意方式行动的人,而贬惩则应该施与那些犯法之人。

由于据我们所知,这场辩论火药味儿不浓,所以纽卡斯尔对此极为赞赏,他还请求霍布斯和布拉姆霍尔把他们各自的观点写下来,以便他做进一步的研究。1654年,霍布斯的一个朋友在霍布斯不知情的情况下出版了他的论著《论自由和必然》,并且还撰写了一篇挑战性的序言。布拉姆霍尔以为这本论著的出版是霍布斯的授意,于是也将他自己的作品——《为真正自由一辩》(1655年)——付诸印行。没有人从这场斗争中退却,因为这毕竟是智力斗争,霍布斯1656年以《关于自由、必然和偶然的问题》的论著答复了布拉姆霍尔,这本书收集了霍布斯自己的论文、布拉姆霍尔的论文和霍布斯对布拉姆霍尔论文的答辩。随后,布拉姆霍尔又于第二年撰写了《对霍布斯先生的批判》,以此回应了霍布斯,书末还附有一篇叫作"捕捉利维坦"的论文。霍布斯大约在1668年撰写了《对"捕捉利维坦"的答辩》,但是这本书直到1682年才得以出版。(由于版本等诸多混论,不同版本对本段提到的书给出了不同的出版日期。)

1647年夏,霍布斯患了严重的疾病,这病严重到了使他向一个英国国教牧师忏悔罪过、并向另一个牧师请吃圣餐的地步。大约就在这时,他的手像得了今天帕金森综合征的病人那样开始颤抖起来,这种颤抖持续了好几年,他几乎不能清楚地写下自己的名字。

尽管1640年代霍布斯如此专注于科学,他此时发表的《论公民》却是一本政治哲学著作,这本书很大程度上是对《自然法和政治法原理》的继续加工和重写。由于霍布斯几本主要著作的名称和相互之间的关系相当复杂,我这里把他写于1640—1670间的主要哲学著作罗列如下:

(一)《自然法和政治法原理》以手稿形式流传于1640年;后来分两部分出版:

1.《论人》(1650年)。

2.《论政治体》(1650年)。

(二)《哲学原理》分三部分出版:

第一部分:《论物体》(1655年),翻译成英文后于1656年以《哲学原理:第一部分,关于物体》的书名出版。

第二部分:《论人》(1658年)(直到20世纪才有英文译本)。

第三部分:《论公民》(1642、1647年),译成英文后于1651年以《关于政府和社会的哲学基本原理》为书名出版。

(三)《利维坦》英文本出版于1651年,译成拉丁文后稍有改动出版于1668年。

政治观

既然《论公民》非常成功,我们不十分清楚霍布斯为什么还要写《利维坦》,这其中可能有个人的原因。法国天主教牧师不欢迎霍布斯,而且梅森已于1648年9月去世,伽桑狄也离开了巴黎,这些因素都促使霍布斯回归英国。可能还有其他原因,例如查理一世1649年被长期国会的残余势力判处绞刑等。由于国会无权审判国王,因此国会处决国王更属非法,但是这却催生了一个新政府的诞生,人们称其为"共和国"。共和国废除了君主制和贵族院。

据传霍布斯说给克拉雷登伯爵爱德华·海德的话,不可不全信。他对伯爵说过"实际情形是我很想回家",这话的意思不是说霍布斯隐瞒了他的立场,或者说他仅仅为了迎合英国的反君主制领导人而改变了自己的某些立场,但是这话却的确意味着:有些本来会被轻描淡写的观点,现在却可以张而扬之了。霍布斯在《利维坦》的最后一章"综述与结论"里,的确直接谈到了英国内战后的情况。共和国深知自己合法性的脆弱,于是便要求所有英国成年男性在"国会效忠书"上签字,"效忠书"是表示支持新政府的誓言。保皇党人相信自己还受到先前誓言的约束而必须效忠君主制,虽然查理二世不过是一个还在流放中的名义上的君主。

> 我在最近印行的各种英文书籍中看到,内战至今还没有充分地使人们认识到,在什么时候臣民对征服者负有义务,也没有使人认识到征服是什么,或征服怎样使人有义务服从征服者的法律。因此,为了使人们在这方面进一步得到满意的答案,我便提出这样一个说法:当一个人有自由服从征服者时,如以明确的言辞或其他充分的表征,表示承认成为其臣民,这个时候就是他成为征服者臣民的时候。

(《利维坦》"综述与结论"第6段)

事实上,霍布斯是在告诫那些内战中曾经忠诚于国王的英国人,怎么做才会使自己的良心过得去。保皇党人可以在"效忠书"上签字,因为当一个主权者不再能够保护自己的时候,臣民对它的义务效忠也就终止了,而流放中的查理二世已不能保护英国人民。共和国是通过非法行为建立起来的,但是这个事实并不能改变它现在是英国的合法政府这一事实,因为许多英国臣民已经加入这个政府,这个政府也有能力保护他们。

再者,霍布斯还编造了一个稍带私利的论证,这种论证使得承

认"效忠书"比对抗共和国政府、对流放中的国王更有利:

> 此外,如果我们考虑到,一个臣服的人只是用自己一部分的财产帮助了敌人,而抗拒的人则用全部财产帮助了敌人,那么我们就没有理由把他的臣服或和解说成是一种帮助,而只能说成是对敌人的一种伤害。
>
> (《利维坦》"综述与结论"第6段)

霍布斯也许想为他以前学生的行为做些公然的辩护,他的这个学生刚刚回到英国,并且想和新政府和解,他就是德文郡第三代伯爵。

一些批评家指责霍布斯仅仅为了能顺利归国就放弃了自己保皇党派的同情心,我却认为霍布斯不过发现他的理论有某种效果,能给他和他的同胞带来便利。虽然如此,《利维坦》绝大部分都与1651年英国政府的合法性这个具体的问题扯不上任何直接的关系,而且本书的绝大部分内容都让读者感到恼火。

虽然我集中关注《利维坦》与1651年的政治境况的联系,但是这部哲学作品的重要性却源自它的其他特点。《利维坦》论述的是唯物主义的形而上学和利己主义的心理学,从这种形而上学和心理学又产生出公民国家存在的理由。《利维坦》谈到政府的本性与必然性,谈到臣民对政府所拥有的义务、教会与国家的关系以及基督教哲学。本书其余的大部分篇幅都用来说明霍布斯对这些问题的看法。

1650年代的十年也许是霍布斯生活中最美好的阶段,他在英国既安然自得又鼎鼎有名。他与伦敦最有名望的人来往,包括约翰·赛尔登、威廉·哈维和查尔斯·斯卡波罗。他还参加社交聚会,在聚会上他总是给任何对他的哲学感兴趣的人讲授哲学。可是谁要是胆敢顶撞他,那可就遭殃了,"他对顶撞没有耐心……如果有人胆敢反驳他的意见,他就会愤然离去,并且口中还念念有词,说自己的任务是传授而不是辩论"(普伯1697:118)。这种态度在《论公民》中也有所显露,"因为我并不沉溺于争论,我只是推理"(塔克1988a:19-20)。

甚至在王政开始复辟时期,霍布斯似乎也很走运。尽管早在他决定回英国时,他就已经失宠于查理二世的王朝,但是查理二世却很喜欢他,约翰·奥布里讲述的故事很能够说明这一点:

> 这事发生在国王陛下回到英国的大约两三天后,陛下的车驾正要穿过斯特兰大街,而霍布斯先生正站在小萨里斯伯里家门口……这时陛下看见了他,还向他友好地脱帽致敬,问他怎么样。大约一周以后,他在考博先生家里还与陛下侃侃而谈,陛下在那里正等他的画像,他被霍布斯先生风趣的话逗得很开心。因此陛下已然恢复了对霍布斯先生的宠爱,他还吩咐让霍布斯先生随意出入宫门,因为霍布斯先生的机智和妙语总是哄得陛下很开心。
>
> (奥布里1680:340)

尽管如此,1660年代对霍布斯来说却并非最快乐的时期,因为他卷入了与当时最有名望的教士、科学家及数学家的论争之中。这些论争从1650年代开始一直持续到1670年代早期。我们已经讨论过他1650年代中期与布拉姆霍尔就自由意志问题所展开的争论。

宗教、数学和科学论争

霍布斯与牛津萨维里安几何学教授约翰·瓦利斯的争论,是其他争论中最不愉快的一个。争论的中心话题据说是有关霍布斯化圆为方证明的有效性。但话题的范围却远不止此,他们还扯到了内战期间各自为己方的所作所为,以及他们各自的宗教信仰。霍布斯证明了人可以构造一个与已知圆面积相等的正方形,瓦利斯于是于1655年出版了一本反驳此证明的书,争论由此引发。霍布斯以"给数学教授上的六堂课"的文章作为回应,他还把此文附于1656年《论物体》的英译本书后。瓦利斯接着又发表了一本叫作《由于霍布斯上课有误,为正校纪起见,特对霍布斯予以纠正》的书(1656)。霍布斯又采取攻势,发表了一本副标题名为《几何学教授和神学博士约翰·瓦利斯的荒诞几何学、村俗语言、苏格兰教会政治和野蛮愚昧的标志》的书(1657)。数学、宗教、政治甚至文法都在这场争论中完全搅和在一起。你来我往的论战性文章从1660年代一直持续到1670年代,这其中就包括他的著名的《对霍布斯先生的忠诚、宗教信仰、声望和行为的考察》一书。

这场争论的最重要的数学性的方面之一,是他对几何学优先于算术的拥护。在古希腊,几何学和算术无非是数学的两个分支。近代数学家如著名的笛卡尔和瓦利斯,都声称算术在逻辑上先于几何学。瓦利斯说:"2英尺的线条加上2英尺的线条等于4英尺的线条(一个几何学的例子),这是因为二加二等于四而不是相反。"伊萨克·巴若却持相反的主张。如果算术在逻辑上优先于几何学,那么,两个苹果加上一个2英尺的线条,就会等于四个什么东西,但这却很荒谬。于是,巴若主张,唯有当潜藏在每个数字之下的东西是二时,二加二才等于四。他说:"数学数字没有专属自身的存在,并且确实与它所表示的大小相区别,然而它却不过是人们以某种方式加以思考的、大小的标记或符号。"(耶瑟夫1996:323,第21节)我以为霍布斯的观点更加复杂,霍布斯以为几何学优于代数学的原因之一是,他认为数字都产生于物体化为其部分的切分。

霍布斯和皇家学会大名鼎鼎的成员罗伯特·波义耳也发生过争执,争论的话题是:波义耳的试验是否果真为真空存在提供了合理的证明。波义耳因为用简单器械制造了真空而声名远播,他所用器械基本由以下工具组成,即一个玻璃球,一个带有栓塞的连接管和一个内装木活塞的圆柱形试管。这个实验过程简单来讲就是：先抽回活塞，然后打开栓塞，于是玻璃球里的空气就被抽走。打开栓塞是为了让玻璃球里的空气进入到圆柱形试管里，然后再关闭栓塞，并把活塞推回到圆柱形试管的顶部。（栓塞下头装有一个可以开关的铜阀门，试管里的空气就是通过此阀门而逃逸的。）接着再重复这个过程，比如再抽回活塞等等，直到空气被抽干为止。在1661年所写的《物理学对话录》里，霍布斯批判了这个试验，并且指出，在栓塞与实验装置的连接处，空气很可能会漏入到玻璃球里；再者，当玻璃球里的浊气被抽干时，又会代之以清气，因为清气会通过玻璃本身而进入到玻璃球里，这也不是不可能。尽管这种可能性实际上不正确，但是却很有意思。波义耳撰写了《对霍布斯先生〈物理学对话录〉中有关空气本性的批判性研究》（1662）一书来为自己辩护。

使霍布斯对瓦利斯和波义耳大为恼火的部分原因，是因为他们两人都是皇家学会会员，而霍布斯却不是。霍布斯被排除在学会之外，人们对此有各种各样的解释。其中一个解释是说他很难与人相处。罗伯特·胡克写给波义耳的信说明了这一点：

> 我发现他（霍布斯）的每句话都带有毫不掩饰的脏话；他喜欢贬低他人的意见和判断；他的断言即使荒谬无比，他也不遗余力地对其进行维护；尽管荒谬无比又可怜兮兮，他却对自己的能力和成就自命不凡。

（胡克1663）

虽然他也不无和蔼亲切之处，但是一旦谁胆敢挑战他的观点，他也会暴跳如雷。但这却不是人们反对他的唯一原因，可能也不是主要原因。

另一个让皇家学会某些成员大为恼火的原因，是霍布斯认为科学不需要广泛试验的信念。皇家学会所宣称的目标是以试验来推进知识,霍布斯的信念恰恰与此相反。罗伯特·胡克写道,学会"不允许成员持有自然哲学原理的任何假设、体系和学说……因为自然哲学总是回到最初因……也不许武断地定义或规定科学事物的公理"(摘自马蒂尼奇 1999:297)。与此相反,霍布斯却认为公理是科学的第一原理,其他命题都由公理演绎而来。他认为大自然以潮汐、日食、落物以及相似的东西为人们提供了足够多的试验,皇家学会成员要是扔掉他们的机器和仪器,并且继续从他的《论物体》来演绎定理,学会会取得不少进步(《物理学对话录》379)。但是单凭这个原因也不能把霍布斯拒之于皇家学会之外,因为皇家学会也有一些成员对"学会试验工作的价值"满腹狐疑(斯金纳 2002:335)。

使霍布斯成为学会所反对的众矢之的的原因,是合在一起的两件事情。第一件事很有反讽意味,他的观点与皇家学会其他著名成员的观点很相似。约瑟夫·格兰维尔像霍布斯一样,认为大自然根据"有形的工具"运转着,认为"神圣的大自然是无限的,而我们的观念却非常浅薄而有限",认为人"对大自然最常见、最显眼之物的运作本质和方式都一无所知,因此就更不用指望去彻底理解上帝更深奥的事情了"。赛斯·瓦德同意霍布斯的观点,认为主权者有权管辖一切宗教事务;托马斯·斯波拉特赞同宗教应当"成为一切国家的世俗法律"(马尔康姆 1988:64)。使霍布斯被排除在学会门外的第二件事是以下一个事实,即霍布斯在宗教观上是一个有争议的人物,有人相信他是一个无神论者。许多人怀疑科学,认为科学会导致无神论。因此,学会成员似乎很不情愿他们中的某人落得霍布斯那样的名声。

1657年,"一个叫罗宾逊的苏格兰人……一个多管闲事、对自己的主意又自命不凡的人……把霍布斯的《利维坦》提交给了国会组织的委员会,他认为这是一本最最恶毒的无神论作品"(伯顿 1828:348-349)。但是什么也没有发生。1666年10月,一份议案被提交到下院，要求判定是否应当以无神论或异端邪说的罪名起诉霍布斯，而霍布斯依然安然无恙。为了保护自己，霍布斯小心翼翼地烧毁了自己的一些手稿，下院没有对他提起任何控诉。一些人因此认为此举足以证明霍布斯是一个无神论者或异端分子。我希望这些人永远不要坐在陪审团里。一个无辜之人也会拥有一些可能会把他牵连进某种罪名的东西，一旦这些东西变成审判时的证据，他就会被判有罪。这种倾向性并不意味着此证据就是一个可靠的、通达事实的向导，并且一个谨慎的人也会采取适当的措施，设法使这些东西不被用来反对自己。在20世纪50年代的麦卡锡时代，许多无辜的美国人仅仅为了自己的友谊和会籍的缘故而受到国会委员会和政府当局的骚扰，实际上他们并没有犯任何罪错。

某些宗教人士和其他盲信宗教者的敌意，直接或间接地驱使霍布斯于1660年代晚期撰写了有关异端性质及对其适当惩处的作品，这其中之一便是《有关异端及其惩处的历史解说》，这本书完成于1668年7月（霍布斯1994：699）。这同一年，《利维坦》的拉丁文译本也出版面世，与这本书一起出版的还有《拉丁著作集》中的一些拉丁文作品。拉丁文版《利维坦》比其英文版篇幅要短些，并且也不那么辛辣。它还包括一篇附录，附录的其中一部分是用来研究异端的，这个附录实际包含了《有关异端及其惩处的历史解说》的大部分内容。

1660年代晚期，也可能是1670年，霍布斯撰写了《比希莫特》一书。这是一本有关英国内战的书，他想借内战时期的事件来推行自己的如下政治观，即宗教应受主权者的控制，主权者应当享有绝对的权力和权威。如果不能满足这些条件，内战就是不可避免的结果。尽管他恳请查理二世允许出版此书，查理却拒绝了他的请求。这本书在他死后的1679年出版。

1670年代中期，霍布斯对这一切都厌烦透顶。1675年，霍布斯永远离开伦敦，在查特沃斯和哈德威克庄园度过余生。但他却没有闲着，他翻译了荷马的两本著作——《奥德赛》和《伊利亚特》。这两本译作由于其翻译错误和语言笨拙而饱受批评。然而尽管有这么多批评，我却认为霍布斯的译本比起某些被看好的其他译本来，反而更加耐读，并且实质上也更加忠实于荷马史诗（参见马蒂尼奇 1999：338－343）。

霍布斯经过长期的疾病困扰后死于 1679 年 12 月 4 日，遗体被安葬在德比郡哈德威克庄园附近的教堂墓地里。他的朋友詹姆斯·威尔顿说霍布斯"与其说死于疾病的威力，还不如说死于养料的缺乏……和单纯的虚弱及衰朽，他的病被认为不过是他的老迈和虚弱的结果"。尽管他曾经教导世人，说死亡是最大的邪恶，但在他的各种版本的诗体自传的结尾处，他都写道："而死神就站在我跟前，对我说：'不要害怕。'"

拓展阅读

Aubrey, J.（1680）*Brief Lives*, Vol. I, Andrew（ed.）（1898）Oxford：Clarendon Press. 一本虽然稍欠精确、但却饶有兴味的一本传记。

Malcolm, N.（2002）*Aspects of Hobbes*, Oxford：Clarendon Press. 第一章是一个既可靠又短小的传记。

Martinich, A. P.（1999）*Hobbes：A Biography*, Cambridge：Cambridge University Press. 一本将其哲学与其生活和政治环境完美结合的长篇传记。

第二章　形而上学与心

霍布斯是一个毫不妥协的唯物主义者、机械主义者和决定论者。作为唯物主义者，他相信唯一存在的东西是物质；作为机械主义者，他相信一切原因都由某物与另一物的接触而引起；作为决定论者，他相信每件事都有一个运动着的原因，这个运动着的原因决定了某个结果。本书接下来从本页一直到"感觉"一节，将会详细讨论这些问题。

他的有关心的观念十分顺畅地从方才所列举的理论中流溢而来。他将包括心在内的所有心理现象都还原为大脑和心脏内各器官的运动。物质实在的纯粹量的特质，与心理经验的纯粹质的特质之间所存在的明显的龃龉，没有让他感到丝毫的不安。他深信存在着的东西无不是运动着的物体，因此他认为没有必要费心去解释这些物体如何会引起意识。他有关心的观念将会在本书再接下来的"感觉"一节直到本章结尾部分进行讨论。

唯物主义

对霍布斯来说，物体就是"占有空间的一切东西，或者是能量出长度、宽度和深度的一切东西"（《驳怀特》311）。物体虽然占有空间，但却并非空间。他并非原子论者，因为从理论上讲，物质是无限或无尽可分割的东西。物质无论以多么少的量出现，这种量在实际上也是不可分割的。

霍布斯把运动定义为"离开一位置再得到另一位置的循环往复"（《论物体》8.10；也可参见 15.1）。构成宇宙的物质必然处在运动当中，因为无物能够推动自身，一切运动的改变都由其他的运动所引起。任何静止的东西既不会引起自身的运动，也不会引起其他东西的运动。这主要是因为他的因果论和运动原理：如果一物体处于静止状态，那么它就不能使自己运动起来，因为只有运动的东西才能引起运动。霍布斯之所以会主张任何静止的东西都不会引起运动，部分是因为他接受了伽利略提出的惯性定理，即除非受到另一个物体的作用，否则静止的物体将继续静止，运动的物体将继续运动（《利维坦》2.1；《论物体》15.1，15.7）。在《利维坦》中，霍布斯把人们都以为运动会自然减弱下来的习惯想法解释成心理投射的结果，因为人都会因运动而疲乏，因而总会歇下来，因此运动的物体似乎也总要感到疲乏（《利维坦》2.1）。可是这不过是把大自然拟人化罢了。

一切运动着的事物都由其他运动着的事物所推动，霍布斯的这一主张是以他的另一个主张为基础的，这另一个主张便是：没有东西可以是自我推动的推动者。霍布斯用归谬法①证明了这个主张。归谬的假定如下:某物体 S 由于其所拥有的特性 P 在某一时间 t_n 推动自身。现在可得到如下论证:要么 S 在紧挨 t_n 的先前时间 t_{n-1} 拥有 P,要么它没有。让我们考虑一下这两种情形。如果 S 在 t_{n-1} 的确拥有 P,那么 S 在那时推动了自身,而不是在随后的 t_n 推动了自身。霍布斯坚持这个结果,因为对他来说,只要原因在场,它就会起作用。人有时以为划火柴会使火柴燃烧,又以为有时划火柴也不能使火柴燃烧。霍布斯认为这种想法混乱不堪。只有个别的事件才能成为原因,而每个原因都是有结果的:每个原因都有结果(《驳怀特》316)。因此唯有那个划出火苗的划火柴行为,才是火苗产生的原因。从霍布斯的这一观点可得出:如果 S 在 t_{n-1} 拥有 P,却没有在 t_{n-1} 使自己运动起来,那么 P 就不是 S 因之而使自己运动起来的东西,而这与归谬的假定相矛盾。现在只剩下另一种情形,也就是,S 在 t_{n-1} 没有 P。在这种情形之下,S 在 t_n 必定要引起 P 的原因,因为根据这种情形,P 在 t_{n-1} 尚未存在。可是 P 的原因却是 S 自己,因此 S 在 t_n 必定要使自身存在。但这只是说 S 创造了自身,这是不可能的。霍布斯自己的解释是这样:"由此(即 S 引起 S)我们可得出物体创造了物体,也就是说,它创造了自身,而这既不可思议又与信仰不符。因此留待我们做进一步证明的是:物体不能产生它自己的作用。"(《驳怀特》318)

既然霍布斯绝妙而又学究味儿颇浓的论证不那么容易理解,简短的重述也许有助于使它更加明了。霍布斯论证中的关键前提是一个选言命题,即"要么 S 预先具有 P,要么不具有"。霍布斯注意到,断言该选言命题的首命题(即 S 具有 P)的麻烦显而易见。如果 S 早就具有 P,那么那个动作也早该发生,因为只要原因在

---

① reductio ad absurdum 也可译为"还原为荒谬","还原为不可能"(reductio ad impossible)。——译者注

场,动作就会发生,但这与假定相矛盾。该选言命题的次命题的麻烦在于,如果 P 在 t_n 不在场,那么 S 就会引起使 P 在场的东西存在。然而引起 P 存在的却是 S。因而,S 将不得不引起自身的存在,这是不可能的,因此,根本不存在自我推动者。

有人也许因此力主,既然不存在自我推动者,那么上帝也不是自我推动者;如果上帝不是自我推动者,那么一定有东西引起上帝存在,而这简直就是异端邪说。对此可作出两个适当的回应。第一个回应是,在以上论证中,霍布斯把他的论证范围限定在有限物体上,因此关于上帝并没有证明什么。然而,人们还是会就上帝提出那个具体的问题:上帝是不是一个自我推动者?根据霍布斯的原理,上帝不是一个自我推动者,因为所有原因都是运动着的原因。在《利维坦》中,霍布斯证明上帝的存在是基于以下原理:对每一个原因来说,都有一个较先的原因,因此,也就有一个第一因,他按照传统的方式称之为上帝。于是霍布斯便陷于矛盾之中:所有原因都处在运动当中,而第一因的上帝却不能运动。霍布斯从没有解决这个问题,他似乎也没有为此而受到烦扰,这个事实让许多学者得出结论,说他一定没有信过上帝。对我而言,这是一个没有得到合理证明的结论。霍布斯的作品中有许多矛盾之处,它们都似乎没有烦扰到他(马蒂尼奇 2004)。再者,霍布斯和加尔文主义者一样,都满足于承认上帝对人类智力来说是不可理解的。

为什么霍布斯要经由如此精妙的形而上学推理来证明根本不存在自我推动者呢?有两个原因。第一,霍布斯事实上已经承认那个经院哲学原理,即"所有被推动的东西都是被另外的东西所推动的"(《驳怀特》447)。因此,对霍布斯来说,明智的做法就是弄明白那个原理的后果。另一个原因是,霍布斯试图反驳的,是一个受过经院哲学训练的哲学家托马斯·怀特,怀特自己也承认这个原则。因此为使怀特明白自己的错处,霍布斯便使用了期望能说服怀特的概念和论证。

霍布斯运用这个运动原理,或许还有一个较深层次的动机,他或许想要向这些经院哲学家表明,他们并不知道他们在讨论什么。他们的确拥有一个真实的原理,"所有被推动的东西都是被另外的东西所推动的",但是他们却不知道这个原理的后果,他们不知道不存在不动的推动者。

经院学者本该反驳霍布斯误解了他们的原理,他们的原理应当这样被理解,它说的是"所有处于运动当中的东西是被另外的东西所推动的"。这样便为以下可能性留下了余地,即有一种自身不动而能推动其他东西的原因。霍布斯也本该回答说,这种经院学者的声明不知所云,因为没有运动,什么也不会发生。尽管没有原因能够推动自身,然而所有原因自身都在运动。那些表面看来属于自我推动的原因的个案,例如一个坐着的(不动的)人从椅子上站起来去拿啤酒,仍然能以此人体内推动他的、微小得几乎感觉不到的运动来解释清楚。现代科学为这些体内运动的相继发生提供了详细的解释,例如,它解释了简·朵儿胃里、血液里、大脑里和肌肉里的化学物如何推动她走向冰箱。

霍布斯还在其他一些问题上批驳了怀特。怀特声称宇宙的存在是由它之外的东西引起的。霍布斯指出,严格讲来,宇宙是"一切东西的集合体"(《驳怀特》318)。由此便可得出结论说,"无物可以存在于宇宙之外",因为无论有什么东西竟然存在于宇宙"之外",它都会是一个东西,因而它仍然是这集合体的一部分:"要不是外在的运动着的物体,便不可能有运动的开始。"(《论物体》30.2)后来的哲学家便利用以下两个事实,即谈论宇宙之外的东西毫无意义,及人们所知道的、有关原因的一切都只与宇宙内的东西和事情相关,便得出结论说,谈论一个外在于宇宙并引起宇宙存在的上帝是毫无意义的。

霍布斯使用运动原理的较为宽泛的含义,对此可得出一个一般性的最终看法。对古代希腊哲学家以及中世纪和现代经院学者来说，静止或稳定要优越于变化；不运动要优越于运动。他们相信，最好的存在总是拥有一切的存在，这存在拥有这一切总是有好处。既然每个变化要不是失去某种特性，便是获得某种特性，于是，每个变化要不是失去某种完满性，便是获得某种完满性。无论属哪种情形，运动的物体都不会完美无缺。物体对这些哲学家而言似乎天生便不完满无缺，"是物体"意味着"是物质"，"是物质"意味着能够成为非它原先所是的别的东西。霍布斯竭力所鼓吹的现代观念则与此相反，它不再以道德的方式去理解宇宙，无论是运动还是不运动，都没有固有的好与坏。然而，如果非要分出好坏，运动似乎要比静止好。确定无疑的是，运动并不比不运动更自然。

意动

正如物质有最细小的部分，运动也有最细小的部分，"而且，很显然，运动的每一部分都是运动，而且无论什么事物的根本原理都是它的基本部分"（《驳怀特》148）。霍布斯在他的拉丁文作品中称这些最细小的运动为"意动"，而我们通常将其译为"内在生发力"。① "内在生发力"意味着正在做出努力。这似乎是一个特别适用于动物、而不适合无生命物体的语词，然而，霍布斯却不仅将其用于有生命的物体，还将其用于无生命的物体。很大程度上来看，他这样做的目的是要人们相信，有生命物体的原理与无生命物体的原理没有什么两样，反之也一样。在《利维坦》的"引言"中，这个目的得到明确的解释。霍布斯在"引言"中说，动物是机器，而机器是活物：

> 由于生命只是肢体的一种运动，它的起源在于内部的某

---

① 拉丁文 conatus 一般译为"意动"，翻译成英文为 endeavor。endeavor 既有"内在生发力"之义，也有"努力"、"奋斗"之义。——译者注

些主要部分,那么我们为什么不能说,一切像钟表一样用发条和齿轮运动的"自动机械结构"也具有人造的生命呢?是否可以说它们的"心脏"无非就是"发条","神经"只是一些"游丝",而"关节"不过是一些齿轮,这些零件如创造者所意图的那样,使整个躯体得到活动的呢?

(《利维坦》引言)

霍布斯以多种方式来定义意动。其中一个定义说"意动是小得不能测量的运动"(《论物体》10.2)。这使得意动成了一个相对性的概念,某物是否在运动要看一个人测量运动的精确度如何。如果一个人使用一个最小单位为英寸的尺子来测量,那么,一个只"移动"半英寸的物体根据这种尺度就根本没有移动。我们在日常生活中经常利用这一事实,可我们却通常注意不到这一点。我们会说坚固的桌子上杯子里的水是一动不动的,看来好像如此。但是,当我们把我们学到的物理学知识用之于水,我们就知道,水相对于科学家所使用的精确标准来说是运动着的。

另一个定义说"意动是穿过一个点的长度的运动"。这个定义初看起来好像有些荒谬,或最多也不过是比喻的说法,因为根据对一个点的标准的解释,点根本就没有维度,因而也就没有长度。然而,霍布斯对"意动"的定义也是有道理的,因为他是在非标准的意义上定义一个点。正如我在本章开篇所说,霍布斯是一个毫不妥协唯物主义者,一切物体,一切东西,都是一小部分物质,因而都有维度(《论物体》10.2)。因而,一个点是物体,它的长、宽、和高被人们忽视了(《论物体》15.2,《驳怀特》7:201);因而一条直线也是物体,它的宽和高被人们忽视了;一个图形也是物体,它的高被人们忽视了。

正常说来,意动是细小得感觉不到的运动。霍布斯相信一定有这样的运动,因为穿越长距离的物体,必须穿越组成距离整体的、中间一段段小小的距离。一个空间能够被分割多少次是没有界限的,因而有细小得感觉不到的运动。"因为空间即令是小得不能再小,这个小空间也是被移动的东西移经的较大空间的一部分,它首先必须移经这较小空间。"(《利维坦》6.1)

霍布斯还用意动来解释其他自然科学的概念。"阻力"是一个物体的意动阻碍了另一运动着的物体;"压力"是一物体的意动阻碍到了另一物体的意动(《论物体》15.2)。霍布斯在他的精神哲学中还把意动或"努力"作为一个重要概念来使用,下面我们会谈到这一点。

机械论

霍布斯相信,一运动物体与另一运动物体的接触是唯一的动因(《论物体》15.1,9.7,25.2;《物理学对话录》,书信体献词)。对科学家来说,距离间隔遥远的相互作用既神秘而又无法接受。地球引力似乎是远距离间相互作用的个例,这一事实使牛顿也颇感困惑。这同样让霍布斯感到头疼,但他却给出了解释,他认为落地物体似乎受到远距离的拉扯。霍布斯的解释不是那么明晰,但他是这样解释的:当一物体,比如说石块,被抛向空中,它离开了它原先在地上所占的空间。这空间由于必须被填满,于是它周围的空气便要填满它。这使得此空间上头的空气开始向下运动,为的是要填满空气因填充石块原先所占的空间而留下的一个个空间。这其中有些空气就在上升的石块的上方,这些向下流动的空气使得石块的上升速度减慢,并最终逆转了石块的运动,于是石块便落到地上,因此地球引力的作用便发生了(《论物体》30.5)。我以为霍布斯没有考虑到以下事实,即当石块返回地面时,也发生了相反的空间填充过程。石块下方的空气流动着去填充石块上方的空间,在此过程中,石块下方的空气向上移动着,并且给石块施加了阻力。然而,由于石块下方的空气相对较少,它的反作用并不能阻止石块落到地上。

决定论

决定论是一种认为每一事件都有其原因的观念。对霍布斯来说,原因决定结果,因此每一事件都由其原因所决定,这在逻辑上属必然,在定义上为真。也许人们会以为霍布斯的观念未能描述通常的因果观,因为它也适用于人类的行为;既然它没有描述通常的因果观,他的观念就不具有人们先前以为它所具有的刺伤力,这种刺伤力就是"人不必为他的行为负责"。例如,人们会坚持认为,就通常的因果论来说,某人 P 在时间 t 说出了威胁的话,这使得某人 Q 在 t_1 逃走;但是也可能发生以下情形,即 P 在 t 时的威胁也可能使得 Q 在 t_1 待在 Q 所处的地位不动。既然 Q 具有自由意志,Q 就有能力选择以哪种方式来回应 P 的威胁。

霍布斯会对这种假定的反例做出反驳,因为它并没有全面描述 Q 的行为。一种原因只能有一种可能且限定的结果,而不可能有两种不相容的结果。如果 Q 在 P 的威胁之下不是逃走就是待在 Q 的地位,那么 P 的威胁就不是 Q 所做出的反应的全部原因。人们往往会把属于某结果的必要条件的明显事件,误看作是那结果的全部原因。例如,人们有时会说,划火柴使得火柴燃烧起来,可是划火柴并非全部的原因,周围的氧气和没有水分也是原因的一部分。因此,如果 P 的威胁导致了两种不同的结果,P 的威胁就不是全部的原因,要产生这种行为,一定还有其他东西在起作用。例如,P 在 t 时做出的威胁,使得 Q 有了恐惧的意欲,而这种意欲使得 Q 逃走了。如果 P 在 t 时所做出的威胁,使得 Q 有了勇敢的意欲,那么这种意欲使得 Q 待在 Q 的地位上不动。恐惧和勇敢两种意欲的不同,能够说明为什么会有不同的结果。当然,这还不是事情的全部,因为 P 的威胁为什么在一种情况下会导致恐惧,而在另一种情况下又会导致勇敢,还需要进一步解释。

我们已经说过,霍布斯认为一个原因只能有一种可能的结果。霍布斯的世界观认为每一事件都毫无例外地受到一般物理法则的统治,正是他的这种世界观决定了每一事件只能有一种结果。但是,是什么也迫使我们相信一个原因只能有一种可能的结果呢?我认为没什么东西能够如此。让人们放弃决定结果必然性的考虑是出于以下事实,即量子理论能够解释物理事件,它不含决定论的法则,而只含有统计学的法则。另一个考虑是,人们通过具体行为和事件的经验而获得了原因的观念,而这些行为和事件不包含决定论的必然性。人们渐渐知道餐刀能切面包,划火柴能产生火,即使有时餐刀不能切,火柴也不能引燃木头,这些事实并不能阻碍人们获得原因的观念。换句话说,有人也许会争论说,原因的观念是一个能够使得某事发生或者导致某物存在的观念,那么,必然性就不是通常的原因观的一部分了。然而,霍布斯却认为它是。为了按照霍布斯自己的主张来理解他的观念,我们应当假定其为真。

心灵

霍布斯早年发表的、有关精神现象的论著,是他对笛卡尔《沉思录》的一系列回应,这在第一章已经讨论过。他的第一部重要的著作,是写于 1640 年、却最终发表于 1650 年的《自然法和政治法原理》,他在这本书中记下了他有关精神现象的成熟的思想。同样的基本立场后来也表达在《利维坦》和《论人》当中。

尽管霍布斯把"人的两个主要部分"分作"身体的官能"和"心灵的官能",心灵本身对霍布斯来说却是实际上并不存在的东西(《自然法和政治法原理》1.5)。由于被人设想为非物质的东西,心灵只是基于一种伪形而上学之上的理论实体。那个进行思考并具有感情的东西,是野兽或人类的复杂躯体,正常说来,人类能理解各种事情,或者说具有理解力。在情形的确如此的一般意义上,野兽也能理解事情并具有理解力。霍布斯在《利维坦》的一处说理解力是"由语言或其他意志符号所引起的"的想象(《利维坦》2.10)。在另一层意义上,只有人类才具有理解力,这层意义是指人能够理解其内心的思想,这种思想由结合成命题的语词所引起(《利维坦》4.22 和《论人》10.1)。动物能够发出并回应意志符号、喞啾声和犬吠声,但是它们却没有语言。它们能够对人类的声音做出回应。如果你对卡罗尔的狗说,"你想散步吗?"它就会知道要发生什么。你如果对它说,"过来,贝利!"它也知道该做什么。但是狗和其他有理解力的动物却不能把人声当作人声来听,它们并不具备人所具有的交流系统,人可以把这个交流系统所具有的元素组合成无限多的句子,而且大都是复杂的句子。只有人类拥有语言。

感觉

感觉的原因就是对感官施加压力的外界物体。外界物体对感官施加压力的这种运动引起神经中的其他运动,这些其他运动又传到大脑和心脏,并在这里引起小小的"反抗力或反压力"。由于这种反抗力或反压力的方向是外向的,这让动物以为有外界物体。这种反抗力的运动是如此之小,它简直就是我们以上提到的"努力"(意动)(《利维坦》1.4;也可参见《论物体》15.2,25.2)。

霍布斯的论述既不合理,也有些幼稚。它之所以不合理,是因为他没有足够的生理学知识用以表明大脑和心脏中的运动引起了反压力,以及这种反压力又如何使人相信有外在于人身的物体存在。它之所以幼稚,是因为他没有给出理由,来解释为什么一个从人的心脏或大脑移开的运动会使此人相信有外界物体存在,为什么这样的运动没有使那个人以为他睡着了或正在爬山。说这样一种运动一定以某种方式适合于其原因或与其原因相类似,这并非好的说法,因为,正如霍布斯所讲述的感觉故事那样,一个人并不能把自己的质的经验与引起这些经历的运动相比拟。

引起各样感觉的物体的性质,与物体在感知到自己的人那里所引起的结果,一点也不一样。一个品尝橘子的人嗅到橘子的味道,并且有了多汁和多果肉的感觉,然而橘子本身却不具有这些特性。橘子本身无非是大量运动着的物质微粒,正是这些微粒引起了吃橘子那种特有的感觉。感觉的对象无非是"许多种不同的物质运动,借着这种运动它(物质)对我们的感官施加不同的压力"(《利维坦》1.4)。这种对我们的感官所施加的压力,在我们这里引起"各种不同的运动(因为运动引起的无非是运动)"。紧接着这句话,又看到另一句话,"但在我们看来,它们的表象却都是幻象"(《利维坦》1.4)。对大多数人来说,在大脑和心脏中来回移动的细小微粒与世界的质的经验之间存在着巨大的鸿沟,看到黑板、闻见橘子味儿和听见电梯的声响,这种感觉却一点也不像运动着的或没有运动着的物体的感觉。霍布斯认为运动与运动对我们的表象是一个东西(而这也是今天的标准看法),但他却觉得没有必要去解释为什么两者完全一样。也许根本就没有答案,17 世纪科学家的知识确实不足以给出答案。令人吃惊的是,除掉一次例外,霍布斯在断言它们是同一个东西时显得是如此乐观。在《论物体》中,他说一切现象的"最令人钦羡"(他的意思是"令人惊奇"或"令人吃惊")之处,就是动物在它们的内心所具有的"现象或表象"(《论物体》25.1)。

霍布斯以量的方式来解释感受性,①他所使用的方法是哥白尼和伽利略的现代科学方法,他十分明确地拒绝了传统的亚里士多德科学,后者正是他在牛津所受到的教育(《利维坦》1.5)。

想象

正如感觉是大脑或心脏中的初始运动,想象则是持续到"物体被移去或眼睛闭阖后"的运动(《利维坦》2.2;《论物体》25.7)。如果我们想更精确些,那么,由于从物体引发运动到此运动又引起大脑或心脏中的运动,这之间有一个小小的时间间歇,因此,感觉即使在物体被移去或眼睛闭阖后仍然能够发生。还是让我们略夫这小小的麻烦,因为此刻对霍布斯来说,重要的是保持他的科学的某种一贯性:"感觉是动物感官内的运动,这种运动由外界物体所引起……想象是渐次衰退的感觉……因此,想象就是动物感官内渐次衰退的运动,这种运动由外界物体所引起。"(《利维坦》1.2)这只是霍布斯整个计划的开始,他想证明,所有的精神事态和事件都能够被还原为物体的运动。接下来的一步,是要对记忆进行类似的分析,霍布斯说记忆和想象没什么两样。因此,"记忆就是动物感官内渐次衰退的运动,这种运动由外界物体所引起"(《利维坦》2.3)。但是人们所期望的想象和记忆之间的区别又如何呢? 根据霍布斯的说法,它们只有语言学上的区分。霍布斯到底是什么意思,人们对此有着五花八门的解释。其中一个解释是在语词的含义内区分出该语词的中心含义和非中心含义。在语词"想象"中,它的中心含义在于它由感觉引起这一事实,因而它的含义可以这

---

① 原文为拉丁文 qualia,是 quale 的复数,源自拉丁文 qualis,指直接经验到的内容或感觉意识的对象,诸如咖啡的气味或糖的味道等,有时也称为"现象特性"。——译者注

样表述：

> "想象"意味着渐次衰退的感觉。

与此相反，在"记忆"这个语词中，中心含义则在衰退上，因而其含义可这样来表述：

> "记忆"就是渐次衰退的感觉。

经验则是"对许多事物的记忆"（《利维坦》2.4）。因此我们可对"经验"做如下分析：

> 经验就是动物感官内许多事物渐次衰退的运动，这些运动由外界物体所引起。

这个定义似乎不那么有效。说某人有许多经验，并非强调他有许多渐次衰退的运动。我以为，问题就出在霍布斯错误地将记忆和想象等同起来。较不周密的说法也许更加真实，记起某事的每个实例等同于想象的某些实例，但这并不表明"记忆"和"想象"意味着同样的东西。记忆的意思含有"它是某种实际感觉的真实记录的意思"。相反，虽然所有想象之事都可以被最终追溯到某种感觉那里，然而那些并非记忆之事的想象之事，可以不必满足如下要求，即要求它们必须与引起它们的事件相匹配。人虽然能想象一个独角兽，却不能记起一个独角兽。

让我们讨论一下霍布斯对于想象和梦之间关系的看法。大多数想象都发生在人们醒着时，但许多想象也发生在人们熟睡时，后者被称作梦。从类别上讲，梦和醒着时的想象没有什么分别，它们都是大脑或心脏中的运动。人们不可能找到一个能够区分梦和醒时经验的标准，虽然笛卡尔从以上不可能性中推出了重大的结论，而霍布斯却为没有这样的标准这一事实感到乐天逍遥。（梦有朦胧的特征，而醒时的生活却没有这种特征。但这却不能作为区分的标准，用来为醒着做证明。要想对无论何事做出可信的证明，人都必须醒着。)说不存在可用来判断是否做梦的标准,并不是说不存在做梦的征象。霍布斯透露说他的梦中幻象毫不连贯,他醒时意识到它们很荒谬,"对于自己在做梦时虽则自以为醒着,但在醒着时却能知道我没有做梦,我对此感到满意"(《利维坦》2.5;也可参见《自然法和政治法原理》3.3－10;《论物体》25.9)。

心理讨论

根据霍布斯的说法,当思绪一个随着一个接续而来,其结果便是"心理讨论"。他说一个人思考某事时,"继之而来的思绪并不像表面上所见到的那样完全出于偶然……[因为]如果在我们的感觉中不曾有过类似的过程,那么由一个想象过渡到另一个想象的过程便不会出现"(《利维坦》3.1)。这点还不够,思绪一个随着一个接续而来,这还只是心理讨论的必要而非充分条件。在思维序列"人、动物、走"与思维序列"人是动物并能行走"之间有着区别,这区别并非后者的词语数量远远大于前者,即使我们给第一序列添加上不定冠词和"是"等,结果也不会形成思想或一丁点的心理讨论,因为简单序列的(心理)语词不能表达连贯的意思,不能像心理讨论的语词那样黏合在一起。心理讨论里的语词相互间有着特殊的关系。思想的主词的作用,指代的是要被分类或被讨论的东西;谓词表示的是某种属于性质的东西,这种性质构成了据说合适的类别,或对主词所指代的东西进行了述说。在其他一些地方,霍布斯也觉察到了以下事实,即心理讨论所包含的,都是一些相互间有着特殊关系的语词(《论物体》3.2)。

霍布斯让心理讨论紧随感觉(和相互关联的概念),这种安排与人们有关知识的通常观念相符合。对个别物体的感觉,是思维的原子;而当这些感觉被组合在一起时,结果就形成了思想。大多数哲学家都会赋予思想以优先性,并且认为,从个别感觉对思想的贡献中可以将其辨别出来。霍布斯的观点至少也是站得住脚的，当一个接着一个的思绪不受具体的欲望指引时，它们就会受到先前经验的命令。然而由于经验因人而异，思维序列也就无法预测。思想若受到某种欲望的控制，它们也就得到调控（《利维坦》3.4）。这于是引起一个问题："欲望是什么？"

愿望、欲望和嫌恶①

动作始于人想象到的某物，因为一切动作都取决于事先出现的、"有关'往哪里走'、'走哪条路'、和'讲什么话'等的想法"（《利维坦》6.1）。这些想象到的东西都是一些小得感觉不到的运动（即意动），当它们朝向引起它们的某东西运动时，它们就是欲望；当这些想象远离引起它们的东西时，它们就是嫌恶。欲望和嫌恶的全体就是愿望，尽管"愿望"这个词有时仅用于指欲望。（"愿望"就像"动物"这个词一样，既包括动物也包括人，但有时仅用于指动物。就像"婴幼"这个词，它有时指所有新出生的动物，但有时仅用于指人类的婴儿。）

霍布斯对愿望的分析并不正确。就拿愿望的一个范例，比如饥饿来说吧，一个人对食物的愿望可能由具体存在的食物所引起，但也不必然如此。通常一个人的饥饿不是由具体的食物的实例所引起，而是由对食物的需要所引起。从今天的化学来看，饥饿是由某种化学元素所引起的。当体内的化学元素达到某个水平时，信息就会被传送到大脑，于是人就会感到饥饿，并非食物引起饥饿。即便霍布斯对饥饿的生理学知识知道得不多，他也应该认识到并非所有的饥饿都由食物所引起。

或者再考虑一下爱和恨。他说，爱和欲望几乎是同一个东西，

---

① 这三个概念的原英文分别是 desire, appetite 和 aversion。——译者注

而恨和嫌恶几乎是同一个东西。它们的区别就如"想象"和"记忆"的区别一样,只是内涵上的区别。"爱"字指的是朝向某对象的运动,其含义是指对象在场,或强调对象在场;而"欲望"其含义是指对象不在场,或强调对象不在场。"恨"字指的是远离某对象的运动,其含义是指对象不在场,或强调对象不在场;而"嫌恶"其含义是指对象缺席,或强调对象缺席。要是霍布斯绝对地规定了自己如何使用这些词语,他本会免遭反驳,可是,他似乎只把他想当然以为的这些语词的通常含义或指称上的区别报告给了我们。若以这种方式来理解这些语词,至少可以对它们提出两种反对意见。第一,任何怀恨得不到的人或思念爱人的人都知道,对象的在场或缺席与这种情感毫无瓜葛。第二,一个人可能深爱某人或憎恨某人,但却没有那种能够引起朝向或远离对象运动的情感。如果对象距离相当近或触手可及(而且如果某种情感占了所有其他情感的上风),这些情感也会引起朝向或远离对象的运动。这些看法乍看起来的不错之处在于,爱和恨在某人那里引起了一种要么走向、要么离开那个相关对象的趋向。(对趋向进行正确分析,是一个非常复杂的问题,我认为我分析不了。)

  霍布斯对爱、恨的分析所存在的更为严重的问题,很像他对饥饿的分析所存在的问题,即它们都与他的机械论不符。感情或情感的对象缺席时,不可能产生接触的因果关系。他对被爱者施加给其爱者的吸引力的分析,就像亚里士多德所谓的目的因的吸引力一样,是一种因受到渴望而使得对象运动起来的东西。由于霍布斯认为所有的原因都是机械论上的原因,他早已拒绝了目的因的存在。

  人们或许会反驳说,霍布斯实际上根本就没有拒绝目的因。他对国家的定义就有一个深深植根于其中的目的因:国家就是一群"为了在自己中间过和平生活并防御外人的目的"而同意由某个人来代表他们的人群(《利维坦》18.1)。我想霍布斯有足够的才智来回答这个由国家定义带来的问题,而且这些才智还能被用于回答有关饥饿、爱和恨等问题。这种回答始于一种坦白,即霍布斯承认他关于国家的明确定义不可接受,原因正是因为它包含一个目的因。我们现在就来说说这种回答的实质。国家可被定义为一群由于害怕死亡、因而同意由一个愿意且能够保护自己的人来代表自己的人群。在此定义中,那个目的的因素消失了,代之而起的是一个在场的死亡。我想人们还会提出反驳意见,因为仔细分析起来,"害怕死亡"含有死亡,而死亡对那个有这种害怕的人来说并不在场(不但因为此人还活着,而且还因为死亡并非一个东西)。

我认为霍布斯还能退一步,承认死亡的确不是东西,也不在场,这样也没什么问题。"x 害怕死亡"所表达的性质,可用此人体内的运动加以分析。这种分析会很符合霍布斯明确的唯物主义和机械论纲领,然而,这当然不是霍布斯所提及或所暗示的他在实际分析中所用到的办法。这也引起了关于霍布斯哲学的一个一般性问题:他说要做的事情,他往往没有做;他的理论说要作的事情,往往是一些会被他遗漏掉的事情。这在有关其科学定义上更是如此。他说科学定义应当描述物体的产生过程:圆的产生,是把圆规的一只脚固定,然后移动与第一只脚相距一定距离的另一只脚,结果就形成了圆形。若说这些我们一直在讨论的、有关心理的谓词或特性的定义,都未能描述这些谓词或特性的产生方式,也还有值得商榷的地方。

就拿国家来说,有趣的是,虽然霍布斯一开始的定义包含了一个目的因,他实际对国家的讨论却的确向人们描述了国家如何产生出来:自然状态中的人相互立约,把自己所有或部分的权利转让给主权者。(有关国家的产生,我们将在第四章做详细的讨论。)

为了理解和评价霍布斯对其他心理状态的描述,让我们把刚才所讨论的反驳意见搁置一边。

霍布斯最惹争议的定义是有关"善"和"恶"的定义。他把善定义为"任何人欲望或愿望的对象",把恶定义为一个人憎恨的对象(《利维坦》6.7)。既然不同的人渴望不同的对象,那么,何谓善、何谓恶便千差万别而又因人而异了。这种推论激怒了他的同时代人。然而霍布斯只不过以同时代人思考和谈论善恶的方式描述了他自认为它们会达到的结果,他并没有说这就是它们的意义,也没有为此而感到满意。他对善千差万别而又因人而异的事实并不感到高兴。我们在后面的章节还会看到,这些事实是纷争和冲突的原因,因此他试图根除善的千差万别的特性,办法是让国家中的所有人都去渴望主权者所渴望的无论什么东西。

尽管霍布斯没有说及这一点,我想霍布斯也在暗示,虽然人们把"善"字作为绝对谓词来使用,例如"做某事是好的",但它实际上是一个相对谓词,例如,"做某事对我而言是好的",或"我想做某事"。对某事是否属"善"的无谓而又无休止的争论,假使这些潜在的争论者意识到他们不过有不同的愿望而已,这些争论本可以提前加以防止。

所有善都是人所渴望的东西,霍布斯的这一信念对他有关愉快的看法产生了影响。他坚持认为,当愿望的对象被人得到后,它就会在其体内引起某种运动,这在此人看来便是"高兴和愉快"(《利维坦》6.10;《论物体》25.12)。不该把他的这种看法与如下事实搅和在一起,即摩擦或摇动身体的某些部位也会引起快感。愉快并非某种运动的伴随物,运动就是愉快,就如其他运动是事物的表象。

同样,霍布斯对运动物体属于质的经验①很是乐观。在《自然法和政治法原理》中,他的这一看法更加强烈。他把高兴等同于运动,接着他就说高兴能帮助或促进"生命"运动(《自然法和政治法

---

① "质的经验"前文已出现过,原文为 qualitative experiences。——译者注

原理》7.1;也可参见《论物体》25.12),但这却是一个错误,有些药物也使得人高兴,但却降低了其生命运动。

在《论人》中,霍布斯说所有的愿望都是高兴(《论人》11.1)。如果我们考虑一下思念恋人的情形,他的这一看法似乎也不对。然而,思念却是一个复杂的情感。它的痛苦出自没有满足的愿望,而愿望本身却是值得高兴的。假使思念不含愉快的因素,人就会想方设法消灭它,而人却没有这样做。

霍布斯认为所有其他的情感和心理状态及事件都可用七个概念加以解释,这七个概念都可被还原为外界物体所引起的体内运动,它们分别是:欲望、愿望、爱、嫌恶、恨、快乐(这些都是由考虑事情后果所引起的"心灵的愉快")和悲伤(这是由考虑事情后果所引起的痛苦)(《利维坦》6.13)。许多情感都包含一个基本的心理状态加之以得到对象的可能性,例如,希望就是对某物的欲望,再加之以该物会到手的想法。有些情感包含一个基本的心理状态加之以对那对象的爱和恨,例如,害怕是对一个令人憎恨的东西的嫌恶。有些情感是基本情感的合成,例如,怯懦是对无助于达到我们目标的东西的愿望,再加之以对无碍于达到我们目标的东西的恐惧(《利维坦》6.13,6.14,和6.25;《论物体》25.12)。

下面是霍布斯定义的实例,和一些批判性的评论。

"x 拥有希望"=定义"x 渴望某物 y,并且相信 x 会得到 y"。{"存在有一个对象 y,x 相信 x 会得到 y"}。

"x 抱有绝望"=定义"x 渴望某物 y,并且相信 x 不会得到 y"。

霍布斯对希望和绝望①的定义至少存在两个主要问题。第一,人通常希望实际不存在的东西,比如世界和平。第二,人通常

---

① "绝望"原文还用了拉丁语 mutatis mutandis。——译者注

希望那些他们认为自己得不到、但可能会得到的东西。第三，霍布斯从没有明确定义过"信念"（"观念"）。也许霍布斯意识到了定义信念的困难，因此不想明确地提出这个问题。许多20世纪的哲学家试图用趋向行为的气质来分析信念，但却未能成功，其原因有时是因为气质是一个非常捉摸不定而又非常复杂的观念，有时则因为有些信念似乎根本不含有明显的趋向行为的气质。有些哲学家把"相信"定义为"认定语句为真"。即使语句和真的意思再清楚不过，而"认定"的意思却不然。

"x 有恐惧"＝定义"x 相信某物 y 会伤到 x"。

"x 有勇气"＝定义"x 相信某物 y 会伤到 x，且 x 相信 x 能够通过反抗而避免被 y 伤到"。

霍布斯的"恐惧"定义相当缜密，其"勇气"定义也合情合理，然而却不够正确。懦夫有时也会反抗他们以为会伤害到自己的东西。假设有一个孩童试图用针来扎一个胆小的成人，这个成人也会像一个有勇气的人那样打那孩童，而不是忍受针刺。我想霍布斯会倒打一耙，认为正是这个成人的胆小使得他有了足够的勇气来反抗孩童。这让我想到另一个反驳的例子，即一个人不管自己的立场多么错误百出，任何有利于挽救他的立场的话他都会说。

"x 很仁慈"＝定义"x 愿望他人的愿望被满足"。

这个定义对我来说似乎太好了，因为它与以下这种愿望非常一致，即虽然某人也愿望别人的愿望应当被满足，但这只不过是增进他自己幸福的一种手段。这个定义也与霍布斯有时也暗示的那个命题——实际上没有人是真正仁慈的——非常一致。因此他的"仁慈"的定义并不能用来说明他对利己主义的看法。

欲望的重要性

对许多古希腊哲学家和所有中世纪的哲学家来说,有欲望并非好事,甚至还被看作本质上非常坏的事情。有欲望意味着人所想要的东西不足;"想要"就是缺乏,而缺乏是不完善。刚才所说到的、古代和中世纪哲学家们的目标,就是用尽浑身解数以达到一种完全没有愿望、完全没有激情的状态。这种状态被冠以终极的目的和最高的善①等不同的名称。这些哲学家致力于寻求一种不含感情的知识。② 霍布斯的看法则与此截然相反。

> 旧道德哲学家们所说的那种终极的目的和最高的善根本不存在。欲望终止的人,和感觉与想象停顿的人一样无法活下去。
>
> (《利维坦》11.1)

幸福因而并非一成不变的状态,而是"欲望从一个目标到另一个目标的不间断的发展"(《利维坦》11.1),这是对晚近资本主义社会中占有性消费者生活的完美写照。

永无休止的欲望差不多形成了一条链条,其结果是人一直在试图满足他当前欲望的同时,他也在试图满足另一个并行的欲望,此欲望能保证他会一直拥有能够满足未来一切欲望的手段。这样做的唯一办法是获取更多的权力:这是"一种得其一思其二、死而后已、永无休止的权势欲"(《利维坦》11.2)。由于欲望唯死而后已,这种对人无休止追求权力的描绘,与霍布斯对自然状态中人生

---

① "终极的目的"和"最高的善"原文为拉丁文,分别为 finis ultimus 和 summum bonum。——译者注

② 我听说小伦德尔(约翰·H)对亚里士多德也说过类似的话。

孤独、贫困、卑污、残忍而短寿的描绘几乎一样,都令人毛骨悚然。当然,它们相互间也有着关联。想要更多权力的人相互之间不可避免地会发生冲突,并且他们也必然会遭到那些不愿追求更多权力之人的反对,而且每个人都知道别的每个人都想要无限的权力,这使得每个人都更有理由害怕别的每个人。

幸运的是,这种对人人都追求更多权力的描绘,仅对像希特勒和斯大林、许多政客和全体官僚这样的疯子才正确,对普通人来说却不正确,①后者并不能如其所愿地投入如许繁多的精力来追求尽可能多的权力。大多数美国人都不想让他们的工作过分妨碍他们满足自己的如下愿望,即他们都渴望能得到多功能跑车、数字电视、手机以及其他在我写下这些文字之后已摆在橱窗、橱架和货柜里的任何东西。这说明霍布斯夸大了人追求权力的欲望,他本该知道这一点。大多数人对当下的满足太过急切,以致他们不能继续工作去增大自己的权力。让一个人同时最大限度地去增大两种并不相容的东西,这不可能。稍后当霍布斯说,促使人们放弃追求更大权力并愿意"服从一个公共权力"的其中一个原因,是他们"追求安逸与感官快乐的欲望",霍布斯自己似乎也意识到了这一点(《利维坦》11.4)。这其中的一种快乐就是知识,对知识的欲求,是大多数人放弃对权力的无休止追求的另一个原因(《利维坦》11.5)。还有一个原因是对"死亡和伤痛"的恐惧,这是对他的政治哲学非常关键的一点。

霍布斯认为"得其一而思其二、永无休止的权势欲",是"人类共有的普遍天性"(《利维坦》11.2),其原因并不总是因为人的自大天性,而是因为一种合理的恐惧,人总是害怕如果自己获得的权

---

① 公平来说,人们应该认识到,被霍布斯当作权力来看的,是人拥有好的声名、朋友和智慧。但我认为,他在《利维坦》第11章的目的是要强调残暴权力及其所产生的后果。

力不够多,他就不会那么安全。也就是说,在人对权力的追求之下所潜藏的是人的恐惧,这与霍布斯讨论自然状态中一切人反对一切人的战争起因时的情形一样(参见《利维坦》第 12 章)。然而,除了担忧自己的生命或安全,对更大权力的追求,有时也是由"一种新的渴望声名的欲望"或因为某方面出类拔萃因而为人所"钦羡或阿谀"而引起的(《利维坦》11.2;参校 11.6)。这也与霍布斯在《利维坦》第十三章讨论自然状态中战争的一个起因时的情形不无相似之处。

本部分中我们一直在讨论的《利维坦》第十一章的一般主题,是"有关人在团结与和平中共同生活的人类品质"(《利维坦》11.1)。从到目前为止的讨论来看,除了显见的、人们所具有的追求"安逸与肉欲之乐"、"好安闲"和"求赞誉"的欲望以外,似乎没有什么东西有助于和平与团结了(《利维坦》11.4,11.5,11.6)。后来他又于人类"结群以相助"的品质之上添加了受压迫的恐惧(《利维坦》11.9)。大部分的欲望似乎助长了敌意和冲突、战争与分裂。在本书的第十一章,霍布斯几乎接近玩世不恭的极点。从我们以为地位低于我们自己的人那里接受恩惠,同时又不能报偿,会引起"心中隐秘的仇恨",因为"恩惠使人感恩,感恩就是奴役,无法报偿的感恩就是永世无法摆脱的奴役"(《利维坦》11.7),正是这恩惠,才使人受到永无休止的煎熬。相反,加害一个人,而受害者又不能强求报复,将使害人者"恨受害者",因为害人者知道,受害者不是报复便是宽宥,"这两者都是令人生恨的事"(《利维坦》11.8)。

《利维坦》第十一章对人类"行为"的这种讨论所隐含的,是人类自己把自己的生活搞得悲惨的观念。这在第十三章"论人类幸福与苦难的自然状况"中成为一个明显的主题,这也成了下一章我们首先要讨论的话题。①

自由意志

自由意志问题对形而上学和伦理学都很重要;它对理解物理世界的情形,对理解责任的必要条件都很重要。霍布斯是一个对有关自由意志的争论做出重大贡献的人之一。他一直坚持认为人的行为是自由的,但又一直反对那种认为自由意志造成行为自由的理论。他对自由意志理论的拒斥始于1640年代的早期,当时他撰写了《驳怀特》一书,书中他把自由定义为"运动的不受阻碍"(《驳怀特》446;也可参见《论自由和必然》273 - 274)。他说:"因为只要物体朝着已知方向的运动不受阻碍,就其一直朝着这同一方向而言,就是所谓的自由。"(同前)这层意义上的自由,既适用于其水流不受阻碍地流动的河流,也适用于人类(《论物体》25.13)。布拉姆霍尔称此为"幼稚的自由"和"粗野的自由"(《关于自由、必然和偶然的问题》39)。

霍布斯所捍卫的是一种名为相容论②的立场,也就是说,自由行为与必然性是相容的。在《利维坦》中,他先定义"斟酌",接着又定义"意志",他就以这种方法简单明了地阐述了自己的观点(《利维坦》6.49 和 6.53;也可参见《论自由和必然》273):

"x 斟酌着是否去做某行为 A" = 定义 "x 心中交替出现做 A 的欲望和做 A 的嫌恶,这是因为他一会儿希望做 A 会有好

---

① 《利维坦》第十一章和第十三章之间的一章是"论宗教",为什么把这一章放在它们中间,也是值得我们思考的问题。我将在第五章讨论霍布斯的宗教观。

② Compatibilism 也称为"弱决定论",这种理论认为,决定论与自由意志相容,因此虽然人类行为是被引起的,但仍然是自由的。——译者注

的结果,一会儿又害怕做 A 会有坏的结果"。

"x 是意志"＝定义"x 是斟酌中的最后一个愿望(欲望或嫌恶)"。

人会有意识地只会去斟酌未来的事情,因为在我们看来,只有未来的事情才要依靠我们的行为。霍布斯还认为,假如一个人不知道事情 E 已经过去,他还会斟酌 E。我以为更准确的说法是:这人自以为他在斟酌 E,而实际上他并没有这样做。这和以下说法有些类似,即一个人坚信那个 p,①并且有坚信那个 p 的合理理由,他只不过自以为,如果那个 p 是假的,他会认出那个 p。霍布斯对斟酌的定义,在以下意义上有些令人沮丧,即他认为畜生和人一样也能斟酌,因为它们和人一样有交替出现的愿望。

霍布斯对"意志"的定义,我们应注意两点。第一,霍布斯自己把意志定义为"最后的欲望",这与我上面给出的定义不同,我把它定义为"最后的愿望(包括欲望和嫌恶)"。我改变了霍布斯的措辞,因为欲望只是朝向某物的运动,而意志的实例也可能是嫌恶,也就是说,是动物移开某物的原因。第二,霍布斯的定义没有讲清楚意愿②的一个重要部分,即它是行为的部分原因(《论自由和必然》274)。意愿是斟酌中的最后一个愿望,因为它是引起此行为的愿望。一个人在吃蛋糕还是不吃蛋糕之间来回斟酌,接着就吃了这块蛋糕,使得他吃蛋糕的是那个吃蛋糕(和其他东西)的愿望。假如这个人最终决定不吃蛋糕,那么引起此行为的愿望就是不吃蛋糕的愿望。也可能出现这种情形,即斟酌既没有以吃蛋糕而终止,也没有以做出不吃蛋糕的决定而终止。这些愿望终止了,其他一些愿望又产生了。在此情形之下,斟酌的最后一个行为并非意愿。因此,霍布斯的定义以下述方式会表达得更好:

---

① "那个 p"原文为 that p。——译者注
② "意愿"文中英文为 willing。——译者注

"x 是意志" = 定义 "x 是斟酌中的最后一个愿望（欲望和嫌恶），且是行为的部分原因"。

与学究气的学说相反，意志并非引发人行动的、人的能力或恒在力量。正如霍布斯所说，意志是愿望，而愿望是意动，是"人体中运动的微小开端，还没有表现为行走、说话、挥击等等可见的动作"（《利维坦》6.1），这些就是霍布斯的基本观点。

霍布斯对自由意志的进一步讨论，出现在他反驳约翰·布拉姆霍尔的两本著作里。虽然我们还记得霍布斯与布拉姆霍尔是在1645年进行了那场有关自由意志问题的论战，但他们各自的观点直到1650年代才首次公之于众。布拉姆霍尔捍卫自由意志的存在，捍卫它的必然性，是为了证明赏罚分明的合理性。霍布斯则认为此概念不知所云。（参见第一章，"生平"）

布拉姆霍尔以自认为是一个无法驳倒的论证，首先表明自己的立场：

（1）要么我是自由的，因而能写这篇"论自由"的文章；要么我不自由。

（2）如果我是自由的，那么我便赢得这场论战，且无可指责。

（3）如果我不自由，那么我输掉这场论战也无可指责。

因此，

（4）要么我赢得这场论战，要么我输掉这场论战也无可指责。

但是，这个论证却并不能令人信服。霍布斯拒斥前提（2），因为布拉姆霍尔并未能给出使霍布斯承认它的合理理由。布拉姆霍尔的自由之躯，尚不足以奠定他的胜利，因为霍布斯也承认人有时是自由的，因而可以自由地行动。布拉姆霍尔需要证明的是，他有自由意志。自由意志的存在而非自由的存在，才是问题的关键。

因此布拉姆霍尔的论证犯了混淆论题①的错误(《论自由和必然》238-239)。换言之,人的行为的自由并不能证明人有自由意志。根据霍布斯的意思,只有遵循行为的原因的论证方式,才能正确论述自由。若某愿望引发某行为,则此行为是自由的;若此行为由人身外的剧烈运动(比如,强风吹人越过街道)所引发,那么,此行为便不是自由的,而是被强迫的。

因此,布拉姆霍尔所犯的第一个大错,错在自由行为和自由意志这两个概念的关系上。布拉姆霍尔所犯的第二个大错,错在自由意志和责任的关系上。布拉姆霍尔认为,为行为负责、因而应受赏还是应受罚的必要条件,是一个人的行为由自由意志所引起。霍布斯对布拉姆霍尔的论证总结如下:

> 如果所有事情都逃脱不了必然性,那么就会推出如下结论,即赞扬和批判以及奖赏和惩罚就不仅徒然无益,而且极不公正;若上帝公开禁止某一行为,同时又私下让它必然发生,为人们所不能避免的事而去惩罚他们,人们中间就再不会相信天堂或地狱了。

(《论自由和必然》248)

布拉姆霍尔从《圣经》中援引了数不清的奖赏与惩罚的例证,来为他的观点做证明。霍布斯指出这些例证风马牛不相及,因为它们既不能支撑布拉姆霍尔的立场,也不能颠覆霍布斯的立场。与行为的赏罚分配相关联的,是此行为到底是遵守了道德律或民法,还是违反了道德律或民法。既然援自《圣经》的例证是有关遵

---

① Ignoratio elenchi 是拉丁文,其英文意思为 ignorance of refutation(对于反驳的无知),译成中文为"混淆论题"。混淆论题指的是传统逻辑中的一种非形式谬误,这种谬误之所以会发生,是因为人们在辩论时所反对的立场并非论敌的真正立场。这种论证的提出者因此并不知道他的论敌正试图反对什么或证明什么。——译者注

守或违反律法的行为,它们就既符合布拉姆霍尔的立场,也符合霍布斯的立场。从霍布斯对这些例证的讨论中,举出一个足以说明一切。

> [布拉姆霍尔援自《圣经》的]话是,"妻子发出誓言,这誓言是否生效,要看做丈夫的抉择"。因为它只不过证明了丈夫是一个自由的自由能动者,它并没有证明丈夫在此的抉择,没有被先在的必然原因限定在他要选择的东西上。
>
> (《论自由和必然》241)

霍布斯看待上帝的行为却有所不同。上帝的行为是自由的,却不可能不公正,因为他的行为不服从任何律法。他援引了《罗马书》第九章的11~14节:

> 双子(指以扫和雅各)还没有生下来,善恶还没有做出来,只因要显明神拣选人的旨意,不在乎人的行为,乃在乎召人的主。神就对她(即利百加)说:"既然大的要服侍小的……我们可说什么呢?难道神有什么不公平吗?断乎没有。"
>
> (《论自由和必然》248)

霍布斯指出圣保罗延续着这种说法:

> 人啊,你质问上帝,你是谁?器物能对匠人说"你为什么把我造成这样吗?"
>
> 陶匠难道没有控制黏土的权力吗?同样的材质,他不是既可以做出华美的陶罐,也可以做出低劣的陶罐吗?
>
> (《论自由和必然》249)

也就是说:

> 上帝的力量本身,无需其他帮助,就足以证明他所做的任何行为正当。地上的人们在其中间通过契约和信约所制定的、他们称其为正义、并据之而确切地将人算作和称作正义或

不义的东西,并非万能上帝的行为据之得到衡量或被称为正义的东西,就如他的意图不能被人的智慧所衡量一样。他所做的,因他的做本身而成为正义的。我是说,上帝总是正义的,虽然我们人并不总是正义的。

(《论自由和必然》249)

霍布斯还在其他几处表达过他的这种立场:"无法抗拒的力量,无论显现在什么人身上,都实在而彻底地证明了其一切行为的正当性。"(《论自由和必然》250;也可参见《关于自由、必然和偶然的问题》162)虽然这种理论有些苛刻,它却得到加尔文主义的支持,甚至还受到圣经文本的支援。例如,《约伯记》就是这样一种文本,文中上帝"通过向约伯显示自己的力量而为他施加给约伯的痛苦进行辩护"(《论自由和必然》249;也可参见《约伯记》40.9)。

自由和责任的问题,本质上并非神学问题。布拉姆霍尔害怕,如果每个行为都由先在的事件所决定而成为必然发生的,那么禁止人们的行为的律法就会成为不义的律法,斟酌便会变得毫无意义,对孩子们的告诫也会成为徒然,赏罚也会成为无的之矢(《论自由和必然》252)。霍布斯并不同意这种看法。就律法来说,它们是为了禁止"有害的"的行为:"人因此并非因其出自自我选择的偷窃行为而受死或受罚,而是因其有害于和有悖于人们的保全而受死或受罚。"(《论自由和必然》254)惩处的关键并非惩罚而是威慑:"法律的目的不是为了过去发生的、不能纠正的事情去伤害罪犯,而是为了使罪犯和他人能够变得正义,以便他人不会效法,使他们不去尊重过往的恶行,而去尊重未来的善行。"(《论自由和必然》253)

就斟酌和告诫来说,答案也差不多,它们是导致一个人以这种或那种方式行动的因果链的组成部分。假设人们不斟酌也不告诚,结果就会大相径庭。一个人穿越马路时毫不在意,因为他认为他注定要死亡,因为无论怎样,要发生的总会发生。然而他却错了,无论怎样,要发生的都没有发生;要发生的能否发生,要看他在注意交通方面有没有采取一些行动(《论自由和必然》254－255)。霍布斯是决定论者,不是宿命论者。

霍布斯的确承认,尽管他的理论很正确,却可能带来灾难性的后果,因为大多数人都受到金钱欲或肉欲之乐的控制,因而会误解其理论的后果。要不是纽卡斯尔的百般请求,他本不会写下他的思想,他希望纽卡斯尔不要把这种思想外传出去(《论自由和必然》257)。

自由和必然的和睦相容,也与"预知"概念有关。对霍布斯来说,由于上帝是宇宙的原因,因而上帝知道他会引发什么,他甚至在即将发生的万物还未发生前,就对其了如指掌。然而,这种知识却不能迫使任何人做任何事,因为知识不能使事情发生:"知识依赖已知事物的存在,而非已知事物依赖它。"(《论自由和必然》246)霍布斯对此问题的处理,忽略了一个更为严重的问题。上帝知道即将发生什么,这不会让人苦恼不堪;让人苦恼不堪的是,他不但对发生的万物了如指掌,还用意志左右着它们。根据正统的基督教教义和霍布斯公开表白的信仰,上帝是所有事物的原因;可是,如果上帝用其意志左右着万物的发生,那么,无论人怎么做都改变不了这一点,因而人似乎并不自由。

结论

霍布斯形而上学和心灵哲学的主要计划,是为了表明一切现象如何纯粹由运动的物质物体所组成。他似乎相信唯有物体才是实在的,因为他认为,物体运动的改变是任何事物变化的唯一方式。唯物主义者需要说明的最困难的事情,是人的诸如思考、想象、爱恋以及害怕等等心理现象。于是霍布斯便借助意动来分析这些心理现象和相关的现象,而意动不过是物体朝向或背离其他物体的微小运动。比起物理分析来,霍布斯的分析实际上更接近概念分析,而他的计划却是彻底现代的计划。

对人来说,最重要的心理现象是自由意志,或者根据霍布斯的偏好,是自由。对霍布斯来说,所有运动(包括人的行为),都是由在先的运动所引起的,这使得所有运动或行为都成了必然。如果人的行为的最直接原因是心中的愿望,那么人就是自由的。因此,对霍布斯来讲,自由和必然是和睦相容的。自由意志的概念不够严密,因为每个意愿都是被激起的愿望,而且只有物体才可能自由。

拓展阅读

Peters, R. (1967) *Hobbes* 2nd edn, Harmondsworth: Penguin. 该书第 2~4 章以及第 6 章很好地介绍了霍布斯对形而上学和心灵的看法。

Sorell, T. (1986) *Hobbes*, London: Routledge. 该书中论述霍布斯形而上学的部分写得非常好,尽管书中有些部分大家会不尽赞同。

第三章 道德哲学

道德哲学和政治哲学

霍布斯构想其道德哲学，目的是为其政治哲学奠定基础，讲述一种令人满意的人类关系或人类本身完善的故事。霍布斯不具有如下的社会观，即以为社会可以独立于一个政治实体而存在，并且能够阻止人们彼此间的相互残杀。就这方面而言，霍布斯与洛克大相径庭。洛克认为，社会生活处在孤独的人类生活与文明国家的生活之间。下面我们将会看到，如果人不能与他人联合起来组成政府，那么便没有人能够过长久的、"道德"的生活。因此，在讨论霍布斯的道德哲学之前，让我们先说说他的政治哲学的性质。

霍布斯的政治理论属于社会契约论

的一般范畴。就其本质而言,社会契约论是这样一种理论,它认为政府之产生,乃是由于某几方面的人签订了契约或协议的结果,而这种契约通常被人们理解成是在主权者和臣民之间签订的。17世纪很多英国人以为英国内战是合理合法的战争,因为国王查理一世破坏了他与人民签订的契约,因此查理一世不再是一个合法的国王,人民有理由起来推翻他。霍布斯对此说法不予赞同,他认为不允许推翻主权者的契约是在臣民本身之间签订的,由于君主并非本社会契约的签订方,因而他不可能破坏本契约。

霍布斯的政治哲学既精微周详又激动人心,可是由于其用词上的诸多矛盾之处,也使人摸不着头脑。他的有些观点,以现在的标准来看,还有些胆大包天,因而其政治哲学也常使人不知所措。运用标准的解释技巧,虽然不可能消除所有语词上的矛盾,但大多数的语词矛盾还是能够合情合理地予以消除。通过阅读文本的上下文,我们可以推知他的有些陈述不过是夸张或其他的修辞手法,他的用词的含义也比这些词的实际意义要狭隘得多。

至于道德,霍布斯说他的道德哲学含有"真正的自然法理论",亦即实现和平的手段,而"正义、感恩、谦逊、公正和仁慈"的德性是其关键(《利维坦》15.40;《论公民》3.32)。虽然如此,有些学者却依然说他并没有道德哲学,因为他的自然法是从利己主义的前提推论而来的。我以为他们的说法站不住脚。他的利己主义并非伦理利己主义,这样看倒是合乎情理。即使他的利己主义是伦理利己主义,他的这种所谓的利己主义也是一种规则利己主义。规则利己主义规定,人若遵守某套规则,比如讲和、守约以及温和待人等等,那么这套规则大体上会给他带来最好的结果。文中有一处略微晦涩却十分重要的段落,霍布斯在此处宣称,人若不公正行事,总会违背理性。有一种普遍的法,它们之被制定,有助于实现人类的幸福,并且能够有力维护正义;若不用这种普遍的法的体系来说明伦理学,这种说明似乎就没有意义了。如果某人一味坚持自己的主张,认为霍布斯没有真正的伦理学,他可以把"伦理学"加引号,那么我们就来讨论这个既加引号又加星号的伦理学,即"伦理学*"。(以下我会删去不用这个星号。)

霍布斯的道德哲学或伦理学①还有一个与此不同的问题,这与他的政治学有关。在《利维坦》的科学分类表中,道德哲学与物理学、音乐、诗歌及逻辑学归为一组,属于自然哲学的一部分,这似乎就是描述性哲学。它们与"政治学及公民哲学"判然有别,后者属规范性哲学。霍布斯似乎想让他的道德哲学一只脚站在描述性哲学里,另一只脚站在规范性哲学里,其目的是想要弥合哲学这两个部分的分歧。然而,既然道德哲学深深扎根于描述性哲学一边,那么他的策略就好比笛卡尔用松果腺弥合心灵与物质的做法一样,好像没什么作用。松果腺与其他任何物质一样,也不过是物质而已。谁要是注意到道德哲学既然是关于正义与非正义的科学,它的确在规范性哲学里站着一只脚,谁就能为霍布斯辩护。再者,正义与非正义的科学是"从自然物体的性质推论来的知识",霍布斯的这一立场是他的哲学中很有洞察力的特征(《利维坦》9.3)。人将自己对所有事物的权利让渡一部分出去,于是便从这一物质行为中产生了正义。世上不存在正义这样的物体,或不存在与"正义"这个语词对等的物体。霍布斯的反实在主义在此起了作用。

对这种正义产生的根源观念的反驳意见认为,让渡权利总是会产生义务,而义务不应当属于描述性的自然哲学的范畴。霍布斯的辩护者或许会如此答复:与你的反驳意见相反,自然哲学和公民哲学的区分,其根据不是描述性与规范性的区别,而是什么属于公民哲学,什么不属于公民哲学。几乎所有不靠国家政府而存在的哲学都是描述性和非规范性的哲学,但并非所有哲学都是如此。

---

① 霍布斯有时更狭隘地将伦理学定义为"从人的激情推论来的知识"(L9.3)。

道德哲学属于自然哲学,其唯一的理由源于如下事实:从概念来讲,道德哲学不靠政府的概念。它之所以不同于其他自然哲学,乃是因为它还是规范性的哲学,它能够弥合自然哲学和公民哲学之间的鸿沟,因为,一方面它是自然哲学的一部分,另一方面它还具有公民哲学所具有的规范性。

毫无疑问,那个提出反驳意见的人,也还会对上述答复提出反驳意见,①这种争论不可能到此结束。我以为我们不应当继续争论或选边站,我们应当把这争论看作是澄清了(尽管没有彻底解决)霍布斯道德哲学中困难的方面,并且通过研究道德哲学如何从他的善恶分析及他的自然状态思想中演化而来,继续更加直接地讨论他的道德哲学。这个任务完成以后,我们才能够在下一章表明,他的政治哲学如何从他的道德哲学演化而来。

善与恶

从一个视角看,霍布斯在《利维坦》中对道德问题的讨论,始于他在本书第十三章对自然状态的描述。从另一个视角看,他对道德问题的讨论,始于第六章对善与恶的定义。我们很快会发现,这些定义在三或四方面令人不快:这些或是关系的定义,或是相对的定义,或是自然的定义,或是利己主义的定义。霍布斯似乎是说,善是"任何人欲求的对象",而"恶则是他憎恨的对象"。当他说没有东西是"纯粹而又绝对的"善或恶时,他的意思是说,善恶是关系(《利维坦》6.7;也可参见《论人》11.4)。为了弄清楚它们

---

① 这一种反驳意见或许认为,霍布斯在他的科学分类表中,把"道德哲学"定义为正义和非正义的科学,而在第十三章章结尾处,他又说自然状态中不存在正义和非正义。既然道德哲学逻辑上先于公民哲学,正义和非正义只存在于公民状态(civil state 也可译为国家状态),正义和非正义如何能够成为道德哲学的主题?

的关系的性质,让我们把他的定义放在谓词表达式的定义形式中:

"x 是善" = 定义"某物对 x 有欲求"("有一个物体 y,这个物体 y 对 x 有欲求")

和

"x 是恶" = 定义"某物对 x 有厌烦"("有一个物体 y,这个物体 y 对 x 有厌烦")

让我们集中讨论"善"的定义,因为恶的问题无疑会随之显露。传统对善的看法认为,善要么是一个事物(如上帝是善),要么是事物的内在性质(如是红色或是一只狗),而霍布斯对善的关系性的理解,显然与此相悖。某物善与否,仍然是该物本身的一部分,如诚实是善,说真话是善,该物并不依靠与它有关系的别的东西。

霍布斯对善的关系性的理解,还算不上最令人不快的特点。他若把善的事情想办法与上帝联系起来,就不会有人反对他了,毕竟,善的事情是上帝希望我们去做的事情,或是上帝的造物。他若说善的事情是所有人都(应当)努力追求的事情,也不会使很多人沮丧,那将会是不带有贬义相对主义的"关系性"。让霍布斯的同时代人感到恼火的,是善的多变性,这即是贬义意义上的相对主义。今天,人们对多数事物的相对主义态度,都不会遭到反对,因为萝卜青菜,各有所爱。但是,在 17 世纪,什么是道德、政治以及宗教上的善,人们必须有一致的看法。

霍布斯对善的分析,还有一个令他的同时代人反对他的地方,尽管他们对其理解不如对其相对主义透彻。善和恶本是饱含价值的概念,但是霍布斯的分析却将它们还原成了与价值无涉的概念。对大多数人来说,某人想要某种东西,这一事实并不意味着那东西是善的。对直到最近的大多数美国人来说,某些他们最想要的东西,人们反而认为是邪恶的,比如酒精饮料和某些性活动。传统观念认为,事物除了具有像红和方等内在的属性以外,还有善和恶等属于别的种类的属性。它们不是物理属性,而属于道德或非自然的属性。霍布斯的分析实际上是说,善和恶属于物理世界而非别的世界。比起正义和非义来,善和恶更接近欲求和厌烦、快乐和不快(《利维坦》6.3-8,也可参见《利维坦》9)。总之,他的善恶分析是自然主义的分析。今天,自然主义的善的理论,同时也是道德的理论。然而,对霍布斯来说,善并非一个道德概念,欲望在道德上是中立的概念。下一章我们将会看到,在霍布斯的道德理论中,关键概念是法。

到目前为止,我们已经看到,霍布斯的定义给人以相关或相对主义以及自然主义的印象,这些印象是从他的善的定义得来的。除此以外,霍布斯相信善还有另一个特征。(之后,我会说明,为什么我会认为这一特征并非得自他的这一定义。)这一特征和其他特征一样遭人反对,这一特征即是:一切欲望以及人们以为是善的一切东西,都属利己主义。他说:"每人都想要……对自己来说是善的东西;""因为根据人性的必然性,人于自己所有自发的行为中,都为自己谋得某种善;""每个人自发行为的目标,是对自己的某种善。"(《自然法和政治法原理》5.4,16.6;《利维坦》14.8;也可参见《利维坦》15.16)霍布斯的这些话给人一种印象,好像霍布斯认为人们的行动仅仅是为了满足他们自己。他的话并非要求每个人都追求自己的善,而是说,每人所追求的东西中,必须包含对自己来说是善的东西。根据这种看法,我们就不能用以下命题来解释特蕾莎修女的慈善工作,即"特蕾莎想帮助他人",因为这个命题既不完整,又是一个伪命题。她的行为不可能纯粹出自这个欲望,因为这个欲望并没有把她自己包含在其目标当中。促使特蕾莎修女采取行动的,是表达在以下命题中的欲望,即"特蕾莎修女希望确保自己能够进入天国,并认为帮助他人能够实现这个目标

（满足那个欲望）"。除了文本上的证据,还有一件轶事性的证据能够说明,霍布斯主张一切行为都是利己的。他的传记作家约翰·奥布里告诉我们,有一次散步时,霍布斯随手给了一个要饭的一些钱。霍布斯的同伴雅斯培·梅恩问道:"如果基督没有吩咐你,你还会这么做吗?"霍布斯回答说:"会的,因为一想到那个老人悲惨的状况,我心里就不是滋味。这点救济,不仅帮助了他,也使我好受多了。"简言之,霍布斯传说中的之给人以救济,是因为他想减轻自己的不安。他对自己行为的描绘,就好比一个人为了论证自己的论点,凡是论证所必须的话,他什么都可以说。

霍布斯的利己主义与许多人认识自己行为动机的方式似乎背道而驰。父母会为了孩子而放弃自己想做的事情,渔夫会冒着性命危险解救他人。尽管父母和渔夫也认为自己有做出这些行为的义务,他们却不认为自己通常这样做是因为想完成自己的义务。利己主义似乎与他们的行为无关。

我不知道这些所谓的反例是否为真,但我不认为它们能够决定性地驳倒霍布斯的观点,因为后者能够根据自己的原理对这些例证做出满意的解释。他能够否定那个所谓的事实,即认为父母、渔夫或其他什么人并非为了完成自己的义务而行动,或为了避免让人看上去不负责任或胆小而行动。物理学家根据自己的理论能够说明颜色属性,因而能够否定那个所谓的、认为颜色存在于物体当中这一事实;同样,霍布斯也能根据自己的原理解释明显的无私的个例,因而他能否认任何行为都是纯粹无私的行为。

许多人都不愿意承认霍布斯的利己主义或利己主义理论,原因之一是,他们以为他的利己主义或利己主义理论否认有任何行为是利他的,因而似乎有损于道德。实际上它并非有损于道德,因为即使从利己主义的观点来看,一个向穷人伸出援助之手的人,与一个不向他们伸出援助之手的人,其间也存在着重大的区别。前者的行为有益于共同体因而值得赞扬;后者的行为无益于共同体因而不值得赞扬。

我不相信霍布斯会认为利己主义得自他的"善即被渴望"的定义,也不相信他会认为,既然"x 是善"暗含着一个与渴望的主体的关系,即"某人渴望 x",于是所有的渴望都是自私自利的。这种推理完全无效。要想让一个渴望成为自私自利的渴望,仅仅让一个人成为有这种渴望的东西还不够。恰恰相反,那个有这种渴望的人必须是那渴望内容的一部分。若认为某东西是善,当且仅当其被渴望,或认为有些渴望并不把有这种渴望的人当作是所渴望的东西的内容的一部分,那么这种看法就是自相一贯的。

霍布斯的理论看似不能说明如下这个标准判断:P 渴望使用麻醉剂 x(这会损害他的健康),因而 x 对他来说不好。P 甚至有可能知道这一点,他还说:"我渴望 x,我还知道 x 对我没好处。"根据霍布斯的定义,P 明确表达的话自相矛盾。它的意思是,"我渴望 x,我还知道我并不渴望 x",从这层意思又必然导出以下意思,即"我渴望 x,且我渴望 x 并非事实"。可是,霍布斯有办法证明 P 的意思并不矛盾,他只要把 P 省略的话补全就可以了。霍布斯借助的办法有些类似于短期善和长期善的区分(《论人》11.4;L6.57)。短期善持续时间不长,长期善持续时间较长,或由诸多连续不断的短期善构成。有时短期善会造成长期的后果,这长期的后果并非人们的渴望因而不是善。因此 P 当初自相矛盾的话的意思是以下一个自相连贯的命题:"我现在渴望 x,我也知道我不渴望 x 的长期后果。"①

至少有一处,霍布斯使用的"善"与他对该字的定义不一致。在他证明第四条自然法"要感恩"时,霍布斯使用的前提是,"没有人不是抱着对自己有好处的心意才给予的"。如果"要感恩"这几个字的意思仅仅是,"没有人不是在自己愿意给予的情况下给予的",那么,我就不清楚这如何有助于他的证明(《利维坦》15.16;也可参见《自然法和政治法原理》14.2 和 15.1;以及《论自由和必然》:273)。霍布斯论证前提的实际意思并非是说,每一行为都是由愿望引起的,而是说,人的行为往往出自自私自利的动机。这样来说明问题,会使人误入歧途,因为人们有时以两种方式来理解"自私自利"。(a)人为自己谋得某种东西是他们的兴趣所在(他们渴望为自己谋得某种东西),和(b)利益攸关(什么东西有助于长期的幸福生活)。一个人热衷于吸食一定量的便宜强效可卡因,这是意义(a),他的行为并非出自利的意义(b)。这一点也适用于国家。早在 2003 年,美国总统事实上还在说,"攻打伊拉克对美国有利,因为伊拉克容许恐怖分子藏身,并且它还拥有大规模杀伤

---

① 短期善和长期善的分别通常与近期善与长远善的区分相混淆。近期善是立刻来临的善,长远善是遥远的、未来才会来到的善。(显然,这种区分就像短期善和长期善的区分一样,标明的是连续体的两个极端。)之所以会发生这种混淆,乃是因为人们所选择的短期善就在近期。吃纸杯蛋糕是短期善,人们不愿意把吃它的快感延后。人们之所以通常选择近期的短期善,乃是因为他们选择的短期善能够给他们强烈的快感。若选择长期善则不会有这种强烈的快感。但是,人若为长远的未来选择一个短期善,这在逻辑上也并非说不通。某种酒的美味香甜是如此强烈,以至于一个人会用一周的时间来存钱,最后终于买了它,品尝了它的美味。人若在近期选择一个长期善,这在逻辑上也同样没有说不通的地方。中彩票的人会面临两种选择,要么立刻拿走十万美元,要么在两年后得到别的什么,比如价值十二万美元的一套房子。他或许会选择拿走十万美元,因为这相对于长远的未来会带给他近期的满足。

性武器,这可能被用来袭击美国"。但实际上,攻打伊拉克可能会损害美国的利益。如果真是这样,那么,总统只不过是热衷于让美国攻打伊拉克,然而攻打伊拉克却有损美国的利益。

也许,霍布斯把(a)和(b)合并在一起了。他也许以为,既然几乎人人都渴望保全自己的生命(这属于[a]例),那么,几乎人人都想要有助长寿和幸福生活的东西(这属于[b]例)。这种情形下的合并不难,因为人们通常都热衷于长生不老,而能够长生不老通常也是人的自私自利所在。麻烦的是,霍布斯错误地认为每一(a)例都必然是(b)例。

当霍布斯说,"每个人的至善是他的生命保全……(因为)上天如此安排了人的本性,以至于人人都为自己渴望善",他似乎把他对"善"的规定意义与它的普通意义合并在一起了(《论人》11.6)。根据他对"善"的规定定义,无论人们渴望什么,人人都渴望自己的善。他的语义学充满了真理,可是人性却并非如此。上天如此地安排了人的本性,以至于人们通常(而非一直)渴望自己的自我保全,而且自我保全通常(而非一直)是善。霍布斯有时甚至也认识到,"生活的痛苦是如此不堪,它们甚至让人把死也列在善的行列"(《论人》11.6)。

我们对霍布斯"善"的定义的讨论,始于我对他的话的引用,即"人欲求的对象不论是什么东西,都是善"。这种引用也许曲解了霍布斯的意思,因为他还说,任何人所欲求的对象,"都是就他自己而言的所谓的善的东西"(《利维坦》6.7)。也许,词组"所谓的善"可能表示一种模棱两可的意义。若如此,那么霍布斯的意思是,一个人所谓的"善"不必然是善。人们常常以为霍布斯总是满足于"善即人的渴望"的说法。无论如何,他只不过描绘了他所认为的人的真理,而非他所愿望的人的真理。事实上,他讨厌善的变化不定所带来的后果,因为正是这种变化不定引起自然状态中人与人之间的战争。后面我们会看到他如何消除这种战争。

自然状态

自然状态是"人类的自然境况"(《利维坦》13)。人们常常将其误解为人类初创时期所真实经历的境况。然而,霍布斯在《利维坦》中否认这是自己的想法,"也许会有人认为这种时代和这种战争境况从未存在过,我也相信决不会整个世界都普遍出现这种境况"(《利维坦》13.11)。这一切似乎都徒然无益,因为约翰·布拉姆霍尔主教还是误解了他:"人类最原始而又最自然的状态是亚当堕落前的状态,那是一个纯真无邪的状态。"(布拉姆霍尔 1658:568)自此之后,像布拉姆霍尔一样误解他的人便大有人在。霍布斯哲学上的抱负,是希望从其他最终得自定义的必然命题出发,演绎出另一些必然命题,从而能够从较简单的现象构建出较复杂的现象。(参见第五章)于是,霍布斯从严格限定的概念工具开始其研究。就其道德哲学和政治哲学而言,他的研究始于两个概念,即"人的概念"和"自然状态的概念",这两者都属于非时间的范畴。他没有从最早的人类生存史开始其研究,而是从一个理念开始,这个理念就是,在没有任何法律的自然状态中,人究竟如何?

换句话说,应当把自然状态首先理解为思想实验中使用的概念(参见帕斯奎诺 2001)。如果我们先讨论霍布斯的自然状态概念,我们就会很容易得出以下结论,即他想要一个普遍的、一切人反对一切人的战争。自然状态是人不受任何法律约束情况下的人类的境况。(P_1)是这样得出来的:

(P_1)如果一个人身处自然状态,那他就不受任何法律约束。

若从语义学角度来推导(P_1)的后件,亦即推导什么是法律,我们会得出:

(P_2) 如果一个人不受任何法律约束,那他对一切东西都拥有权利。

(P_2) 必然为真,因为法律根据定义会剥夺人的某种权利。这层意思也暗含在《哲学家和英国普通法学者对话录》法律的定义中,"拥有主权的人向其臣民发出的命令,公开且明确地宣布……他们不得做的事情"(《哲学家和英国普通法学者对话录》26)。如果一个人不得做 A,那他就不再拥有对 A 的权利。

如果我现在从语义学的角度来推导(P_2)的后件,我们会得出:

(P_3) 如果一个人对一切东西都拥有权利,那他对他人拥有的东西也具有权利,还包括那人的生命。

我们可以从(P_1)至(P_3)推导出(P_4):

(P_4) 如果一个人身处自然状态,那他对他人所拥有的东西也具有权利,还包括那人的生命。

我们又一次看到,所隐含的(P_4)的原因是,既然法律约束人的行为,那么,没有法律的生活就是完全不受约束的生活。① 如果人人都绝对是利他主义者,(P_4)就不会给人类造成麻烦,但人大部分时候都不是利他主义者。

大多数时候霍布斯不需要人人都是利己主义者,只要人渴望生存,而生存所必需的资源又少之又少,人口密集得足以使人相互往来,霍布斯就能掀起一切人反对一切人的战争。霍布斯没有明显提到人口密集或资源短缺的话,虽然当他指某东西"人们不能共享时"已影射到资源短缺问题(《利维坦》13.3)。他没有直接指出

---

① 也许有人会反对我,认为这完全是错误的说法,因为对霍布斯来说,一个人的行为还受到放弃权利的约束。然而,霍布斯还没有引入放弃权利的观念。在目前的讨论中,我像霍布斯那样,假定了一个尚未引入放弃权利或法律的、观念的情境。可参看以下对原初及第二自然状态的讨论。

资源短缺问题,其原因是:即使在流奶与蜜之地,只要有一个攻击性极强或愚蠢之极之人,他愚蠢到想要别人也想要的每一样东西,那么这些人相互之间就会发生冲突。如果再考虑到人人都有的自我保全的渴望,这种状况不可避免地会导向战争。

不幸的是,霍布斯没有从人渴望生存、人口密度和资源短缺等朴素的原理来演绎自然状态中普遍的战争状态,他以平等问题开始其讨论。

平等

霍布斯说,在自然状态中,人在体力和智力两方面大体平等,因为人人都有能耐彼此杀死对方,因此人在这唯一重大问题上彼此相等。他承认某些人要比另一些人聪明伶俐,某些人比另一些人体力强壮,然而说到长寿,"即使这一切加在一起,也不会使人与人之间的差别那么大",因为"最弱的人运用密谋或者与其他处在同一危险下的人联合起来,就能具有足够的力量来杀死最强的人"(《利维坦》13.1)。在这引文的后半部分,霍布斯主要考虑的是体力的平等。他接着声称,人与人之间还有"比体力的平等更大的平等",人在智力上也大体平等。他对此声明的证明有些奇怪:"因为一般来讲,任何东西分配平均时,最大的证据莫过于人人都满足于自己的一份。"(《利维坦》13.2)大家或许以为霍布斯是在开玩笑,因为他一定知道人与人之间存在着巨大的智力差别。那些认为自己比其他大多数人聪明得多的人总是强调这一点。

可是,如果霍布斯是在开玩笑,①而他实际认为人与人之间存在巨大的智力差别,那么,他接下来的论证就会有麻烦了。他想论证的是,因为人们大体平等,于是就不会有天生优越之人凭着其优

---

① 我以为这是普遍的看法,例如斯金纳 2002,n. 214。

越性而拥有天生的统治权。这一点还请亚里士多德原谅。于是一个天生优越之人的存在,似乎会推翻他的如下论点,即统治权依靠的是人人把权利让渡给一个第三方的契约。没有平等,霍布斯就无从证明他的任何自然法,下面会详细讨论这个问题。

无论如何,霍布斯之所以会相信人类的一般平等,我想还有另一个原因。他像笛卡尔一样,认为科学进步的关键并非天才而是方法。他在《论物体》中宣称,从正确的定义可以演绎出一切的知识,我们会在第五章继续讨论这一点。笛卡尔在《指导心灵的规则》和《沉思录》中有着一种别样的方法论。然而至关重要的一点是,他们都认为科学方法而非天赋才能才是科学进步的关键。

人是否真如霍布斯这里所说的相互平等,我们不得而知。让我们权且相信他的话,因为他紧接下来就会用平等来阐发他的道德哲学。当人为一个不能共享的东西而竞争时,于是由"这能力的平等出发,就产生达到目的的希望的平等"(《利维坦》13.3)。这话有些模棱两可。它的意思要么是(a):人人都以为自己成功的机会在百分之五十,要么是(b):对 n 个人来说,每人会以为自己成功的机会是 1 除以 n。也有可能是(c):对任何两个人 x 和 y 来说,x 的希望 = y 的希望。他们每人都以为自己成功的机会在百分之八十,甚至在百分之百。但是我想霍布斯可能没想到过(c)。根据这些解释,霍布斯的话好像是些不合逻辑的推论。就拿(a)来说,显然不能做如下推论,即如果二十五人中人人都知道自己与他人大体平等,于是人人都以为自己有百分之五十成功的机会。就(b)来说,平等的能力不会自然产生平等的希望。悲观主义者会以为自己成功的机会少于 1 除以 n,而乐观主义者则以为自己的机会要超过 1 除以 n。

霍布斯论述道,"因此,任何两个人如果想取得同一东西而又不能同时享用时,彼此就会成为仇敌"(《利维坦》13.3)。他的论述表明他心里想到的是(a),因为他想证明的是人人都与他人处在战争当中,而非若两人共处就会发生战争。因此,霍布斯的确需要从(b)开始其论证。然而,若就霍布斯的目标而言,(b)却有问题。假设十人、二十五人或一百人都为一个不十分炙热的同样一个东西而竞争(且每人的希望大致平等),那么,即使他们成功的机会相等,分别是百分之十、百分之四和百分之一,他们也不愿意与他人竞争,因为成功的机会太低。他们实际上能否展开竞争,既要看他们的进攻性强不强,也要看他们的需要大不大,甚至可能还要看其他情形。要想周详地预测人们将会如何行动,由于所知不足,因而我们还做不到。然而我们的知识足以能够预知,单凭得到某东西的机会或希望的平等,还不足以引发冲突。

霍布斯为了推导第九条自然法以反对自负,于是在两章之后的《利维坦》中又回到平等问题。这个证明的关键之处在于,尽管他重申了他对人人平等的信念,他也认为这还不足以证明人人实际平等。他说:

> 因为世间很少人会愚蠢到不愿意自己管自己的事,而宁愿受制于人……因此如果人生而平等,那么这种平等就应当予以承认。如果人生而不平等,但人却偏偏相信自己与他人平等,若非根据同等的条件,否则他们不愿意进入和平状态,那么,这样的平等也必须予以承认。因此,我便制定第九条自然法如下:每个人都应当承认他人与自己平等。
>
> (《利维坦》15.21;①也可参见《论公民》3.13)

我想,在论述自然状态的这一章中,如果霍布斯说人无论实际平等、还是自认为平等都无关紧要,那么他的政治哲学就会更有说服力。我其至认为,如果他认识到,人之所以想要"平等的条件,"

---

① 原文出处为《利维坦》第15章第15段,兹加以更正。作者引文的英文本出处与中译本都有一些出入,以下不再一一注明。——译者注

并非因为他们认为自己的力量和智力实际与其他每个人都平等,而是因为每个人都认为自己应该得到平等的尊敬和关怀,不管他是否真的与他人一样聪明和强壮,这样的话,他的哲学或许会更有说服力。在 1647 年的帕特尼辩论会①上,陆军上校雷恩巴勒为普通士兵的权利辩护道:

> 我认为英国最卑微的人与最伟大的人一样也要生活,因此,亲爱的先生,很显然,每一个想要生活在某个政府之下的人,都首先应当根据自己的意愿来使自己处于那个政府的统治之下。我的确认为,英国政府若不允许其最卑微的成员对自己是否接受其统治有发言权,那么它就根本不能束缚这种成员。
>
> (伍德豪斯 1992:53)

许多人宁愿战死也不愿做奴隶,是因为他们清楚自己的内在价值。因此,人类平等的更牢靠的基础,应该是他们受到平等关怀的权利。可是霍布斯不会用它做基础,因为"平等关怀"是一个规范概念,而他想让平等成为自然且非规范意义的、人的属性。

不管怎样,自然状态中都会以我们业已描述过的某种方式出现竞争,这种竞争方式与平等无涉,而且是战争的起因。想想那些曾为水源、牧场、田园和石油而征战的国家吧,资源短缺以及人口的密集度足以使人们互相往来,这都会引起竞争。

不论竞争是出自平等,还是另有出处,霍布斯认为它却为战争的另一起因奠定了基础,这另一起因就是"猜疑",亦即"不信任"。既然 P1 知道 P2 与自己在竞争某东西,P1 知道 P2 为了获得优势

---

① Putney Debates,是发生在 1647 年新模范军攻占伦敦后,新模范军成员之间为构建英国新宪法于帕特尼进行的一系列讨论,与会者大部分是平权主义者。辩论从本年的 10 月 28 日一直持续到 11 月间。——译者注

有理由企图对自己进行先发制人的攻击,这就使得 P1 对 P2 产生猜疑(《利维坦》13.4)。

猜疑的情形使得事情比霍布斯料想的还要糟糕。与 P2 先发制人地攻击 P1 的理由一样,P1 也有着相同的理由来先发制人地攻击 P2。而且 P2 清楚 P1 知道(或可能想到)P1 有理由对 P2 进行先发制人的攻击,于是 P2 更有理由先发制人地攻击 P1。这反过来又让 P1 有更多的理由来先发制人地攻击 P2,这样循环往复以至无穷。尽管霍布斯说猜疑从竞争发展而来,是战争的第二位原因(《利维坦》13.4),但更准确的说法是,本身就可能引起战争的竞争,是通过引起猜疑而引起战争的,猜疑则增大了引起战争的可能性。既然竞争引起猜疑,因而猜疑并非战争的第二位原因,而是竞争引起战争的第二种方式。

霍布斯列在第三位的、战争的另一起因,源自有些人的本性,他们"沉迷于自己在这种征服中的威力并以此为乐……把征服进行得超出了自己的安全所需要的限度之外"(《利维坦》13.4)。追逐荣誉的人都是些战争贩子,而且,这些人唯有靠着其他每个人对自己的怀疑才能够生存,他们因而处于战争状态。因此,无论人是否为自己而追求荣誉,荣誉会使人与其他人相互为战。

尽管荣誉是突发攻击的一个源泉,而有些攻击行为却纯粹是一种野蛮行径,这种行为除自身之外别无其他原因。毫无动机的攻击行为和任何其他攻击行为一样坏,霍布斯在《论公民》中利用这一事实来提出另一个论证,他想证明,如果人类生活不受任何法律的保护,那么,他们必然会处在人人相互畏惧的状态之中。奇怪的是,在《利维坦》或其他任何著作中,他再也没有提到这一论证。这个论证的核心是:

巨大恐惧和危险论证

(1)有些人在自然状态中非常危险。

(2)不可能知道哪些人非常危险。因此

(3)自然状态中的人必然相互害怕。①

之所以称此论证为巨大恐惧和危险论证,不是因为此论证必需巨大恐惧,而是因为此论证是巨大论证。之所以巨大,是因为它是如此简明,如此使人信服,如此具有延展性,可适用于其他许多情形。它的两个前提非常朴素,逻辑上不那么有力。前提(1)没有争议,我们能够通过分析人性或从经验上对其加以证明。许多人"同时欲求同一个东西",因此与他人进行竞争(《论公民》1.6)。有些人认为自己比他人优秀,因而想控制别人,于是他人不得不进行反击,甚至有时还进行先发制人的攻击(《论公民》1.5)。当人处于政府的保护之下,来自这些人的危险就大大减少,因为害怕惩罚约束了他们的行为。可是巨大恐惧和危险论证预设的前提是:没有政府可以保护人。前提(2)也很容易证明。人初来世间一无所知,他们的学习能力有限,只限于他们所感知的事物。在这种情形之下,自然状态中的人互相害怕就是必然的了。这个论证使霍布斯从自然状态中得到了他想要的任何东西。

让我们看看21世纪美国或欧洲社会中存在的巨大恐惧和危险论证的实例。几乎所有文法学校都为小学生设置了"陌生人危险"的科目,他们实际上是以这样的论证来教育学生的:

(1)有些陌生人对小孩子非常危险。
(2)不可能知道哪些陌生人非常危险。因此
(3)小孩子必然害怕每个陌生人。

警察会以心中的以下论证截停司机:

(1)有些司机对警察非常危险。
(2)不可能知道哪些司机非常危险。因此

---

① 此论证所暗含的前提是:如果某人非常危险,那么你就应当害怕他。这个看法应归功于尼尔·辛哈巴布。

(3) 警察必然害怕每一个司机。

我们也可为女性主义者和少数民族以及其他群体构想出同样的论证。有人告诉我消防员也有他们自己的论证模式:有些火灾非常危险。

除了《利维坦》第十三章所列举的、大家非常熟悉的三个战争原因之外,霍布斯在第十七章还列举了另一个清单:

(1) 人不断竟求荣誉和地位。
(2) 人往往和他人作比较,并且想做最优秀的人。
(3) 那些认为自己"比他人更有智慧和能力统治公众"的人,彼此相互竞争。
(4) 人通过语言能把善说成恶,把恶说成善。
(5) 人需要"一个公共权力使自己时刻敬畏,并引导自己的行为朝向公共利益",且这种权力并不总是如人所愿地存在和起作用。

(《利维坦》17.7–12)

霍布斯相信这些如此解释的论证必然得自各种各样的定义。他意识到某些人也许并不欣赏这些演绎推理的说服力,于是,他又从经验进行论证。他说任何人出门旅行都会带上武器,任何人睡觉都会锁住房门,任何人即使在自己家里也要锁住抽屉,这是在控诉人类。当他指出锁住抽屉是控诉自己的孩子和仆人时,他掉转了论证的矛头(《利维坦》13.10)。我以为他的这种声明太过强烈,也不必定是这样。控诉某人("我认为你犯了某罪 X")和怀疑某人("你有可能做了 X")之间有着区别。正如巨大恐惧和危险论证所详细阐明的那样,普遍恐惧的出现不一定非要靠普遍危险。

我前面说过,应当把自然状态首先看作是思想实验中的一个概念,以此来抵制以下这种想法的诱惑,即以为霍布斯的断言是原始人类的实情。但概念可以用各种各样实际的情形加以具体说明,霍布斯提到了三种实际情形。一种是原始人的情形。他认为"美洲许多地方……还根本没有政府,他们直到今天还生活在我上面所说的野蛮状态之中"(《利维坦》13.11)。另一种是民族国家之间的相互情形,"国王和最高主权者由于具有独立地位,始终相互猜忌……他们的武器指向对方,他们的目光互相注视,也就是说,他们在国土边境上筑碉堡,派边防部队并架设枪炮,还不断派间谍到邻国刺探,而这就是战争的姿态"(《利维坦》13.12)。自然状态的第三个实例是国家的内战。就某种程度来讲,这是让霍布斯最惊恐不安的实例。英国内战让霍布斯背井离乡,还耗尽了国家的财富,而一个准政府割去国王查理一世的脑袋也震惊了国人。

霍布斯于哲学上最著名的段落中总结了他对自然状态的看法:

> 在这种状况(自然状态)下,产业是无法存在的,因为其成果不稳定。这样一来,举凡土地的栽培、航海、外洋进口商品的运用、舒适的建筑、移动与卸载须费巨大力量的物体的工具、地貌的知识、时间的记载、文艺、文学、社会等等都将不存在。最糟糕的是人们不断处于暴力死亡的恐惧和危险中,人的生活孤独、贫困、卑污、残忍而短寿。
>
> (《利维坦》13.9)

霍布斯所描述的是战争状态,他对此的解释如下:

> 战争不仅存在于战役或战斗行列之中,而且也存在于以战斗进行争夺的意图普遍被人相信的一段时期之中。因此,时间的概念就要考虑到战争的性质中去,就像考虑气候的性质时那样。因为正如同恶劣气候的性质不在于一两阵暴雨,而在于一连许多天中下雨的倾向一样,战争的性质也不在于实际的战斗,而在于整个没有和平保障的时期中人所共知的战斗意图。所有其他的时期则是和平时期。
>
> (《利维坦》13.8;《自然法和政治法原理》14.11)

这段话之所以有意思，原因之一是因为它含有如下事实，即西方哲学传统认为，一对矛盾概念或反对概念中的一个概念总要好于另一个。① 这于善与恶这对矛盾概念来说是再清楚不过的了，对存在与非存在、女性与男性也几乎是这样。然而对无限与有限、静止与运动也许就不那么明显。古希腊人喜欢有限胜过无限，因为有限是完全，而无限好像还不完全。但是西方中世纪哲学家却喜欢无限胜过有限，因为有限比至大者要小。古希腊人和中世纪哲学家都喜欢静止胜过运动，但他们却都喜欢可被看作是某种运动的行动，而不太喜欢非行动。虽然并非普遍如此，但是通常对一对矛盾的概念来说，人们对自己以为较好的那个概念 T 总是直接进行定义，而对不好的那个概念仅仅称之为非 T。② 尽管逻辑学家并没有说原子句子比分子句子好，但是人们会觉得原子句子比分子句子好，因为分子句子要依靠原子句子。原子命题就是其内在部分不可能成命题的命题，而分子命题则是非原子命题。虽然不常常如此，但这样的定义还是通常意味着，所钟爱的概念总有一种另一个不被钟爱的概念所缺乏的东西。就战争与和平的区分而言，人们很自然地会把和平当作所钟爱的概念，说它能使安静、协作或其他什么东西在场，而战争则使这些东西缺席。但是霍布斯却反对这种传统，他颠倒了战争与和平的先后次序，使战争成了第一位的概念，即使并非所钟爱的概念。战争对霍布斯来说是人类的自然状态，它是人类"通过战斗而争斗"的、意志的在场，剩下的

---

① 我采取的是"解构主义者"的看法，我以为这个问题比我在本段中所表述的要复杂得多。

② 对存在和非存在来说，这通常会造成一个让霍布斯无比愤怒的句式，存在是(或存在)，非存在不是(或存在)。我还是本科生的时候，老师就诱导我相信这是一个意思再明白不过的句子。就直接定义自己所钟爱的概念的经验而言，尼尔·辛哈巴布指出，这对有罪和无辜来说并非事实。人们常常将"有罪"直接解释为"违法的状态"，而"无辜"则是无罪。

时期即是和平。以后我们还会看到霍布斯还颠倒了正义与非正义的正常次序,非正义是不遵守契约,而正义即非非正义。①

霍布斯以自然状态概念开始其讨论,目的是想说明没有政府人类便无法生活,而且政府还必须足够强大,以保证它不会解体,从而也不至于把人又重新送回到自然状态中去。然而政府不可避免地会解体,因为"有死之人制造的东西不可能长生不死"(《利维坦》29.1)。于是,《利维坦》第十三章接近尾声时,问题变成了"人如何从自然状态的战争逃到国家的和平里去?"。霍布斯说激情加理性可以完成逃亡,前者驱使人逃离自然状态,而后者教人如何逃离自然状态(《利维坦》13.13)。激情包括对死亡的恐惧、过舒适的生活的愿望以及这种生活可能实现的希望。可是让人奇怪的是,在接下来的一章里他再也没有谈到这些激情,理性的地位很突出,因为理性在推导自然法时大显身手。

霍布斯把自然状态描绘成战争状态,这很适用于许多国际形势。从1940年代一直到1980年代早期,美国和苏联据说一直处于"冷战"状态,这意味着每一方都害怕另一方会发动攻击,并且也随时准备着对对方发动必要的攻击,即使实际上美国和苏联并没有爆发军事冲突。在我撰写本章的初稿时,美国总统正威胁要攻打伊拉克,推翻萨达姆·侯赛因政权。尽管美国还没有正式宣战,尽管我们可能认为美国派去空袭伊拉克地面设施的飞机架次还达不到战争的规模,但是美国实际上已处于战争状态。人们也许以为美国和伊拉克的冲突否证了霍布斯的以下断言,即自然状态中的"个体"无论意图还是目的都相互平等。虽然我很同情这种说法,但是对霍布斯的观点我还是有话要说。无论美国是多么强大的国家,可是经过一段时期,它的实力会被"平等化地削弱"。

---

① 既然非正义是"不遵守……",好像非正义是一种缺乏,然而这对我的论证无关紧要。

一小撮恐怖分子驾驶客机撞向三座建筑物，这使美国大伤元气。美国需要投入更多的资源用于"国土防御"。再者，自从美国2003年在伊拉克边境集结兵力以来，朝鲜和伊朗都决定重启它们的核计划。美国炫耀武力实际上削弱了自己，以致那些不友好的国家可以顺利地以一种美国本不能容忍的方式开始活动。在我写这章的终稿时，美国正考虑调遣自己在韩国的部分兵力攻打伊拉克，这是兵力虚弱的迹象。下面这个事实尚未提及，即无论美国如何狡辩，联合国的意见对美国却十分重要，即使前者没有任何军事实力可言。对美国攻打伊拉克政策的深远而又广泛的反对声浪，会对美国的经济造成可怕的后果。即使美国轻而易举地打败伊拉克，若其他国家联合起来，不许美国使用其自然资源，并中断与美国的良好贸易关系，美国将输掉与这些国家的经济战争。①

　　霍布斯所描述的自然状态对个体的适用度如何？我认为如果确实没有任何法律，那么，靠着这一点点可怜兮兮的资源，经过一定的时间，人们必定会堕入一种生活孤独、贫困、卑污、残忍而短寿的状态。但我认为许多人还没有到达那种状态之前，必然会开始组建国家，这个过程可能与霍布斯的理论不相符合。首先，经验不会给人相等的审慎，有些人会从错误中学习，另一些则不然，多集连续剧《辛普森一家》已经向我们说明了这一点。第二，就某种程度来讲，霍布斯割裂了体力和智力，将它们分别开来进行考虑，这样就遗漏了一些重要的实际情形。有些人不但体力虚弱，也相当愚蠢。尽管他们中的许多人会在成年之前或之后不久死去，但是若想活下来，他们还必须具备最低限度的体力和智力，虽然这远远

---

①　世界很复杂。既然美国是最大的、外国生产的货物的消费者和最大的自然资源进口国，贸易报复会导致世界经济崩溃，这点我得归功于沙仑·沃恩。但另一些国家也许认为它们可以某种方式避免这种灾难，其中一个办法是让欧元而不是美元成为国际货币标准。

低于其他人体力和智力的总和。体力虚弱而又愚蠢的人天生适合做臣民,这与体力强壮而又智力非凡的人形成鲜明的对比,后者是天生的领袖或主权者。假设有一个大力神赫拉克勒斯,抓住了一个体力强壮却头脑愚蠢的人,还抓住一个体力虚弱但却头脑聪明的人,每个俘虏都被关在监牢里,或五花大绑。在他们被关押期间,赫拉克勒斯也许会向这两个俘虏解释说,若让自己做他们的领袖,这对他们一定有好处。头脑聪明但体力虚弱的俘虏很快明白,如果他服从赫拉克勒斯,他存活的机会要比反抗赫拉克勒斯大得多,而那个头脑愚蠢的人不需花费太多的智力也能明白这一点。如果这人愚蠢透顶,拒绝服从的话,赫拉克勒斯会杀死他,再去抓另一个人,因为那个头脑聪明的人已经与他结成同盟,或许还会狡猾地助他一臂之力。要找到一个聪明得足以看清承认赫拉克勒斯为其领袖的好处以及强壮得足以帮助赫拉克勒斯及其同盟的人,不会花费太久的时间。一旦有人把自己交托给赫拉克勒斯,其他人因为看到赫拉克勒斯不断增强的力量,就会明白这样做的好处,于是就出现了国家。这个设想的重要之处在于,赫拉克勒斯是一个天生的主权者,一个比任何其他人都有权做领袖的人,这与霍布斯认为自然状态中人人平等的观点相违逆。我没有讨论赫拉克勒斯与其臣民可能签订的任何契约,因为这对我的主旨无关紧要。然而,要证明以下说法却易如反掌,即赫拉克勒斯和他的臣民会在不平等的条款下同意签订契约。赫拉克勒斯由于自己优越的才能会比他的臣民放弃较少的权利,而且还会从其臣民那里得到其他好处。他的臣民为了换取更安全的保护和其他好处,会放弃自己的某些权利。由于国家使得有价值的东西成为可能,因而计算分配给赫拉克勒斯及其臣民的利益总量也不是不可能(《利维坦》13.9)。

假设有一个为霍布斯辩护的人反驳说,较强壮、较聪明的人成功抓住一个较虚弱、较愚蠢的人,这只是很偶然的事,有时弱者或蠢人也会幸运地杀死赫拉克勒斯式的人。这种说法不会推翻我的论点。我们欠缺的是某些情形,在此情形当中,某人比他人更有天生的权利来领导他人,而霍布斯的理论不允许有这种情形。而且还存在其他一些更为严重的反例。霍布斯承认国家内战时期人们处在自然状态,然而很显然,内战中军队实际上比个体拥有压倒一切的势力。在这种情况之下,军队或军队的领袖与个体的人不相平等,对后者来说,较理智的做法是让自己与这个天生的优越者结成联盟。

自然权利

《利维坦》第十三章快结束时,霍布斯强调自然状态的事实是"每个人反对其他每个人的战争",他说战争中"没有什么不义"(《利维坦》13.13)。更有甚者:

> 是与非以及正义与不义的观念在这儿都不存在。没有公共权力的地方就没有法律,而没有法律的地方就无所谓不义。暴力和欺诈在战争中是两种主要美德。正义和不义既非身体也非心灵的官能……只有社会中的人才会具有这些特征,独处的人不具有这些特征。
>
> (《利维坦》13.13)

这是一个强有力的声明,很难与霍布斯在其他地方所说的话相调和。例如,在下一章讲到自然法时他说:

> 在单纯的自然状态下,因恐怖而订立的契约是有约束力的。比方说,如果我与敌人立约,答应支付赎金或付出劳务以换取我的生命,我就要受这契约的约束。因为这是一种契约,其中,立约的一方得到的是生命,另一方得到的是金钱或劳务……因此,战争中的俘虏若受到信赖支付救命钱,就有义务

支付救命钱……

(《利维坦》14.27)

要想解决这种明显的前后不一,最简单的办法莫过于把霍布斯解释成是在用两种方式思考自然状态。第一或原初的自然状态是到目前为止我们所讨论的自然状态,这是一个没有任何法律可言的自然状态。第二或第二位的自然状态则是有法律附加进去的状态,第二位的自然状态依然是自然状态,因为它仍旧是战争状态,虽然这不一定是每个人反对其他每个人的战争状态。自然法也允许暂时的结盟和其他方便的联合。第二位的自然状态是处在原初自然状态与国家之间的居间状态。我们为了弄懂霍布斯的文本而假定有两个自然状态,这与霍布斯所使用的综合法也不相矛盾。他常常以单纯的概念或命题来开始其讨论,接着又扩展这些概念或命题,想弄明白扩展以后到底发生了什么。

自然状态赋予人自然权利,而自然权利是每个人"为了保全自己的……生命"而随意运用自己力量的自由(《利维坦》14.1;《论公民》1.9;《自然法和政治法原理》14.7–10)。引号里的短语很重要,因为它意味着自然权利不是无限制的权利。① 霍布斯接下来的话却取消了这种限制:每个人都有做自己想做的、任何事情的自由,只要他"以他的判断和理性"认为这事能够最有效地实现自己的自我保全(《利维坦》14.1)。霍布斯这里所做的,是从事实(什么的确能保命)转向某人所认为的事实(某人认为或判断什么能保命)。让我们把这种转向称作从客观向主观的"打滑"吧。霍布斯于其哲学中其他关键之处也使用过"打滑"这种办法。例如,后来他还从"主权者应该保护其臣民"这一客观事实,滑向"主权者本人应当判断什么能够保护其臣民的生命"这一主观事实。我

---

① 如果一个人决定自杀,他的行为并非出自自然权利,我也认为这种行为不对。然而,既然没有禁止人自杀的法律,这个人的行为也没什么不义。

认为这种"打滑"是现代哲学中客观向主观一般转向的一部分,这在笛卡尔、洛克、伯克莱以及休谟那里不难发现。

一旦滑向如下命题,即每个人都有权做他"以自己的判断和理性"认为是最好的事情,那么,一个人所做的事情即使没能实现自我保全的目的,他也有了借口。如果某人认为吃含有辐射的棒棒糖会保全生命,那他就有权吃棒棒糖,即使棒棒糖会让他疼痛至死。

自由

自然状态是自由不受限制的状态,而自由是"没有外部障碍"(《利维坦》14.2;21.1)。对霍布斯来说,有生命和无生命的东西都有着同样意义的自由。一条不受堤坝和其他障碍阻碍而流动的河流,与一个不受墙垣和其他障碍阻挡而行进的人一样,有着相同的自由。既然说"河流也有自由"听起来有些怪异,我们倒不如用"无拘无束"这个词和其词根来表示他的意思,这样他的立场也会更加明晰一些:一条不受堤坝阻碍的河流,就像放牧区里的动物或旷野里的母鹿或人一样,无拘无束地流淌着。

霍布斯所定义的自由,是一个与必然相容的概念。别忘了,霍布斯是一个决定论者,每一事件、包括每一行为,都有原因。如果人的某种行为的直接原因是内在于此人的事件,那么这个行为即是自由的行为。如果外在事件是某行为的直接原因,例如,狂风吹倒了一个街上的行人,那么这件事就不属于此人的行为。按照霍布斯的自由标准,即使一个人的行为是由脑瘤或强迫精神病所引起的,他仍然是一个自由人,因为行为的直接原因内在于这个人。因此霍布斯的观点需要修订,需要修订到以下地步,即只要人的行为的直接原因出自人正常的欲望,那么人的行为就是自由的行为。当然,这需要对"正常"做出解释,比如可以说"不是身体缺陷所引起的"即为"正常"。人们还会接着争论"到底什么是身体缺陷"。人在脑瘤所引起的、欲望的作用之下而做出的行为,并非正常的行为,因而也不是行为,让人们都同意这一点再容易不过。① 但脑子若出现化学元素失衡怎么办？人脑里异常的化学元素越是抹杀人的罪行,人就越应当被当作机器看待。(参见第二章)

自然法的定义

在《自然法和政治法原理》和《论公民》中,霍布斯虽然没有定义"自然法",但他的确明白表示它们是戒律,本身并非法律(《自然法和政治法原理》15.1)。在《论公民》中,他把自然法定义为"正当理性为让人尽可能长久保全生命和躯体而规定他们应当作什么和不应当作什么的命令"(《论公民》2.1)。在《利维坦》中,自然法的性质如何,霍布斯说得不十分清楚。他把自然法②定义为：

[a]戒律或一般规则,[b]它们由理性所发现,[c]根据这种戒律或一般规则,人被禁止[d]做对他的生命有害或会剥夺保全自己生命所需要的手段的事情,也不允许他们不做自己认为最有利于生命保全的事情。

(《利维坦》14.3)

我所插入的字母表示的是定义的四个要素。第一个要素最容易理解,戒律或规则是指导人的行为的宣言。戒律基本上分为两种,即规劝和命令(《利维坦》6.55)。规劝是一种言语行为,在这

---

① 查理斯·惠特曼是一个狙击手,他制造了臭名昭著的奥斯汀德克萨斯大学主楼枪击案,有报道说查理斯·惠特曼的验尸报告证明他有脑瘤,但是,在我的印象中,奇怪的是,我还从不记得有人因此而主张他可以不受惩处。

② "自然法"原文为拉丁文 lex naturalis 。——译者注

个言语行为中，说话人向听者表达的是一种说话人相信会有利于听者的行为方式。如果说话人 S 规劝听者 A 做某行为 C，A 不受强制必须去做 C，A 可以做 C，也可以不做 C。① 根据霍布斯的说法，命令与规劝相比虽然也是一种言语行为，但在此言语行为中，说话人 S 向听者 A 表达的是一种 S 相信会有利于 S 的行为方式。命令通过 S 对 A 的权力而在 A 那里造成一种义务，这一来，就其名称来讲，自然法似乎就是法，因而是拥有权力者所颁布的戒律或规则。但是在自然状态中谁是或可能是自然法的颁布者呢？原初自然状态是一个不存在任何权力的状态，而第二位的自然状态虽则也是自然状态，但并不存在任何拥有权力的人或机构来发布命令或制定法律。这一来，似乎没有谁能够取代上帝而成为自然法的颁布者。可是，我们必须联系从句[c]才能正确地思考这个问题。（我们过会儿就会用到[b]。）很不幸，从句[c]并没有包含我们的问题所需要的明确答案，这是一个用讨厌的被动语态表达的句式，它只说人"被禁止"，却没有说谁在禁止。我们寄希望于拉丁文本的《利维坦》能够解决这个模糊不清的问题，但是一当我们读到自然法是戒律或一般规则，根据这种戒律或一般规则，"某事被禁止"，② 根本没有提及谁或什么在禁止，我们的希望完全破灭了。

有三种合理的方式可以解决被动结构所造成的、这个模糊不清的问题：

(1) 人命令自己保全自己的生命。这种解释所存在的问

---

① 霍布斯没有考虑到横跨规劝和命令的情形。假设 S 在某种行为 K 上对 H 有发号施令的权力，S 认为做行为 A 不仅对 H 有利，对 S 也有利，于是就对 H 说"做 A 吧"，A 在这里属于 K 类。虽然人们都乐见规劝和命令相互排斥，但 S 的话好像既是规劝也是命令。

② "禁止"原文为拉丁文 prohibetur。——译者注

题是,"x 命令 y"表达的是一种非自反的关系。没人可以命令自己的自我,因为正如霍布斯所说,任何人既然可以命令他人做某事,也就可以解除对这人的命令。"命令自己的自我"只是空洞的语词形式,是命令的空壳。

(2)解释[c]的第二种办法,是主张理性颁布法律敕令。这种解释得到英文本以下事实的支持,即霍布斯在给出定义后不久就说自然状态中"人人都受自己理性的控制"(《利维坦》14.4)。可是霍布斯自己也说"理性什么也做不了",这正是第二种解释所存在的问题。霍布斯贬低了理性在传统上的至高地位,他说理性无非是一种计算,也就是将公认的、标示或表明思想的普通名词所构成的序列相加减(《利维坦》5.2)。(我们会在第五章更详细地讨论这个问题。)理性没有树立保全生命的目标,也没有树立毁灭生命的目标。目标由欲望所决定,而理性只是用来计算满足这些欲望所需要的手段。

(3)第三种解释是,上帝颁布自然法敕令。这种解释的好处是,上帝似乎最有权力颁布敕令。霍布斯有时也说,上帝颁布自然法敕令,例如他说,自然法"是以有权支配万事万物的上帝的话宣布的"(《利维坦》15.41)。在第三十一章"论自然的上帝国"里,霍布斯说有关公民义务的部分知识是要弄清楚什么是神律,他把这些神律等同于自然法(《利维坦》31.1)。再者,当霍布斯辨识上帝宣布其律令的方式时,他发现上帝所使用的第一个方法是"通过自然理性的命令"(《利维坦》31.3)。这种声明显然是把条件[c]与条件[b]联系起来了。人们对第三种解释可以提出几种反驳意见。第一种反驳意见是,《自然法和政治法原理》和《论公民》似乎回答了"谁颁布自然法敕令"的问题,因为它们否认了"自然法是法"的预先假定。在这两部以上提到的著作中,霍布斯很清楚自然法本身不过是规劝。是谁的规劝？可能是每个人对自己的规劝。如其不然，则理性也可颁布自然法敕令，因为"真正的理性就是某种法"(《论公民》1.1)。对这两个反驳意见可做如下回答。第二个反驳意见——认为理性颁布敕令和理性是法——存在的问题是，这种观点与《利维坦》中理性即计算的观念相矛盾。计算会告诉我们如何达到我们抱有的目标，但它不会建议或命令我们抱有任何目标。第一个反驳意见存在的问题是，《利维坦》中的用词表明霍布斯已经改变了他对自然法性质的看法。如果自然法是规劝，它们就不具备强迫性。有些学者认为，自然法（只）在人的内心范畴中约束人(《利维坦》15.36)，这一事实意味着自然法不具约束力。但是，即使这种看法有着本身固有的矛盾（不是义务的义务），规劝甚至在内心范畴也不能约束人，因为它们摆脱不了它们是规劝而非法律或命令的事实。

那些认为自然法不是法的人，会经常引用《利维坦》第十五章的最后一段话，来捍卫自己的立场：

> 这些理性的命令人们一向称之为法，但却不正确，因为它们不过是有关哪些事物有助于人们的自我保全和防卫的结论或定理而已。正确说来，法律是有权命令他人的人所说的话。但我们如果认为这些定理是以有权支配万物的、上帝的话宣布的，那么人们也可正确地称之为法。
>
> (《利维坦》15.41；也可参见《论公民》前言)

支持(3)的人会说反驳者误读了这段话。他会说，请注意，首句的主语不是"自然法"，而是"这些理性的命令"。其间的区别非同小可。由理性所发现的法律和规劝都是命令，而命令就是法律或规劝的内容。命令以命题为其表达形式，例如，"你寻求和平"，或"你放弃你对一切东西的权利"。这些命题本身并不能指导任何行为,就如命题"狗有四条腿"不能指导任何行为一样。命题只具描述性的作用,要想让命题指导行为,可以为它添加某种格式或力量,可添加"命令"或"规劝"等字样。这样的话,以上的说法就变成了"我命令你寻求和平",或"我规劝你寻求和平"。命令和规劝既非真亦非假,人们只需要分别地服从它或违抗它,遵从它或背离它。

再者,既然霍布斯说,"这些理性的命令人们一向称之为法,但却不正确",那他早就预先假定了他不是使用"法"这个名称不正确,因为用词准确是他方法论的主要目标之一。如果他认为不仅过去的人们,而且连他也不正确地使用词语"自然法",他就会这样说:"这些命令我(就像我以前的人一样)称之为'法',但却不正确……"

第十五章的最后一段话含有更多证据,可以支持(3)的解释。霍布斯说:"但我们如果认为这些定理是以有权支配万物的、上帝的话宣布的,那么人们也可正确地称之为法。"(《利维坦》15.41)我再重复一遍,霍布斯说上帝的确是通过自然理性的命令来宣布其律令的(《利维坦》31.3)。我能够想象,对于霍布斯的话"自然法是上帝的律令",人们欠缺的不是证据,而是让人信服的理由。我认为霍布斯不会给出令人信服的理由,更确切的说法是,霍布斯根本就没想过要给出任何让人信服的理由,因为他和光荣革命前的任何其他真正的知识分子一样,认为根本没必要给出这样的理由。约翰·塞尔登是霍布斯的朋友,有时也被看作是无神论者,他在私下里曾经说:"除了把自然法看作上帝的律令,我自己想象不出它是什么意思。"(马蒂尼奇 1992:381,n.10)霍布斯自己也说,"毫无疑问,它们(自然法)是上帝的律令"(《利维坦》33.22),"毫无疑问,它们(自然法)是由上帝亲自制定的律令"(《利维坦》42.37)。有时,哲学家不需要证明他的命题,因为这个命题根本不存在争议。

(4)第四种解释是,"被颁布"用得不够严谨,也太富比喻意义了。词组"自然法"语法上要求有人制定或颁布它。既然没有谁也没有任何东西实际上颁布自然法,那么,就需要某种迂回的说法来规避那个语法要求。霍布斯使用被动语态解决了这个问题。这种解释的问题是,霍布斯公开声明在科学中不会使用比喻,因为比喻"永远都不可能充当任何推论的真实基础"(《利维坦》4.4)。

(5)第五种解释可被看作是(4)的补充。霍布斯拿不定主意自然法到底是真正的法律,还是仅仅是规劝。因此,他以两种方式来谈论它们,有时他暗示它们是真正的法律,有时又暗示它们不是法律。我对这种解释的保留意见是,虽然霍布斯说自然法"有助于人的自我保全和防卫"(若它们是法律这也不假),他从未明确说过它们是规劝。

幸运的是,即使不能确定地解决这个问题,我们仍然可以继续讨论自然法。接下来要考虑的自然法的要素是[b],即词组"它们由理性所发现"。自然法理论家一般会主张,人之所以知道自然法,不是因为它们是与生俱来的(刻在人的心上),就是因为它们通过演绎而为人所知。霍布斯认为它们并非与生俱来,因为所有知识都产生于人的感觉。词组"刻在人的心上"是一种隐喻的说法,它的意思是几乎人人都能知晓它们(《自然法和政治法的原理》10.7;《利维坦》36.6 和 42.37),人凭着理性最终知晓它们。

凭借理性知晓自然法,满足了那个自然法应当被颁布的标准要求。这之所以是一种要求,是因为法律应当指导人的行为,而人若对某东西无知,就不能指望它来指导自己的行为。让条件[b]充满困难的,是以下问题,即自然法或所有自然法本身的定义与法律的来源到底有什么关系?它们是演绎而来的吗?如果是演绎来的,演绎的形式又如何?让我们把这些问题搁在一边,等讨论完

[d]以后再回来,因为对[d]的解释是此演绎的关键。

关键的问题是,跟在"和"后的最后一个从句,是否对第一个从句增添了什么实质性的内容。我指的是这个从句:"做对他的生命有害或会剥夺保全自己生命所需要的手段的事情,也不允许他们不做自己认为最有利于生命保全的事情。"(转折句没有问题。)

一种解释认为每一法律都有双重或并列的内容。一部分内容禁止人去做会剥夺生命的事情,另一部内容禁止人不去做自己认为会保全生命的事情。我认为这种并列并不重要,因为第二个并列句"不去做保全生命的事情",只是第一个并列句的一个实例。也就是说,既然不做自己认为最有利于生命保全的事情是第一个并列句一般禁止的具体方式之一,因此就没必要认为法律具有并列的结构。

自然法的演绎

我们现在可以着手来解释如何演绎自然法这个主要任务了。在《自然法与政治法原理》中,霍布斯巧妙地把第一自然法与他的自然状态中人人平等的观点联系起来:"既然人的力量和其他天赋能力相互平等,我们便可从中推知,只要人还处在敌对和战争的状态,就没有任何人的力量能够大到足以长期保全自己的地步。"(《自然法和政治法原理》14.14;《论公民》1.15 和 2.3)因此,人应当尽可能地寻求和平,并且保护自己免受那些不爱和平者的伤害。第一自然法的并列特征在《论公民》中得到更充分的表达:"当和平可得时,就寻求和平;当和平不可得时,就要在战争中寻求援助。"(《论公民》2.1)在这两部著作中像这样阐述的自然法,导致许多学者以为《利维坦》中所阐述的第一自然法也是并列的性质,但仔细阅读《利维坦》会发现事实并非如此。

霍布斯说:"于是,以下的话就成了理性的戒律或一般规则:**每**

个人只要有望获得和平时,就应当力求和平;在不能得到和平时,他就可以寻求并利用战时的一切优势和援助。"(《利维坦》14.4)尽管词组"戒律或一般规则"表示一切黑体部分都是第一自然法,可是霍布斯的下一句话却排除了这种读法:"这条规则的第一部分包含着第一个、同时也是基本的自然法——**寻求和平、信守和平**。第二部分则是自然权利的概括——**利用一切办法来保卫我们自己**。"(《利维坦》14.4)霍布斯所指的两个部分是戒律或一般规则的两部分并列的黑体,我们不要忘记,虽然所有法律都是戒律和规则,可是并非所有戒律和规则都是法律。霍布斯的主张是,只有关于和平的那部分才是"第一和基本的自然法",戒律和一般规则的其余部分只是"自然权利的概括"。

现在让我们来考虑第一自然法的证明。

> [在自然状态中],没有任何人的力量能够大到足以长期保全自己的地步……理性于是命令每个人,为了他自己的利益,在他有望取得和平时,要追求和平;要尽可能争取一切的援助来增强自身的力量,抵御那些阻碍实现这种和平的人,要做一切必然有助和平实现的事情。
>
> (《自然法和政治法原理》14.14)

在这段出自《自然法和政治法原理》一书的话中,霍布斯把和平奠定在平等的基础之上:"没有任何人的力量能够大到足以长期保全自己的地步。"在《论公民》中他也这么做:人不可能"……靠着力量的平等指望永久的保全……[因此]寻求和平"便成了自然法(《论公民》1.15;《自然法和政治法原理》14.14)。

《利维坦》中的证明与此不同,它好像依赖于自然权利的本质:"因为人们的境况……是每一个人对每一个人的交战的状态……这样一来,在这种状态之下,每一个人对每一样事物都具有权利,甚至对彼此的身体也是这样……因此……每一个人只要有获得和平的希望时,就应当力求和平。"(《利维坦》14.4)这里,霍布斯的论证没有转向和平问题,而是转向了战争的危险问题。如果平等是导致战争的唯一途径,那么这一点就没什么重要的了;可是我们已经看到,还有导致冲突的其他途径,比如说竞争、猜疑和荣誉等。(以上参见"平等"一节。)

我们可用间接证明来表述霍布斯的论证:

证明:人力求和平

(1)人不会做伤害自己生命的事。(第一自然法定义的内容)

(2)人不力求和平。(还原假定)

(3)如果人不力求和平,那么人会做伤害自己的事。(推自定义"不力求和平")

(4)人会做伤害自己生命的事。(由肯定前件式而推自3和2)

(5)人既会做伤害自己生命的事,人又不会做伤害自己生命的事。(由合取式而推自4和1)

(6)因此,人会力求和平。(由归谬法而推自5)

证讫①

为简略起见,命题(2)和(3)省去了一些修饰语,诸如"只要有获得和平的希望"等,但这些省略并没有改变此论证的实质。还要注意到,此证明的前提和结论都是命题而非祈使句("寻求和平")或完成行为句("我命令/规劝你寻求和平"),而且它是通过完成命题的行为而证明命题的。祈使句和完成行为句本身并非命题,因而既非真亦非假。"关上门"这个命令可以遵守和违背,但却既

———————
① 以上三个原文为拉丁语逻辑术语,它们分别是 reductio(还原)、modus ponens(肯定前件式)、QED(证讫)和 eductio ad absurdum(归谬法)。

非真亦非假。祈使句的说服力与它所附着的命题可分开。(当然，命令也会产生命题，例如，"你关上门"，可是这却不关我们的问题。)

如果我们认可第一自然法的这种证明方式，那么其他自然法的证明就更容易理解了，我们仍可使用同样的、归谬的一般方法。以下是第二条自然法的证明：

证明:(若他人也愿意)放弃对一切东西的权利,一个人也愿意这样做。

(1)人力求和平。(第一自然法)

(2)(若他人愿意放弃)人自己也愿意放弃对一切东西的权利,这并非实情。(还原假定)

(3)(若他人愿意放弃)人自己也愿意放弃对一切东西的权利并非实情,那么,其他人也没理由放弃他们对一切东西的权利。(分析论)

(4)如果其他人没理由放弃他们对一切东西的权利,那么,人就没打算逃出自然状态。(分析论)

(5)如果人没打算逃出自然状态,那他就待在自然状态。(分析论)

(6)如果人待在自然状态,那他就不会力求和平。(分析论)

(7)人不会力求和平。(由肯定前件式推自2以及3至6)

(8)人既力求和平,又不力求和平。(由合取式推自1和7)

(9)(若他人愿意放弃)人自己也愿意放弃对一切东西的权利。(由归谬法而推自8)

证讫

这个证明虽显冗长,却比霍布斯的文本要明了得多。命题(3)至(6)应该能够表明放弃权利与自然状态、和平与达到和平的手段之间的概念联系。

在《利维坦》中，霍布斯这时候停了下来，开始考虑第二条自然法中的主要概念，即"放弃权利"这个概念，然后又介绍了另外一些对第三条自然法很重要的概念。

放弃权利对霍布斯来说就是失去权利，有两种方法可做到这一点。一是弃绝它，二是让渡它。放弃对 x 的权利，就是不挡住别人使用或拿走这个权利的道路。在自然状态中，弃绝权利不是给他人以额外的权利，因为人人都已拥有对一切东西的权利。弃绝对 x 的权利，也就排除了他人使用 x 的一个障碍（《利维坦》14.6 – 7）。我想霍布斯对弃绝权利这个概念没有特别的兴趣，他提到这个概念，主要想帮助说明另一个放弃权利的方式，也就是"让渡权利"这个概念。

让渡权利就不仅仅是不挡别人的道和排除障碍，它的目的是让某个特殊的人（或人们）从这个行为中受益。有三种让渡权利的方式：通过赠予、通过契约和通过信约。首先，当人赠予礼物时，他的意图是想让接受礼物者保存并享用礼物。出让礼物的行为一旦发生，礼物赠予者就不再负有保证接受者保存并享用礼物的责任。如果礼物赠予者把一本书作为礼物送给别人，他就不再负有保证书不被偷走或损坏的责任。在赠予礼物的行为中，赠予者让渡了他对礼物的权利，因而也就终止了他对礼物的责任。第二，就通过契约来让渡权利而言，假设人 P_1 与另一个人 P_2 签订了如下契约：P_1 会让渡他对 100 美元的权利，当且仅当 P_2 把他对一匹具体的马的权利让渡给 P_1。同样，一旦让渡发生（包括双方要求的东西的相互交付），P_1 和 P_2 就不再有责任保证接受者对收到的东西的保存和享用。在签订契约的行为中，双方各自都让渡了自己的权利，未来没有义务必须以特定的方式行事。第三种让渡权利的方式与签订契约有些类似，但比后者更复杂一些。有时人们会签订协议，要求立约的一方或双方在未来履行某义务。虽然大多数人习惯称此协议为"契约"，霍布斯却要么使用术语"合同"，要么使用术语"信约",①把它们作为专门的术语来称此让渡(《利维坦》14.11)。霍布斯引入这个概念的不经意方式,却掩盖了它的重要性。我认为霍布斯选择用"信约"有其政治理由。苏格兰人根据国民誓约,②英格兰人根据神圣盟约,③都签订信约要保卫国王,可是两个集团的成员却都支持反对国王,最后还支持处决国王,这是让霍布斯谴责的行为。

同样,国家的起源也要靠信约,就是那个互相出让某些权利给主权者、从而成为其臣民的人们相互签订的信约。④ 一旦完成了要求说的话、仪式或标志,权利的让渡好像也就完成了(《利维坦》14.14)。然而,只要这个主权者继续存在,臣民就有义务帮助主权者进行统治,这其中的理由是因为霍布斯的以下原则,即"谁拥有对目的的权利,谁也就拥有对手段的权利",亦即"对手段的权利原则"。一旦臣民把自己管理自己的权利让渡给主权者,只要这个主权者拥有这个权利,那他就有义务保证这个主权者能够使用这个权利。

既然霍布斯经常诉诸"对手段的权利原则",我们就该合理地认识到它的似是而非。假设某个东西不属任何人,几个人都有潜在的、得到它的可能性,例如,假设有一颗流星落到地球上,落到与两个或多个人相等的距离,而且落到无主土地上,而且这些人都是

---

① "合同"原文为拉丁文 pactum,而"契约"和"信约"的英文分别为 contract 和 covenant,它们之间的区别可参见《利维坦》第十四章"论第一与第二自然法及契约法"。——译者注

② National Covenant,是 1638 年苏格兰长老会教友反对英国国教会的誓约。——译者注

③ Solemn League and Covenant,是苏格兰与英格兰的国会议员为维护长老会制定 1643 年签订的盟约。——译者注

④ 这好像是霍布斯在《利维坦》第十七章和第十八章所正式表达的观点。我们不太清楚霍布斯第十八章所说的话如何与这种观点相调和。

某个国家的成员,他们都拥有对流星的权利,但是没有谁有权杀死他人去得到这颗流星,即使这是唯一一个能够让他们得到流星的办法。还可举出一个更普通的例子,比如说,每个美国人都有权买悍马汽车,可是若买到汽车的必要手段是抢劫银行,没有人可以对这种买车的必要手段拥有权利。

情况好像是这样,虽然"对手段的权利原则"对自由权来说不正确,(例如我们上面刚描述过的两个自由权),然而对请求权却千真万确。也就是说,对这样的权利来说是千真万确的,在这些权利当中,拥有此种权利的人有权排斥他人,从而能够确保这种权利。假设某个机构把体面住居的请求权赋予本机构内的每个成员,那么,我们便可推知,任何没有体面住房的人,都有权可利用任何必要手段拥有体面的住房。但这种推论太过激进。体面住居请求权的意思是,某人或某机构有义务提供一种手段,利用这种手段,那个拥有请求权的人能够得到住房。但是,拥有请求权的人却不能滥用任何必要的手段来行使这种权利。如果某个成员能够得到体面住房的唯一办法,是赶走与他有着同样权利的另一个人,那么无论是这个成员还是这个机构,都无权赶走那另一个人。

正如我们所表明的那样,"对手段的权利原则"太过激进,一个较不激进的原则似乎会真确一些:"对某些手段的权利原则"说的是,如果某人 P_1 对某东西 O 拥有请求权,那么,某人或某机构 P_2 就有义务运用一些具体的手段,来确保 P_1 能够行使 P_1 对 O 的权利。如果美国国会让帕蒂有权拥有体面的住房,那么,美国国会就有义务筹集资金,来为帕蒂的体面住房买单。

因此,立约概念的关键之处在于,让渡权利给他人的人开始负有一种义务,他必须提供某种具体的措施,能够让权利的接受者享受他收到的权利。由于义务因一个人放弃权利而产生,因此这是一种特殊的义务。放弃权利既可以是让渡权利,也可以是弃绝权利。

霍布斯说:"一个人不论在哪一种方式之下放弃或出让其权

利,都可谓之被迫负有义务或受约束……他应当这么做,而且这是他的职责。"(《利维坦》14.7)他这里所使用的语词"都可谓之"听来像是模棱两可的话。一个残酷而又无耻之人为了积蓄荣誉,会赠予慈善机构几百万美元,人们(尤其慈善基金的受托人)于是就谓之慈善家,即使他们以及许多其他人都知道他并非如此。但我认为霍布斯所使用的语词并非模棱两可的话。① 他常常在他讨论 x 没有疑问的地方使用语词"谓之 x"。我相信,他的意思是说"负有义务无非是让渡权利的结果",也就是说,"x 放弃权利给 y",使得"x 负有义务和职责必须以某种具体的方式行事"。负有义务并不必然把一个人与某种非自然的或准自然的道德属性或属义务本身的任何东西联系起来。② 如果一个人放弃他对某东西的权利,那么他就应当作某事,这就是"应当"的部分意义所在,我们对这个问题不能做过多的遐想。义务是用来约束人的,但因契约而来的义务非常无力,因为契约的约束力,"并非来自契约本身的性质(因为没有什么比人的言辞更易遭人破坏的了)",而是来自"害怕毁约后所产生的有害后果"(《利维坦》14.7)。因为义务本身很无力,所以主权者必须拥有权力才能保证公民能够履行自己的义务。

有些意图主张霍布斯自然法不过是"审慎条款"而非"强制性条款"的学者,想通过诉诸"负有义务"和"被迫"两个用词的区别,

---

① 可参阅本章我对"善与恶"一节的讨论,我在那里认为霍布斯使用了类似的语词,"就他自己而言的所谓的善的东西",以此表明这种意义上的"是善"有问题。

② 这有些难以解释,因为我们不清楚这里到底牵涉到了什么样的本体论承诺的属性。通常我们不认为存在是一种属性,因为某物体除了具有其他属性以外,根本不存在"存在"之类的东西。我们也可以类似的观点来看待"是真"。但我根本不相信"属性需要在大自然有一个对应物"。"是秃顶"是一种属性,不是因为"是秃顶"为人增添了什么东西,而是因为人不具有"有头发"的属性。同样,"是苍白"是一种属性,不是因为这为人的皮肤增添了什么东西,它是缺乏晒黑所必需的东西的结果。

来消解霍布斯的如下断言,即一个人放弃其权利就"被迫负有义务"。① 据说,一个被持枪抢劫的受害者之所以被迫交出他的钱财,是因为他正受到暴力的威胁,但是他却没有义务必须这么做。可是 obliged 的这层意思并不符合霍布斯对本词的使用。对霍布斯来说,to be obliged 意思是"负有义务",这一点可从拉丁文本的《利维坦》和《论公民》里看得更加清楚。在这两本书里,对于 is obliged,霍布斯使用的合适的拉丁文单词是 debere 或 obligare,这两个单词的意思都是"负有义务",并非其他特殊意义上的"被迫"(《论公民》2.14;《利维坦》14.7)。

在我们目前所讨论的这一段落里,即在《利维坦》第十四章的第七段里,霍布斯还声称,如果某人没有按照放弃权利的要求而负起自己的义务,那么此人就行了不义。也就是说,即使根本没有任何政府,仅仅有两条自然法存在,也会产生不义。而且,我们还有其他理由来判断一个人或一个行为是正义还是不正义,但若能联系到第三条自然法,我们会把这些理由讨论得更加详尽。

让我们先考虑我们讨论平等问题时所可能遗留下来的问题。我曾经断言,霍布斯为证明自然状态是一切人反对一切人的战争,他不必主张自然状态中人人平等。我还提到,为了证明第九条自然法,霍布斯指出,即使人们实际上不平等,人也应当把他们看作好像是平等似的。我们要考虑的、可能出现的问题是,放弃人人平等的命题是否会抽空他对第二条自然法的证明?的确,如果人们在能力上不平等,那么,"一个人对他人拥有的自由,和这个人允许他人对自己拥有的自由一样多,这个人因此感到满足",就再也站不住脚了(《利维坦》14.5)。可是,这还不会出现毁灭性的结果,

---

① 这里"被迫"和"被迫负有义务"英文都是 be obliged。然而正如作者所说,霍布斯使用本语词的含义不同于这个词的普通含义"被迫",霍布斯使用本语词的意思是"被迫负有义务"。——译者注

因为我们仍可得出一个虽较薄弱、但却差强人意的第二条自然法。

其他条件相等的情况下,一个受到死亡威胁的人,会合情合理地根据不平等条款与其他某个人或多人签订契约,尽管他们中有些人较强壮些,另一些人较聪明些。如果要在就死和投某人两票而非一票或让出某人百分之五十而非百分之十的财产之间做出抉择,这种抉择虽然是基于不平等条款而做出的,也并非不合理。

因此,第二条自然法可以这样表达:在别人也愿意这样做的条件下,当一个人为了和平与自我防卫的目的认为必要时,会自愿放弃这种对一切事物的权利;也满足于他的生存所需要的、他对别人拥有的自由。(我把证明作为作业留给大家。)

我们现在不会讨论第三条自然法。霍布斯说,如果人们不履行契约,那么"信约就会无用,徒具虚文,而所有的人对一切事物的权利也会仍然存在,我们就会仍然处在战争状态中"(《利维坦》15.1)。这里所隐含的证明似乎是这样:假定人根本不履行所签订的信约(还原假定),那么信约实际上不存在("无用且徒具虚文");如果信约实际上不存在,那么人不可能把自己对一切事物的权利的任何一部分让渡出去(第二条自然法);人不会寻求和平。这最后一个命题与第一自然法相矛盾,因此,人会履行信约。

我认为霍布斯的论证并不那么圆满,因为让渡权利不只是靠契约,赠予礼物也是让渡权利的一种方式(《利维坦》14.12)。因此,霍布斯第三条自然法的证明存在缺陷。但是,若绕过第二条自然法,我们便可轻易地修正他的证明。我们可通过分析信约所必需的条件,直接从第一自然法推出第三条自然法:

证明:人会遵守信约

(1)人会寻求和平。(第一自然法)

(2)如果人不遵守信约,那么他不会寻求和平。(分析论)

因此

(3）人会遵守信约。（由否定后件式①和双重否定而推自 2 和 1）

我们无需对（2）进行辩白。一个不遵守信约的人会激怒信约的另一方，而愤怒会导致冲突。请注意，这里没有把人人平等作为推论的前提。

霍布斯声称，第三条自然法是"正义的泉源"（《利维坦》15.2）。这有些奇怪，因为他在讨论第二自然法时已经声明：如果一个人放弃其权利而又不履行其义务，这就是不义（《利维坦》13.7）。这一义务并不靠信约的存在而存在。如果一个人放弃其权利，或通过赠予礼物而让渡其权利，他若企图要回其权利，他的行为即为不义。然而，无论正义源自第二自然法还是第三自然法，在理解霍布斯的观点上都会有很大的麻烦，因为他还写道，自然状态中"无所谓不义"。他继续写道："是与非、正义与不义的观念在这里都不存在，没有公共权力的地方就没有法律，而没有法律的地方就无所谓不义。"（《利维坦》13.13）后来他又重申了他的这个观点："在正义与不义等名称出现之前，就必须先有某种强制权力存在，其惩罚的恐怖要远大于人们破坏信约所期待的益处，因而能够强制他们对等地履行其信约。"（《利维坦》15.3）我真希望我对原初自然状态与第二位自然状态的区分能够在这里帮到我们，可是却帮不到，因为霍布斯强调的是"没有公共权力"而不仅仅是"任何公共权力"。他明确的说法是，"在国家建立之前"根本不存在这样的权力（《利维坦》15.3）。对这个问题，我不知道有没有完全令人满意的答案，然而一个褒义化的回答是，当霍布斯说公共权力建立之前没有正义与不义时，他不过有些夸大其词。但是，很显然，他的这个回答很没有说服力。（至于自然法在自然状态中有没

---

① 否定后件式，原文为拉丁语 modus tollens。

有约束力,可参见下面的讨论。)

对于自然状态中的正义问题,我们还有最后一个问题要问:人若没有立约,人还有正义与不义之分吗?初看上去,对这个问题好像只能给出否定的回答。可是,由于霍布斯定义"正义"和"不义"的方式与众不同,一个没有立约之人由于不用履约便成了正义之人。他把"不义"定义为"没有履约",又把"正义"定义为"非不义"。① 因此任何人若没有立约,便没有不履行信约(原文有两个 not),因而并非不义,因而是正义。

法与命题形式

我们先不讨论其他自然法,让我们先讨论一下我前面的讨论未涉及的、法的语法形式问题。法就是调节人的行为的语句,它要么采用祈使语气,如"不要超速";要么含有一个表示禁止的情态动词,如"未满二十一岁者不可以[不得]饮用含酒精的饮料",以及"凡骑摩托者必须戴头盔"等。像这样的语句既不为真,也不为假。对祈使语句显然是这样,对含有情态动词的语句也同样适用,它们表达的是"要做什么事情",不是"做了或没做什么事情"。霍布斯大多数情况下都以虚拟语气来表示自然法,②虚拟语气既可用来表示命令,也可更加宽泛地用来表示戒律。正如人们对证明的结论所期待的那样,霍布斯意欲证明的法③其实都以命题的形

---

① 再次提请读者注意,就像战争与和平这对概念一样,霍布斯实际上把正义理解成含有"否定含义"的概念,"不义"是首要概念,再把"正义"定义为"非不义"。

② 这种看法我得益于本·莱德。

③ 人们也许会认为,我采用"法"这个字会破坏我以法为"命令"的声明,但这种想法是错误的。"我相信或我认为天要下雨了",这句话所表达的信念或思想是命题"天要下雨了",并非"相信或认为"所表达的内容。

式来表达。以下这些法都是如此:第二至第五条,第七至第十三条,第十五至第十七条,第十九和第二十条(《利维坦:评论和结论》5)。只有第一、第六、第十四和第十八条没有采用这种形式。因为人很自然地会用祈使句来表示法,或把情态动词塞进语句中,又因为霍布斯的大多数自然法都没有采取这种形式,因此我们有理由相信他是有意这么做的,而当他不得不采用祈使句或含情态动词的语句时,他又不知不觉地堕入更加自然的形式中去了。

为什么霍布斯更喜欢命题形式?我们需要靠猜测来回答这个问题。一种猜测是,他这样做是因为他认为自然法实际并非法律。我认为这种猜测不太令人信服,因为霍布斯需要自然法来驱使人们行动起来,以便逃离自然状态,因此,必须以命令或规劝的形式来表示它们。我自己的猜测则是,法之所以以命题形式来表达,(1)是因为它们是演绎而来的,而且霍布斯只知道从命题来演绎命题;(2)法律的约束力不是来自它们的命题内容,而是来自颁布该法律的人。我们还记得,命令和规劝分两部分:命题部分和"约束力"部分。命题的表达所靠的约束力,有赖于说话者对听者是否拥有权力,有赖于给出的命题到底是为说话者好还是为听者好。①

自然法命题有益于听者,这一事实表明它们不过是规劝。但是人们既可以采纳规劝,也可以忽视规劝。霍布斯所需要的,是能驱使人们行动起来的、有关自然法的某种东西。那些认为自然法是法律因而是命令的人们,他们以为害怕惩罚就是这种动力。还有许多认为自然法是规劝的人们,他们大体上以为,遵从自然法的知识满足了自己的愿望,这才是动力。自然法到底是不是法律?这个问题还有待进一步探讨。

---

① 说来也怪,自然法命题竟然有益于听者,这表明自然法不过是规劝而已,但是人既可以没有抱怨地采纳规劝,也可对它们置若罔闻。

其他自然法

从第四条开始,每一条自然法都勾勒了一幅传统道德的图画。第四条自然法说的是,一个从他人处收到礼物的人不应使给予礼物者后悔(《利维坦》15.16)。不知感恩的行为会使人后悔给人礼物,也会直接导致给予礼物者不能与那个忘恩负义的人和睦相处。避免忘恩负义还有另一层原因。给予礼物者给某人礼物,为的是向后者表明他是可信赖之人,也愿意互相帮助,这两者都是立约建立政府所必需的准必要条件。我们还能以更强有力的理由证明这一点。

我在讨论第三条自然法时,说过霍布斯自己的证明存在缺陷,因为他没有考虑以下这种可能,即权利也可通过赠予礼物的方式让渡出去。我们可以利用这个事实来设想一种建立政府的方式。如果人 A 看到人 B 把他的权利让渡给了人 S,那么,人 A 可能会把管理自己的权利也让渡给人 S,因为 A 看到若 S 拥有 S、B 和 A 的力量,自己就有可能得到保护而不受别人侵害。A 既没有与 S 立约,也没有与 B 立约,也没有基于 B 让出其权利这个条件而让出自己的权利。A 在模仿 B 的行为,因为 A 看到这样做对自己有利。这个过程可以无止境地持续下去,而且它越是无止境地持续进行,人就越有理由加入进来。B 开始其礼物赠予过程的理由,是因为 B 看到他若把其权利让渡给 S,他就有更大的、保全自己的机会。而且 B 也希望 S 会善待 B,因为 B 希望 S 会遵守第四条自然法,即一个人若通过礼物赠予而从别人那里收到好处,就不应该使给予礼物者后悔自己的行为。

第五条自然法是顺应(协作),亦即"每个人都应当力图使自己适应其余的人"(《利维坦》15.17)。① 本条自然法不依赖和平。顺应在其他条件不变的情况下有助于和平,无论这顺应的人是高人一等还是低人一等。第六条自然法是"宽恕",即一个人看到另一个人为自己过去的罪过而后悔并要求原谅时,他就应当宽恕这第二个人。第七条自然法说的是,惩罚的目的是为了让罪犯改过自新和对其他人昭示儆戒,让他们不致再犯同样的罪过。霍布斯尤其反对以伤害他人为乐的行为,因为这毫无意义。后两条自然法同样不依赖平等。

剩下的自然法我只说说其中的几条,以便我们了解它们的适用范围和使用惯例。第十一条自然法说的是法官应平等对待案件的双方。第十四条自然法说的是,当某东西不能"平分或共享"时,自然法就主张应当通过抽签确定所有权,而长子继承权是最自然的抽签方式。第十七条说的是没有人可以做自己的法官。第十八条说的是,争讼结果于己有利益关系的人不得充任该案件的法官(《利维坦》15.21,23,31,32)。霍布斯说还有其他自然法涉及"对个人的损害,如醉酒和其他一切放纵行为",但他没有一一列举出来,因为它们与政治哲学没有直接的关系(《利维坦》15.34)。

自然法适用于何时

自然法在自然状态中起作用吗?它们好像不得不起作用,因为如果它们不起作用,那么头三条自然法就不会起作用,因而人也就根本无法逃离自然状态,而自然法的目的之一,就是让人逃离自然状态。再者,正如上面所表明的那样,霍布斯还提到其他一些人在自然状态中负有义务的情形,而人至少在第二条自然法起作用

---

① 顺应很容易导致政府的建立。假定一人或多人都对人 S 经常服服帖帖,这可能意味着一个沉默信约的签订,它使得 S 成为主权者。

的条件下才会负有义务(《利维坦》14.27)。而且,霍布斯认为自然状态中的信约不会因誓言而得到增强,他的这一立场也预先假定了先有这样的信约存在(《利维坦》14.31)。

永恒的自然法

至少有两个原因可以说明自然法是永恒的法律。(a)它们的反面永远成不了"律",因为"律"是从"自然律"①定义得出的必然真理(《利维坦》15.38);(b)它们的出现不在任何时间之内。原因(b)实际得自原因(a)。像数学律和几何律这样的必然真理都是永恒的规律。神律(或译"上帝的律法")可分为两类,即自然法和实在法。实在法是在特定时间、为了特定民族(如以色列人)而出现的法律,而自然法是在一切时间内适用于一切民族的法律。

然而,自然法是永恒的法这一事实,并不必然要求知道自然法的人必须按照它们行事。假设立约后一个人发现出现新危险,如果依然履行契约,这新危险就会要他的命,那么,这人就可以从履约的义务中解脱出来(《利维坦》14.18)。这表明自然状态中还有其他一些人在其中必须履约的情形。霍布斯所举出的一个人立约答应交付赎金的例子可证实这一点:"因恐怖而订立的契约是有约束力的。比方说,当我约许向敌人交付赎金或劳务以赎命时,我就受到这种信约的约束。因为这是一种契约……因此,像在单纯的自然状况那类情形下,没有其他法律禁止其履行时,这类契约便有效。"(《利维坦》14.27;也可参见《自然法和政治法原理》15.13)很

---

① Law of nature 除了"自然法"意义之外,也可理解为"自然的规律"或"自然律",中译本一直沿用这种译法。Law 既可理解为"法律",也可理解为"规律",因此,对本词语的翻译应依照文本的不同语境而选择不同的译法。——译者注

不幸,正像我以上提到的那样,霍布斯好像有些自相矛盾。在正文的页边注里,他写道:自然法"只有在安全的地方才有约束力"(《利维坦》15.36)。可是,既然自然状态是一切人反对一切人的战争状态,人好像根本无安全可言,因而人根本不必履行契约。

我不知道有什么好办法能够使霍布斯自圆其说。我认为我们应把重点放在以下立场上,即由于以上提到的原因,有可能自然法在自然状态中是有约束力的。如果不能在自然状态中订立契约,那么,也没有办法通过立约建立政府而逃出自然状态。有人主张这样一种契约在自然状态中实际上根本没有订立,因为拥立主权者的信约与政府的创建同时发生,因而不在自然状态之内。他们也许以为这样做便可规避以上问题,但是这种伎俩起不了什么作用。霍布斯意识到立约需要时间,人往往在确定建立什么样的政府之前就已经立约创建政府了。至于创建什么类型的政府,则需要单独商议。如果大多数人都同意某政府类型,某政府类型就会即刻得到实现。如果大多数人都不同意某政府类型,那么立约者又回到自然状态。无论在何种情况下,人们因之而负有义务的契约一直存在。

愚人

还有另一层危险会威胁到自然法的施行。《圣经·诗篇》说到一个愚人在心里说没有上帝。霍布斯把这个愚人现代化,他让这个愚人说"没有正义"(《利维坦》15.4)。① 愚人以为:既然每个人都自己负责保全自己,如果按正义行事和按自私自利行事之间

---

① 有些认为霍布斯经常会正话反说的学者,会情不自禁地这样来看霍布斯,认为他是一个主张"愚人"并非愚人的人,愚人实际是明知正义存在的人。

起了冲突,理性就会命令愚人应当按自私自利行事,而且愚人还声称他的这一看法还受到理性本身的支持。愚人承认一个人若按自私自利行事,不信守契约,人们会说他不义,但这并不重要,因为他实际并非不义。就愚人这方面来说,人生最重要的目的是能够活着,如果可能的话,还要舒舒服服地活着。因此,一个人若能通过"不义的暴力"而进入天堂,他就应当这么做。①

很显然霍布斯以为愚人真的就是愚人,可是他如何证明愚人的推理存在缺陷,却含糊得不能再含糊了。我们可举出一个困难的例子,例如,虽然我们刚刚知道霍布斯让愚人否认正义存在,但是之后不久,当愚人为自己的以下观点提出论据时,他好像又预先假定了正义存在:

(1)如果正义是好东西,那么它就不会与理性相矛盾。
(2)理性有时命令人可以不信守自己的契约。
(3)正义是好东西。

因此

(4)有时不信守契约也是正义。

我猜测愚人使用(3)觉得很有理由,因为他的论敌坚信(3)。于是,尽管愚人也许认为(3)是伪命题,他却能够用它来反驳其论敌。愚人没有提到霍布斯的不义定义,即不信守契约为不义(《利

---

① 我认为霍布斯是在批评奥利弗·克伦威尔和法学家爱德华·柯克。霍布斯说,"根据这种推理,获得成功的恶便得到了美德之名,有些人在所有其他方面都不曾容许背信的事情,但却容许背信以窃国"(《利维坦》15.4)。克伦威尔和他的追随者们推翻查理一世国王,他们对查理一世干了背信弃义的事情。而一旦克伦威尔登上王位,人们又赞美他是救世主。柯克主张,如果王位继承人通过叛国行为而得到王位,若他成功登基,他的罪过就"等于零"(《利维坦》15.4)。霍布斯却认为即使王位继承人成功地变成了合法的主权者,他的这种行为也不会改变它的本性。

维坦》15.2),因为这个定义与(4)相矛盾。愚人大概以为矛盾可被用作归谬法论证,用来反对契约总是要得到信守的观点,因为他在挑战霍布斯关于正义、契约的信守以及理性之间关系的立场。

霍布斯自己好像也没有诉诸自己的不义定义来回应愚人。他似乎不承认愚人的论据,因为他认为(2)是伪命题,理性不可能命令人不信守契约。由理性规定的第三条自然法已经清楚地表明了这一点(《利维坦》15.5)。许多人认为理性并没有做出这样的规定,他们以愚人的傻劲儿论证如下:

(F1)有一种情形,在此情形当中,一个人可通过不义的行为而捞取巨大利益,他也根本不必害怕被人发现。

(F2)在这种情形之下,理性命令人按不义行事。

因此

(F3)一个人按不义行事并不违背理性。

霍布斯会拒绝这种论证,因为(F_1)不是必然命题。对他来说,一个人的不义行为未被发现只是出于偶然。换句话说,(F_1)是偶然命题,需要经验才能为人所知晓。霍布斯实际上把这点说得更强而有力,他声称(未必确定地)欺诈行为之得逞往往出于运气:"不管一个人对任何事情能怎样地预计到,并能有多大的把握,当他去做一件足以导致他自身毁灭的事情时,那么,不论会有什么他所不能预计的偶然事物出现,使之有利于他,这种情况都不能使他做上述事情成为合理的或明智的。"(《利维坦》15.5)

在以上讨论的情形中,愚人竭尽全力想使自己不那么愚蠢。他选择在某种情形中按不义行事,因为他认为在这种情形中被人发现的机会实际为零。他竭尽所能想确保自己的不义行为不会被人发现。正如上面所提到的那样,我想霍布斯回应的实质还是对(F_2)的拒绝。尽管我不能肯定,但我还是认为,若借助"某东西是合理的"之证明所需要的条件,霍布斯对愚人的回应也许会更加明了。霍布斯所给予我们的,是一个包含道德和政治的科学,根据他的理解,科学包含一些必然为真的命题,而必然为真的命题不是定义、就是从定义推来的结论。这些必然为真的命题并非经验教给我们的知识,因此,正如经验所表明的那样,愚人不可能根据经验所可能有的结论来捍卫自己的立场,他需要给出一个包含必然为真的命题的理由,而他所不能给出、甚至没打算给出的也正是这个理由。霍布斯令自己非常满意地演绎出以下结论,即遵守自然法如何会有助于和平以及因之而来的人的生存。一个人的经验会使他以为他能够预知犯法不会对自己有不利影响,霍布斯的确信并非来自这一事实,因为确信来自对必然为真的命题的认识。因此,理性并没有使犯法合理,因为理性已经表明犯法会导致战争,而战争会让人死亡。

霍布斯还考虑了另一种情形,这比我们一直在讨论的情形要容易处理得多。在这第二种情形中("其次")(《利维坦》15.5),愚人真的很愚蠢。他告诉人们,"他认为欺骗那些帮助他的人是合理的行为";做了不义行为之后,他又"宣称他认为这样做很合理"(《利维坦》15.5)。一个人告诉人们,他或她认为骗人很合理,这显然不合逻辑,因为人在自然状态中需要联盟才能生存下来,而人们是不会帮助一个啰嗦的傻子的。更糟糕的是,人们也不会接纳这样一个人,让他进入任何一个"为和平和防卫目的而把自己联合起来的社会中去",除非社会本身犯了瞎眼错误(《利维坦》15.5)。

霍布斯对愚人的回应很含糊。对于他的回应有很多的解释,有些解释我们会在第七章"霍布斯在当代"中讨论。

现在我们还是回到第二条自然法,霍布斯说福音书上的律法规定"你们愿意别人怎样待你们,你们也要怎样待人",这与人们通常称之为"否定意义的黄金规则"的戒条没什么两样,这个黄金规则就是"己所不欲,勿施于人"(《利维坦》14.5;17.2)。他说这是福音书上的戒条,而事实上这并非福音书上的戒条。福音书上的戒条说的是人希望别人如何待自己,不是别人要求自己做什么。耶稣教导说:"己所欲,施于人。"人把要求强加于别人,这不是黄金规则。① 有人指出还有白银规则:"他所欲,施于他。"

结论

霍布斯的道德哲学很好地巩固了他的政治哲学。没有国家,健康的道德生活就是不可能的。霍布斯试图通过自然状态的思想实验,让他的读者认识到这一点。如果绝对不存在法,也就没有什么不道德的行为。人们会以相互伤害的方式去行动,这有多种原因。如果资源短缺,人人都会为这短缺的资源而展开竞争,因为人是如此地珍爱生命。再者,有些人天生喜欢统治他人。每个人如果认识到由竞争和统治欲所引起的冲突,于是就会怀疑其他每个人,于是就有可能对他人发起先发制人的攻击。既然人人都知道别人也在或可能在想着同样的事情,他们就会更加相互猜疑,更加有可能发起先发制人的攻击。最后,有些人为了得到统治他人而带来的荣耀而试图统治他人,结果不用说就是战争。

逃出这种状态的唯一方式,要靠对死亡的恐惧和运用理性找到出路的能力。出路可以从自然法中找到,而自然法由理性所发现。如果人们考虑到单靠自己的力量难以活得长久,那么他们就明白他们所有人都必须维持和平(第一条自然法),而维持和平的唯一方式是放弃一些权利(第二条自然法),而唯有当人们签订契

---

① 我担心有些学者会说,霍布斯对黄金规则的误读是有意为之,他故意暗含讥讽,他根本就不承认福音书。如果真是这样,霍布斯就真有些古怪了,而且还自相矛盾。17世纪的读者,若认识到霍布斯误读了福音书,不会揣测福音书虚假或假话连篇;他们会揣测霍布斯是个执迷不悟的蠢蛋,这个人无论在何种情况下都不值得信任。

约并信守契约时，放弃权利才是合理的。最主要的契约是拥立主权者的契约，这属于政治哲学的范畴，是下一章要讨论的主题。

拓展阅读

Gauthier, D. (1969) *The Logic of Leviathan*, Oxford: Clarendon Press. 这部经典著作认为《利维坦》包含一个主权者授权的理论，这与要求臣民让渡权利的理论形成鲜明的对比。

Kavka, G. (1986) *Hobbesian Moral and Political Theory*, Princeton, N. J.: Princeton University Press. 这是一部非常重要且非常复杂的哲学著作，本书运用霍布斯的观点为出发点，构建出了一个前后一贯的、有关道德和政治的理论。

Lloyd, S. A. (1992) *Ideas as Interests in Hobbes's Leviathan*, Cambridge: Cambridge University Press. 这是一部重要著作，它认为霍布斯式的人，他们对利益的兴趣压倒了他们对死亡的恐惧，这些利益都植根于宗教。

第四章 政治哲学

国家的起源

我们或许可以把政治哲学定义为"研究政府性质的学问"。① 关于政府有两种基本的观点。第一,政府对人是自然的。亚里士多德除了把人定义为"理性的动物",还把人定义成"政治的动物",这也是17世纪的主流看法。第二个基本观点认为政府是人为的,这是霍布斯的看法。他认为人天生不适合社会,因此不能说人天生是政治动物。我以为霍布斯搞错了。即使我们承认人不适合社会,可是在我看来,人需要社会才能求得生存,这一事实也足以让人成为

---

① 有人希望与政治科学形成鲜明对比的政治哲学,应涵盖规范的部分,例如,政治哲学应当以寻求好政府为其目标。

天生的政治动物。让我们先不管我的看法,先来看看霍布斯的观点所可能有的后果。如果政府对人来说不是自然的,人生来便有绝对的自由,那么政府存在的合理理由何在?换句话说,我们有什么合理的理由去剥夺无辜人们的一些或全部自由?如果某个强大的政治实体只是威吓并胁迫臣民以特定方式行事,这个政治实体并非主权者,①人们也没有生活在政府之下。霍布斯关于政治和政府所说的大部分言论,其隐含的主题都与政府存在的理由相关。从历史角度看来,这并没什么奇怪之处,因为他的政治著作的创作年代,正值国王的权力受到质疑,人们对臣民何时有义务服从主权者、何时又没有这种义务而竞相发表自己看法的时候。

在霍布斯的三部有关政治理论著作的每一部中,他都描述了国家从自然状态中诞生的过程,每一新描述都比早先的描述要复杂一些。在最早的作品《自然法与政治法原理》中,霍布斯说在自然状态中,"(无论每个人多么倾向于和平,)他做任何在他看来是好事的权利,仍然在他这里,这是他保全自己的必要手段"。他接下来写道:"因此,在人们中间还没有安全、不能使人相互遵守自然法之前,人仍处于自然状态之中。"(《自然法与政治法原理》19.1)能够让这群体中的每个成员获得安全的唯一途径,就是联合起来:

> 联合的产生是这样:每人都根据信约而对那个他们大家一致命名或决定的同一个人或同一个议会负有义务,去做那人或那议会命令他们去做的事,不做那人或那议会禁止他们做的事。
>
> (《自然法和政治法原理》19.7)

---

① 主权者即政府。在君主制中,主权者只有一个单个的人;在贵族制中,主权者包括一小撮人;在民主制中,主权者包括全体人民。这种看法存在问题,可参见第七章和斯金纳2002:177–208。

这种靠信约而产生的联合,会在臣民那里产生义务,使他们"必须把自己的力量和手段交托给他签约答应服从的那人"(《自然法和政治法原理》19.7)。这样做的结果是人们联合起来"成为一个人格"(《自然法和政治法原理》19.7)。

在他的第二部政治哲学著作《论公民》中,霍布斯关于"那人"又说了许多话,因此使得他的叙述愈加复杂:

> 这样形成的联合就是所谓的城市或市民社会,也可说是公共人格①,因为若多人共有一个意志,这样的人也可称之为"一个人格"。这里用到"一个",说明我们应该知道这个人格与所有具体的人不一样,它有自己的权利和属性……因此我们可以把城邦定义为一个人格。
>
> (《论公民》5.9)

霍布斯严格区分开了立约的个人与公共人格,后者即城邦、市民社会或国家。但是霍布斯没有说明公共人格与主权者是什么关系。关于这一点,我们需要提到的是,霍布斯没有把公共人格与主权者明确区分开来(斯金纳2002:177-208)。在区分公民与公共人格时,霍布斯说:"无论一个公民,还是所有公民加在一起,都不能算作城邦(但是我们应当把代表所有人意志的那个人除外)。"(《论公民》5.9)此处引文的关键之处是在括号以内。对霍布斯来说,好像城邦或公共人格与主权者必须是同一个,否则霍布斯便没理由把"那个代表所有人意志的人排除在外了"。这样看来,主权者就不仅仅是政府,而且也是国家本身。这让人想起国王路易十四的观点,他公开宣扬"朕即国家"。但是如果主权者即国家,主权者拥有一切"命令的权力和权利",那么,既然臣民已经把自己

---

① 原文为 Civil person。除了这里把 civil 用于修饰 person 以外,霍布斯还用 civil 修饰社会和国家,即 civil society 和 civil state。——译者注

的权力和权利让渡给了主权者,主权者的一切行为只不过是他自己的行为,不是臣民的行为,于是,臣民就有权抱怨自己的待遇。我们讨论《利维坦》中国家的起源时会继续讨论这一观点。

现在,让我们看看霍布斯《论公民》中对国家起源的描述,霍布斯在此比《自然法和政治法原理》更清楚地说明了人为什么会把他们的权利让渡给某个人。假设他们没有这样做,那么人们在此情形之下,对于实现他们的目的所需要的合适的手段,就很可能会有千差万别的看法。人人都按自己的欲望和判断各行其是,每个人的努力都至少会与其他一些人的相冲突,这就会产生以下问题,即他们并没有采用有效的手段来实现他们的目的。还有一种比刚刚提到的情形更难发生的情形,即人们偶尔也会就实现自己的目的所需要的手段达成一致,他们会利用这些手段,并且成功地实现了自己的目的。然而,即使他们成功实现目的,他们会很快彼此发生冲突,因为他们所具有的"智慧和建议或争竞与妒忌都千差万别"。我们须注意,从短期来看,能够让人成功实现自我保全目的的,是手段的统一。正是由于缺乏手段的统一,才首先引致失败的结局(《论公民》5.4,5.6;《利维坦》17.4,17.5)。因此,长久的自我保全需要一个永久的政治实体,这个政治实体因其永久因而拥有供自己随意支配的、统一的手段。能够满足这种描述的唯一的东西,就是"一切人单一的意志",它的出现需要很多人把他们的"意志交给……某个人或议会的意志"(《论公民》5.6,5.7)。霍布斯继续写道:

> 这样形成的联合就是所谓的城邦或市民社会,也可说是公共人格,①因为若多人共有一个意志,这样的人也可称之为"一个人格"。这里用到"一个",说明我们应该知道这个人格

---

① 原文为 Civil person。除了这里把 civil 用于修饰 person 以外,霍布斯还用 civil 修饰社会和国家,即 civil society 和 civil state。——译者注

与所有具体的人不一样,它有自己的权利和属性。

(《论公民》5.9)

霍布斯没有告诉我们主权者与公共人格的关系如何。词组"与所有具体的人不一样"暗示公共人格并非主权者,因为国王好像也是一个具体的人。(我们以后还会回到这个问题。)

已知主权者需要有效的手段来实现长期自我保全的目的,已知这些手段来自臣民,我们要问的问题是:主权者能够拥有什么样随手可得的手段?臣民为他提供手段好像再合理不过。在《论公民》中,霍布斯有时候说臣民转让了"对自己力量和能力的权利"(《论公民》5.8;5.11)。可是接下来他却说,"因为没人能以自然的方式让渡其力量",臣民实际所能做的就是放弃"抵抗的权利"(《论公民》5.11)。他在《自然法和政治法原理》中也说了同样的话:

因为任何人都不可能真的把自己的力量让渡给另一个人……我们应当这样理解:让渡一个人的权力和力量,无非是放下或放弃抵抗那个接受其让渡的人的权利……[臣民]把他们的力量和财物交托给他[主权者]。

(《自然法和政治法原理》19.10)

我现在不明白,一个人放弃抵抗权,为什么问题会少于让渡其力量。如果一个人选择不违抗他主权者的命令,他会选择服从其主权者的命令,但是这会出现另一个更加有趣的问题。不违抗主权者的意志,还不能产生一种能够让国家运作起来的力量。假设A(我们会明白他就是主权者)必须打败C才能保护B,因为B已经把他的力量和能力都让渡给了A。这时好像仅仅要求B不抵抗A是远远不够的,B还必须加入鼎力相助的行列。B几乎找不到理由,为自己站在一旁袖手旁观辩解,他不可能告诉A,根据协议他只是不抵抗。根据本能,如果B已经把自己的力量让渡给了A,

那么 B 就有义务帮助 A 以积极的方式赢得这场战斗。这也适用于许多人让渡权利给 A 的情形。如果 A 要保护 $B_1, B_2 \cdots\cdots B_n$,若所有 B 的合力合在一起才能足以轻易地战胜 C,那么就需要 B 们鼎力相助。

谁来决定哪些 B 们需要鼎力相助,又怎么相助?唯一有意义的答案是,"当然是主权者 A",否则战斗就不可能取得胜利。人们"把自己的力量汇合到一起,以对付共同的敌人",而臣民"把[自己的]力量和财物交托给他[主权者]"(《自然法和政治法原理》19.7;19.6)。我以为这是理解霍布斯想法的最佳办法。

对于《自然法和政治法原理》和《论公民》中所讨论的国家起源问题,我们或许应该挑出三个方面来特别加以考虑。第一,公共人格的性质;第二,主权者的行为与臣民的关系;第三,让渡权利给主权者的性质。《利维坦》讨论了所有这三个问题,但是我认为都不很成功。

人

《利维坦》第十五章包含大多数自然法的证明,第十七章题目是"论国家的成因、产生和定义",而在这两章之间霍布斯讨论了公共人格的性质。霍布斯 1647 年完成《论公民》的修订本以后,为了让其国家来源理论令人信服,他开始相信若不先详细讨论公共人格问题,国家起源理论就会没有根基,我们只有理解了这一点,对于他把第十六章"论人、授权人和由人代表的事物"放在第十五章和第十七章中间,就没什么好奇怪的了。①

---

① 论人的这一章,即"论人、授权人和由人代表的事物",是全书第一部分的最后一章,显然具有过渡性质。霍布斯之所以需要这种过渡,为的是让自己能够令人信服地从自然法过渡到国家的产生。

第四章　政治哲学　117

在中世纪，人的定义已经成为标准的定义，直到 17 世纪，宗教思想家还一直沿用这种定义。这个标准的定义是：人是具有理性本质的个别实体。霍布斯的人的定义似乎与这个标准的定义没有任何瓜葛。他说，"所谓人，要么是其言行可被看作出自其本人的人，要么是其言行可被看作代表着别人或任何别的事物之言行的人，这些言行之归于任何别的事物，要么是真正的归属，要么只是虚拟的归属"（《利维坦》16.1）。可是，在《对布拉姆霍尔主教的书〈捕捉利维坦〉的回应》中，他又基于人的拉丁语用法来证明他的人的定义："对本定义的证明，除了举出那些公认的、娴熟的拉丁语言作家们对本字的使用外，再没有其他办法了。西塞罗便是这些作家中的一位。"（《对布拉姆霍尔主教的书〈捕捉利维坦〉的回应》310）接着他从西塞罗书中引用了与自己的用法一致的一段话："人就是言行可归之于其本身的人，这些言行要么是他自己的，要么是别人的。若归于他的是他自己的言行，则这人是自然人；若归于他的是别人的言行，则这人是人为人。"（《论人》15.1）①根据霍布斯的定义，人似乎总是人这种存在者。②

人基本上分为两种：自然人和人为人。自然人的行为为他自己所拥有，他的行为举止归属于他，是他自己的行为。为了说明的方便，我把举动和行为区别开来。③ "举动"指的是人主观能动的身体运动。通常，一个人的举动与他的行为是一回事。如果穿过

---

① 本引文原文的拉丁文是：persona est, cui verba et actions hominum attrbuuntur vel suae vel alienate; si suae, persona naturalis est; si alienae, fictitia est。其中的 artificial 中文本译作"虚拟人"。——译者注

② 原文为 A person is always a human being，其中 human being 和 person 一样也指人，若按"人"来翻译 human being，那么这句话应译为"人总是人"，这样翻译就犯了同义重复的错误。因此，我想作者并非以"人"来理解 human being，他的意思应该是"人这种存在者"。——译者注

③ 这两个单词分别是 behavior 和 action。

房间构成 A 的举动,那么 A 的行为也就是穿过房间这个举动,或者拿霍布斯的话来说,就是穿过房间这个行为为 A 所拥有。

现在让我们考虑一个截然不同的情形,在这个情形当中,一个人的举动不属于他的行为,因而不为他本人所拥有。假设 A 是一个地产代理人,他受雇于 B 为他出价竞买一套房屋。A 的举动包括在纸上签字和画押,最后把纸交给房主 C。在这种情形中,A 的举动构成了 B 竞价买房的行为,因为 B 通过雇用 A,在这一方面已经授权 A 的举动。即使 B 睡着了,或根本不清楚 A 在干什么,A 的举动仍然属于 B 的行为,因为 A"正代表 B 的言行"。在这种情形之下,霍布斯说 A 是"拟人或人为人"(《利维坦》16.2)。推测起来,霍布斯之所以让 B 的代表 A 成为人为人,是因为他若把正在买房的自然人 B 当作人为人,那就太奇怪了。

还有其他一些主张"代表就是人为人"的奇怪的情形,虽然这恰恰也是霍布斯所主张的情形。让我们再考虑第二种情形,在这种情形中,一个自然人的举动造成一种行为,使这行为属于别的东西,而这别的东西又并非自然人。假设 A 代表一家医院,为这家医院处理事务。A 仍然是一个拟人或人为人,并且他的举动(根据雇佣条款都属正当)并不构成他自己的行为,这种行为毋宁为医院所拥有或归属于医院。霍布斯得出的奇怪结论认为,代理人 A 是一个人为人,代理人代表医院并承当它的人格,尽管医院什么人也不是。这最后一种说法与我们这里讨论的问题不相符合。我们说医院是人为人,但这并非《利维坦》中霍布斯的观点。

霍布斯也许意识到了这个定义中存在的问题,于是在《论人》中他改变了他对医院和人的说法。在那本书中,他对人的定义似乎使得医院成了一个人为人:"人就是言行可归之于其本身的人,这些言行要么是他自己的,要么是别人的。若归于他的是他自己的言行,则这人是自然人;若归于他的是别人的言行,则这人是人为人。"(《论人》15.1)既然言行都归之于医院,那医院就是一个人。寺庙和桥梁也都得到同样的待遇(《论人》15.4)。代表这些人为人而行动的人们,虽然承当了这些人为人的人格,但与这个人格并非一回事。

不幸的是,霍布斯于1660年代似乎又回到《利维坦》中的理论。在回应布拉姆霍尔批评的一段文字中,霍布斯写道:"人①指的是一个理智的实体,这个实体要么以他自己或他人的名义行事,要么以他自己或他人的权力行事。"(《对布拉姆霍尔主教的书〈捕捉利维坦〉的回应》310;也可参见311,以及后面第七章的讨论。)

霍布斯在《利维坦》中解释人的意义时,他利用了拉丁语词persona的词源学意义。Persona指的是戏剧演出中演员所戴的面具(《利维坦》16.3;也可参见《论人》15.1)。他的主要意思是说,作为演员,人不必为自己的言语和行动负责,作者毋宁要为它们负责。虽然他在这里并没有直接说明,但他这样说的目的,我想是想让主权者纯粹成为一个演员,而让其臣民成为主权者行为的作者。这种立场瓦解了臣民批判主权者行为的任何企图,因为臣民所批判的不是主权者的行为,而毋宁是他们自己的行为。霍布斯在《论人》中也很清楚地说明了这一点:

> [主权者]无论做什么事……他们[臣民]自己都会把它当成是他们每个人自己的行为,他们每个人都是那人或那团体[主权者]所做出的行为的作者,因此他[臣民]若抱怨主权者的任何行为,他们就不可能不抱怨到自己。(《论人》15.3)

授权和让权

如果主权者仅仅是一个演员,那么主权者似乎无权掌控自己

---

① 作者在英文person之后还附加上拉丁语的persona。——译者注

的臣民,就像演员严格说来无权掌控剧中人如何说话一样。① 因此,霍布斯需要说明演员如何获得权力。我想他试图以两种方式来解释这一点。他讨论人为人时提到了第一种方式。实际上,他给出了如下推理(《利维坦》16.4):

(1)演员 S[主权者]根据他从作者 A[此主权者的臣民]那里收到的权力而行动。

(2)S 从 A 处拥有权力。(从 1 推来)

(3)S 对 A 拥有权力。(从 2 推来)

我认为他的推理存在缺陷,从(2)不可能推出(3)。把介词"从"换成"对",会出现一个无法证明的逻辑跳跃。如果 A 把对某东西的权力给予 S,那么,就那东西而言 A 要高于 S。S 虽按权力行动,他却无权掌控 A。人们也许会反驳说,人 A 可能给人 B 以权力,让人 B 把人 A 锁起来直到人 A 从某瘾中恢复为止。一个成瘾的人或许会对他找来照顾自己的人说:"我授权于你让你照料我,一直到我的瘾好了为止。你一旦接受这种权力,那么在我没有完全康复之前,我说的任何话你都绝对不能听从。"在这种情形之下,由于 A 对 B 的授权,B 因而获得了掌控 A 的权力,于是不听从就会一直持续,B 不仅从 A 处获得权力,而且还具有掌控 A 的权力。我对这种假设的事实不敢苟同。我认为就意志虚弱并患有强迫症或无行为能力者的情形而言,他们把自己做决定的权利让渡给别人,他们希望着能够恢复自己的行为能力,希望着别人能够把他们让渡出去的权利归还给他们。无行为能力者虽然会用到"授权"这个词语,但实际上他是把某些权利让渡给或转让给了看护他的

---

① 当然,有些像马伦·布朗多之类的演员,他们能够改变剧中对白,但是他们之所以能这么做,乃是因为人们不仅仅当他们是演员,他们还当他是艺术家。也可能这些演员对票房有巨大影响。

人。如果自然状态中出现这样的情形,那么 A 会希望着 B 会把 A 的权利作为礼物归还给 A。只要 B 有权为 A 做出所有的决定,那么 A 只不过是 B 的奴隶。

在国家当中,一个人放弃他或她的健康或财产决定权的情况会受到高度限制,因为自由的价值是如此巨大,而且人可能受到的严重危害也非同小可。因为这些法律在国与国之间存在区别,对于这些法律到底是适用还是不适用成瘾者或无行为能力者的情形,还没有统一答案。然而,就任何具体的情形而言,我会找到一种合理的解释,来说明即使人 A 使用了"授权"一词,A 也既没有转让 A 的权利,也没有授权给 B。

这把我们带入到霍布斯在《利维坦》中的第二次尝试,他又一次试图说明主权者如何获得掌控其臣民的权力。这实际是由于混淆,他把"让渡或放弃权利"与"授权给人为人"这两个概念混淆在一起了。正如我们在上一章所描述的那样,让渡权利即放弃权利,亦即弃绝或失去那权利,这与授权有着天壤之别。人 A 授权给另一个人 B,让人 B 做人 A 某东西 X 的代理人,这意味着人 A 授予人 B 以权力,让人 B 做人 A 某东西 X 的代理人。就我的意见来看,很显然,要想让授权这种事发生,A 必须对 X 拥有权利,因而 A 不可能让渡或放弃这个权利。若让简·朵儿授予什么人以权力,让他代理自己处理她上周卖掉的汽车,这种事情毫无意义,因为在卖汽车的同时简·朵儿也就放弃了她对那东西的控制权(参见斯金纳2002:206)。

霍布斯之所以会混淆授权和让权,是因为霍布斯把两种不同的主权者理论混合在了一起。他最初的理论是一种让权理论,根据这种让权理论,臣民由于把权利让渡给主权者因而失去了自己的权利。第二种是他修正后的理论,最早出现在《利维坦》当中,这种理论把授权概念附加在他的最初理论之上。要想弄清楚这一理论,我们最好先考虑一下霍布斯所说的、每个人成为国家的臣民时实际所表达的提议。

> 我授权给这个人或这个集体,并把我管理自己的权利也放弃给这个人或这个集体,但条件是你也把你的权利放弃给他,并以同样的方式授权他的一切行为。（《利维坦》17.13）

在这种造就主权者的提议中,有两点模糊不清的地方。一是我们不清楚"我管理自己的权利"这个词语的宽泛程度到底如何判断。既然人做的任何事都与自己如何受到管理有关,这个词语是否包含此人所做的一切事情呢?看来它是包含他所做的一切,因此它也适用于人对能否吃热狗的决断。主权者有权禁止食用热狗,他不需要给出理由,因为主权者能够决断什么是实现和平的正确手段,他也许认为若给出理由会破坏和平。假设他的确给出个理由:热狗是不健康食品,它们让臣民的身体不健康,它们会败坏他们的体质,因而也败坏国家。即使臣民认为这种理由很牵强,他也不能与主权者展开合理的争论,因为臣民已经放弃了对有助生命与安全与否的东西的判断权。根据对手段的权利原则,臣民必须服从主权者;而根据从客观向主观的打滑（这两者我们在第三章都已讨论过）,唯有主权者的判断才算数（《利维坦》18.8）,因此,主权者的权利似乎不受限制。

尽管这种推理显得强而有力,但霍布斯同样也给别人强而有力地反驳自己留下了余地。最早在《利维坦》中,他说:"有些权利不论凭什么言辞或其他什么表示,都不能认为人家已经放弃或转让。"无论何时人放弃权利,他这样做都是"希望得到某种别的好处"（《利维坦》14.8）。这些权利当然包括抵抗袭击和囚禁的权利,因为放弃权利的目的是为了保全人的生命,"保障他拥有既能保全生命而又不对生命感觉厌倦的手段"（《利维坦》14.8）。因此,即使一个人好像放弃了这些权利,"那也不能认为他好像真是那样想"（《利维坦》14.8;也可参见14.29）。

让我们进一步考虑一下这些不可让渡的权利的范围。既然生命权是根据自然权利而属于每个人的权利,每个人都可以自行判断何时这种权利会受到威胁。就每个臣民的权利而言,这种从客观(人对 x 拥有权利)向主观(每人都自行判断何种手段属于对 x 的权利)的打滑,与主权者从客观(主权者目的是保全臣民的生命)向主观(唯有主权者能判断什么会保全臣民的生命)的打滑相冲突。主权者因其权力常常是这冲突中获胜的一方,但是"力量"解决不了权利的理论问题。霍布斯从未调和这些不可让渡的人类权利与主权者权利之间的紧张关系,而是在他的目的需要时,他会随意利用要么这一部分,要么那一部分权利。

要是我能介入进来,并规劝霍布斯他应选择这对立关系的哪一边,那该有多好!可是我做不到。这是人类境况的一部分:人类需要政府来过一种体面的生活;为了能让主权者帮助其臣民过体面的生活,臣民自动默许的方式就是服从那个主权者。在悬而未决的情形之下,臣民又让主权者享受到悬而未决的好处。① 但有时臣民又不得不坚决反抗主权者,甚至推翻他。最后,悬而未决的情形和臣民或公民必须反抗主权者的情形,其间的分界线十分模糊。

让我们思考一下造就主权者提议中的另一点模糊不清之处,这与语词"我授权和放弃"有关。我已经证明了,"A 授权 B 去做 C",与"A 让出或放弃他做 C 的权利给 B"之间存在相互矛盾。为了让 A 授权给 B 做某事,A 必须拥有和保留他对那东西的权利。如果 A 授权 B 做 C 导致 A 失去做 C 的权利,那么 B 的举动造成的

---

① 即主权者尚未让其臣民过上体面生活的情形,这时主权者会利用过体面生活作为自己治理的理想和目标,他为此目标而做的任何事情便都是合理的,包括对臣民施行残酷统治等等,他以此来巩固其统治。他利用的逻辑是"目的的合理成就手段的合理"。——译者注

不是 A 的行为,而是 B 自己的行为。如果 A 把自行车作为礼物给了 B,A 失去对自行车的权利,于是 B 卖了自行车,那么得到车款的是 B 而不是 A。A 若这样说便很荒谬了:"我给你 B 这辆自行车,并授权你卖了它。"B 会正当地回答道:"你说的'授权'是什么意思?如果你把它给了我,你就无权要求我怎么做。"

也许有人会主张,虽然让权和授权通常不可调和,但也并非总是如此。(这在早先讨论过的、成瘾者或无行为能力者授权给别人来为自己做决断时的情形中尤其如此。)假设 A 说:"我给你这辆自行车,但我不授权你卖它。"在我看来,在这种情形中,A 没有把自行车仅仅作为礼物给予 B,而是做成了一个有条件的信约:A 给 B 自行车,换来的是 B 不卖车的保证。同样的信约也可用以下语词做成:"我给你 B 这辆自行车,条件是:你若想卖掉(或处理掉)车,那你就把车还我。"无论在哪种表述中,都没有出现"授权"或与之相似的字眼,而实际上授权也不起作用,A 并没有因为 B 接受和使用了自行车而使 B 的行为归 A"所有"。

授权和让权之间的矛盾,也表现在造就主权者的提议中所使用的不合语法的句法:"我授权并放弃我管理自己的权利。""授权"和"放弃"都需要有宾语,"放弃"的宾语是"我管理自己的权利",而"授权"却没有宾语。霍布斯大概想让"我管理自己的权利"做"授权"的宾语,以此来完成双重任务,但是"我管理自己的权利"却不能做"授权"的宾语,因为"授权"需要的是一个表示行为意义的宾语,而非表示权利的宾语。再者,如果我们把"我管理自己的权利"换成合乎语法的正确语词,授权与让权之间的矛盾就再清楚不过了:"我授权你管理我自己,并且我放弃我管理自己的权利。"再对比一下以下的话:"我 A 授权你 B 代表我买房,且我放弃我买房的权利。"瞧瞧,哪句话更在理?如果 B 拿着一个合同回来给 A,A 或许会说:"你不记得了吗?我放弃我买房的权利。"这时,B 也许以为他能决定性地向 A 表明 A 错了。B 说:"你放弃让你自己买房的权利,却没有放弃让我替你买房的权利。"然而,一锤定音的话还是在 A 这里:"我知道我没有放弃我的让你替我买房的权利,但这是一个你而非我必须行使的权利。如果你替我买房,你就替我买房,我因此很感激你。但既然你代表我,你替我买房就不是我买房。"

我以为没有办法可以解决授权和让权之间的矛盾,因为霍布斯想脚踩两只船。一方面,他需要授权,因为他想让主权者成为人为人,这样主权者就会代表他的臣民;他需要主权者代表他的臣民,因为他不想让主权者为其臣民负责。另一方面,他又需要让权,因为他需要臣民放弃管理自己的权利,因为他想让主权者对其臣民拥有不可反对的权力。

霍布斯真的没办法解决这个问题吗?不,我认为他有办法。为了论证的方便,让我们把霍布斯的让权理论交还给他,看看霍布斯的哲学当中到底有没有可以制约主权者行为的有效措施。在第三十章"论主权代表者的职能"中,霍布斯说主权者的"职能",也就是主权者的"职责"是"要为人民求得安全",而他所谓的"安全",意思"还不单纯是指保全性命,还包括生活上一切其他的满足"(《利维坦》30.1;也可参见《论公民》13.2)。这需要主权者保证不仅为富人,同时也为穷人伸张正义,因为正义是"自然法的戒律",因此主权者"与他的任何最卑微的人民一样",都要服从正义(《利维坦》30.15)。[①] 于是主权者便负有职责,即使主权者不是因为其臣民才负上这些职责(参见索雷尔 2004)。

主权者"受到自然法的约束,并向制定自然法的上帝负责"

[①] 贵族的伟大并非他们内在固有的特质,其伟大得自主权者同意把伟大给予他们的决定:"他们所做的暴行、压迫和伤害,并不能因为他们的地位尊贵而得到宽宥,反倒是要因此而加重罪行。"(《利维坦》30.16)霍布斯对穷人的同情,对贵族的轻视,可能因议会早已废除了贵族制这一事实而得到加深。

(《利维坦》30.1)。对于霍布斯所说的"自然法是上帝的律令",大多数学者都满不在乎,他们最多以为霍布斯这样说是为了安抚人民。我则认为霍布斯的话是发自内心的心里话,一部分原因是,这是一种自动默许的解释办法(若字面意义是文本的合理意义,那么这也是文本的正确解释),但还有另外一部分原因,即如果我们对主权者履行其职责还心存希望的话,霍布斯就需要限制主权者的行为。既然霍布斯不想让主权者对臣民负有任何职责,他除了强调主权者对上帝的职责以外,他别无其他选择。

主权者,与自然状态中的任何人一样,都处在同样的自然法之下。自然法规定:

> 主权君主和主权议会的良心;除了在良心那里,便没有自然正义法庭的存在之地,这儿是上帝而不是人所管辖的地方。就上帝是自然的创造者而言,其约束全人类的法便是自然法;就同一上帝是万王之王而言,他的法就是一般的法律。
>
> (《利维坦》30.30)

霍布斯对待主权者的职责是如此认真,以致为了表明他的这一看法,他似乎放弃了他的"善即所欲"的正式理论。他说:"好的法律就是急人民利益之所急的法律。"(《利维坦》30.20)人民的利益就是安全。霍布斯并没有说好的法律是人或主权者或其他什么人所想要的法律。好的法律根据定义是人所急需的东西:"因此不为人所急需的、不具备法律真正目的的法律,便不是好的法律。"(《利维坦》30.1)①

除了留意臣民的利益,霍布斯还希望自然法能够保护主权者

---

① 以下的反驳不值得认真对待,即"人需要 X"意味着"人想要 X",而人想要的即是好的,因此人想要的法律即为好的法律。霍布斯讨论此问题的语境使得这样的解释站不住脚。

的权利。主权者把他的权利让渡给其他任何人都是违背自然法的做法,因为这会让人们不是重回自然状态,就是让他们面临这种威胁。霍布斯或许是在批评查理一世1641年签署的三年召集一次议会法案,根据本法案,查理一世放弃根据自己意愿召集和解散议会的权利。① 主权者为了防止其臣民"受到诱骗和引诱来反对自己",他还有义务教育臣民,让他们知道自己的义务(《利维坦》30.3),而普通人的智力也足以能够理解自己的义务。这些义务"是如此的合乎理性,以致任何不存偏见的人,只要一听到它们便会懂得它们"(《利维坦》30.6)。霍布斯接着就结合摩西十诫来解释这些义务。就如第一诫规定人不当承认伪神,臣民也不当承认他们自己的主权者以外的任何人为主权者;就如第二诫规定不得崇拜偶像,臣民若没有主权者的许可也不得赞美他们的臣民同胞,等等诸如此类(《利维坦》30.7－8;也可参见30.9－13)。

很难证明授权对霍布斯《利维坦》中的理论比让权更加重要,但他的确想从授权中汲取尽可能多的论据。在《利维坦》的第二十一章里,他主张在造就主权者的方案中,臣民没有出让任何权利。他说"臣民对主权权力的同意,包含在'我授权或承当他的一切行为'的话语中",而在这些话语中,对人的自由"根本没有任何限制"(《利维坦》21.14)。如果对人的自由根本没有任何限制,那么人绝对没有放弃任何权利。大家请注意,刚才引用的、造就主权者方案所用的措辞,与《利维坦》第十七章方案所使用的措辞显然不一样。在这种新方案中,根本没有提到让权,没有提到放弃"我

---

① Triennial Act,"三年召集一次议会法案",也称"议会解散法案",由长期议会于1641年查理一世当政时期通过,法案要求议会每三年召集一次至少50天会期的会议,旨在防止国王撇开议会而单独施行统治。——译者注

管理我自己的权利"(《利维坦》17.13)。① 为了能弄懂霍布斯最终如何限制了臣民的自由,让我们先不要基于这种用词的省略来提出任何反对意见。

根据霍布斯的意见,臣民根据新方案并没有放弃保卫、供养和就医,"或其他不用就活不下去的东西"的权利(《利维坦》21.12)。因此,若主权者命令其臣民不得做这些事情时,臣民就没有义务必须服从主权者。而且,新方案也没有迫使臣民出让其不杀人的权利。但是(这是一个非常重要的"但是"),"当臣民拒绝服从主权者就会使建立主权的目的无法达到时",于是臣民"奉主权者之命"便的确"有义务……服从主权者"(《利维坦》21.15)。也就是说,对自由的限制或权利的出让和义务的负有,并非直接来自新主权者造就方案,"人有时所负有的义务……并不决定于我们表示服从的言辞,而只决定于意向,这种意向则要根据所做事情的目的来加以理解"(《利维坦》21.15)。也就是说,义务是间接来临的,决定于对手段的权利原则:欲达目的者有义务使用达此目的的必要手段。因此,举例来说,臣民 A 不能保卫另一个反抗主权者的臣民 B,因为这样做"有害于政府的根本本质[目的]"(《利维坦》21.17)。根据主权者的判断,A 有义务杀死 B,因为杀死 B 是达到政府目的或目标的必要手段。

臣民服从主权者的义务源自臣民自己的目的,霍布斯的这一立场好像有赖于一个故意在"应该"一词的两重意义上闪烁其词的论证。我们既有道德的或无条件的"应该",也有有条件的"应该"。根据无条件的"应该","人应该做 X"的意思是"人有义务

---

① 霍布斯提出纯粹授权的政治理论,让人感到奇怪的另一层原因,是因为规定人们放弃对一切东西权利的第二条自然法,逻辑上先于要求人们守约的第三条自然法。也就是说,主权要靠契约,而契约则要靠人们放弃的权利。

做 X";根据有条件的"应该","如果一个人想要或意图达到目的 E,且做 M 是达到 E 的必要手段,那么他就应该做 M"。因此,如果一个人想从(前)南斯拉夫的马里博尔去卢布尔雅那,且乘火车是去那里的必要交通工具,那么他就应该乘火车。在此有条件的意义上,某人应该做某事的事实,意思不是"他有义务必须这么做"。如果一个人想继承自己爷爷的遗产,且杀死自己的父亲是得到遗产的必要手段,那么他就应该杀死父亲。这显然不对,人不但没有义务杀父亲,他还有义务不杀父亲。霍布斯的论证好像是这样:

(1)如果人想得到和平,而服从主权者是得到和平的必要手段,那么他就应该服从主权者。

(2)人的确想得到和平,且服从主权者是得到和平的必要手段。

因此

(3)人应该服从主权者。(由肯定前件式推自 1 和 2)

(4)人有义务服从主权者。(根据"应该"的意义推自 3)

这种论证是无效论证,因为从(3)到(4)的推论是无效推论。(1)里的"应该"是有条件的"应该",并非无条件的、义务的"应该"。它不可能是义务的"应该",因为只有放弃权利才会产生义务,而霍布斯在第二十一章第 10 段的授权理论,说的恰恰是人在签订拥立主权者的契约时没有放弃任何权利。

霍布斯使用"好像"和"这论证好像"这样的词汇时,他是否在闪烁其词,因而在做无效的论证?我一直没有正面回答这个问题,因为霍布斯也许会回答说(我想他这样做也没什么错),道德的"应该"与非道德的"应该"之间的区别,不是无条件的和有条件的"应该"之间的区别。道德是规则或行为体系,它有助于个人及共同体的幸福和福祉,它本质上是有条件的,或与达到某种目的相关联。因此,道德的"应该",其意义与非道德的"应该"没什么两样,它们之间的区别只是名义上或用法上的区别。道德的"应该"包含所有与幸福和福祉有关的"应该"的用法。根本不存在无条件的"应该",也不可能纯粹为了做而做出道德行为。对霍布斯来说,道德律就是自然法,而第一条自然法要求人为了保全生命而寻求和平。所有其他的自然法或多或少也与保全生命的同样目的有着关联。

即使霍布斯不能在授权和让权之间做出抉择,得到他想得到的一切,我们或许会问:"哪一个概念才是政治哲学中应该使用的正确概念?"答案是:只要以正确的方式对两者进行限定,那么两者都是正确的概念。公民授权政府在有关抵御内外敌人这样的安全事务上代表自己行动。(在美国,公民为了防止独裁,最初授权了两类不同的政府,即国家政府和州政府,来分别负责生活的不同方面。他们也为了同样的目的把国家政府的权力进行了分割。)授权并非全权处理权。而且,在某方面代表别人行动,也需要资源,因此公民也要出让自己一部分的财富或劳力给政府。但是他们不能(也不应该)出让写在人权法案这样的文献中的基本人权。美国的建国之父们还在政府自身的内部设置了一些程序和机构,来保护人民免受政府对其基本权利可能带来的侵害。可是,一旦这些程序和机构不起作用,那么公民们就重新拥有了反抗甚至推翻政府的自然权利。没必要把这个反抗权写进宪法,因为反抗权是比宪法更为根本的权利,而且不受宪法保护。设计宪法是为了预先阻止反抗的需要,而不是为了保护反抗权。

以力取得的主权

霍布斯把主权产生的方式区分为两种:按约建立的主权和以力取得的主权。与霍布斯一样,我一直默默地以适宜于按约建立的主权的话语解释他的理论。所谓按约建立的主权,就是因一群人自由创建政府而产生的主权。讨论按约建立的主权,比起讨论另一个主权的产生方式(即以力取得的主权)来,更能使人明了政府的本质,即使大多数政府都是靠着以力取得主权或征服的方式而建立起来的,即使不去关注以力取得的主权,也没遭到任何人的反对,这是因为以力取得的主权与按约建立的主权一样,都享受着同样的权利和权力(《利维坦》20.14)。①

两种主权之间的唯一区别,与引发人们创立主权者的当时情境的历史渊源或偶然事实相关:创立按约建立主权者的信约,是由各立约者对立约同伴的相互恐惧而引起的;而创立以力取得主权者的信约,则是由立约者对他们要拥立为主权者的那人的恐惧而引起的(《利维坦》20.2)。② 若以为这种起源的区别会造成主权者本质的区别,那就犯了起源谬误,这种谬误以为,如果两个东西有着不同的起源,那么它们就会有不同的本质特征。

以力取得的主权可分为两类:父权制和专制。同样,区别的基础是围绕起源的偶然事实。父权制是一种父母管理孩子的权力,一旦孩子有能力对要不要认父母做自己的主权者做出决定,这种制度便产生了。从理论上来讲,孩子可能会选择死亡而不是服从,

---

① 人们也许认为,授权理论完全与按约建立的主权相吻合,让权理论完全与以力取得的主权相吻合。但情况并非如此。首先,既然授权与让权有着重大区别,若将它们分别归于两类主权,就会产生两种本质不同的主权,这是一个霍布斯会坚决反对的结果。再者,授权与以下想法也不十分吻合,即参与按约建立主权的每个人都害怕其他每个参与者。

② 霍布斯的区分漏掉了以下情形,在此情形中,一个人或许多人受到一种来势凶猛的力量的威胁,于是他们便把自己交给别的一种眼下没有威胁的主权者。

但这实际上根本没有发生过。① 要么孩子与他们的父母订立明言的契约,要么"以其他表达出来的充分证据"订立默示的契约(《利维坦》20.4)。通过接受父母的保护,孩子们暗示他们承认父母的主权。

为了能照顾到两种可能复杂的困难,这种论述需要补充和完善。第一种困难的出现与"父权制"这个词的用词不当有关。母亲对婴孩的权利通常要先于父亲对婴孩的权利。原因有二:一是因为母亲总是对"谁是自己的婴孩"最有把握,而父亲则不然(《利维坦》20.5);二是因为母亲更通常控制婴孩的身体:"既然婴孩首先在母亲的控制之下,因此她可以养育他,也可以抛弃他。如果她养育的话,婴孩的生命便得自母亲,因之就有义务服从母亲而非其他任何人。"(《利维坦》20.5)② 这听起来很冷酷无情,但霍布斯也许就是想让它听起来很冷酷无情,他想提醒读者自然状态是多么可怕。同样,他也是出于同样的原因,才把婴孩的首要控制权给了母亲,而并非因为他对女性主义问题有开明的认识。

论述作为以力取得的主权的父权制所可能碰到的另一个困难是以下一个事实,即孩子们是一个接一个地变成了自己父母的臣民的,因此他们好像没有可以同自己立约之人。我们已经知道,霍布斯在第十七章说过,孩子不可能与其父亲或母亲(或父母二人)立约,因为主权者并非这个拥立主权者的契约的一方。霍布斯可能有许多办法来处理这种情形。首先,如果父母一方已经是其配

---

① 因为父母实际对孩子总是有不可抗拒的力量,这应当归为自然义务的范畴,这与上帝对人具有的力量是同一种类。但霍布斯没有把这个概念用到此处,也许是因为这会使他的论述更加复杂。

② 霍布斯说婴儿"应该服从那个养活他的人",我认为他这话并不能站得住脚,因为婴儿与傻子和疯子属于同一类别,因此还不是人,因而不可能有义务。可是,若母亲是主权者,那么她可能就是婴儿的代表,可以代表这婴儿行事,她尤其可以让这孩子服从自己。

偶、其他孩子或其他人(如奴仆)的主权者,这个即将成为臣民的孩子可以默示地与这些人订立契约。霍布斯自己给这个解决办法设置了一个小小的障碍,因为他说小家庭并非国家(《利维坦》20.15)。(他若能够区分由一小撮成员组成的、虚弱的国家和较强大的国家,他就幸运得多了。)可是,如果孩子没有可同自己立约之人,霍布斯也应该允许通过礼物赠予而建立主权。孩子可以单边地授权父母一方代表自己行事(或把他管理自己的权利出让给他或她),同时也不要求别人也这么做,只是希望现在的主权者父亲或母亲能够遵守第四条自然法:不让那个恩人(即孩子)"对自己的善意有感到后悔的理由"(《利维坦》15.16)。

　　让我们看看霍布斯会如何处理专制,或在实际上又如何处理这个问题。他说:"战胜者获得这种管辖权的方式是这样:被征服者为了避免眼前的丧生之灾,以明确的语词或其他充分表示意志的形式订立信约,规定在允许他保全生命和人身自由时,战胜者可以任意加以使用。"(《利维坦》20.10)如果只有一个人被征服,我们可以用处理单个孩子的情形的方式来处理这种情形。被征服者同其他臣民订立信约,授权给主权者,让他代表自己行事(或把自己的权利出让给主权者):"因此,对于被征服者的管辖权便不是由战胜而来的,乃是由于他自己的信约而来的。"(《利维坦》20.11)①正如单个孩子的情形所表明的那样,还有一种办法,可以让被征服者把统治作为礼物赠予征服者。

　　霍布斯因他所说的以下的话,使得他对专制的论述又遇到麻烦。他说:"战胜者不会因为敌人投降而有义务让敌人不受自己任意处置,因为他并没有承诺不杀他;如果他权衡再三,觉得不合适,

---

① 有些学者认为,霍布斯不需要为以力取得的主权求得同意,因为他的某些同时代人似乎认为仅仅通过战胜就能实际获得主权。我以为刚刚引用的话使得这种论调显得十分可疑。

他也不会让投降约束自己,使自己背负上义务。"(《利维坦》20.11)①这段话给人的印象是,征服者可能承诺饶恕被征服者的生命。既然这种承诺适用于未来,它也就意味着征服者可能会与被征服者订立信约。但这似乎与直到目前为止的、霍布斯理论的整个要旨相违背。如果征服者可能对一个臣民负有义务,那么征服者对这个臣民也担着职责,这个臣民也可以谴责在他看来主权者危害自己生命的行为。我认为对这个假设的问题的正确回答是:既然征服者不是被打败者的主权者,征服者可以向敌人许下承诺,但又不会让这个承诺成为让征服者做敌人主权者的保证。也即是说,这个承诺并非自然状态中二人之间拥立主权者的信约。二人中其中一人是自然人 A,另一人是主权者,但并非 A 的主权者。一个人要想通过拥立主权者的信约而成为主权者,他就得承担起保护人的工作;但假如说他通过承诺而承担起保护人的职责,他不会因此而成为这个被保护者的主权者。

主权者的性质

假定按约建立的主权和以力取得的主权没什么两样,那么它们有什么特征? 主权最重要的一个性质便是其绝对性。主权者掌控政府内部的所有政治权力,他有权控制生活的各个方面(《利维坦》20.16 – 19)。这就使得以下的事情成为必然的了,即主权者不可能对臣民做出不义的行为,因为主权者所做的一切事情都已经得到臣民的授权,"因此,抱怨主权者进行侵害的人,就是抱怨自己所授权的事情,于是[他]便不该控告别人而只该控告自己"(《利

---

① 这在拉丁文版的《利维坦》中更加明了:"Neque ob submissionem ejus, obligatur victor vitam ei condonare, nisi ante id promiserit."(拉丁文版《利维坦》20.12)

维坦》18.6)。与此相联系的主权的另一个性质是永恒性或不可取消性(《利维坦》18.4),他的臣民们不可能合法地从他们的主权者手中抢走主权权力。霍布斯显然联想到了 1641~1642 年间查理一世被非法剥夺主权权力的事情,当时议会实际夺走了许多传统上属于国王的权力。虽然革命属于非法,但是成功的革命却是主权权力丧失的一条途径。主权者也可通过放弃其主权权力而丧失主权权力,例如,某些英国人声称詹姆斯二世于 1688 年所做的便是如此;主权权力也可因外来入侵遭到破坏而丧失。

主权者还是臣民之间所有争议的裁判,因为一切争议皆因命题而起,而他又是一切命题真假的裁判(《利维坦》18.11–12)。主权者于什么意见具有攻击性而有害于和平的判断上尤其可充当裁判,因此主权者有权控制着什么学说可出版,而什么学说又不能出版。霍布斯很明显是在用一个无效论据来论证自己的这一立场:"虽然在学说问题上人们所注重的只是真理,但这与根据和平对其加以管理并不冲突。因为正如和平与和谐若违背自然法便不能为真理一样,学说若违背和平也不能为真理。"(《利维坦》18.9)

霍布斯在这所举的例子中从主观滑向了客观。他似乎认为,如果主权者根据自己的权利判断一个命题为假命题,那它就是假命题。但这至多也不过是把两个不同的真理标准相混淆而已。基本的真理标准在某种程度上可说是客观的标准,比如与事实相符合,或与事实相对应。无论人们怎么判断,二加二都等于四,地球永远是太阳的第三个行星,它们总是独立于人的判断。然而,在实际生活中,人们会确立以规定的或常规的方式来解决人们对真理可能发生的争论。竞技体育中有关得分和犯规的真理由裁判说了算。在棒球运动中,如果裁判把一个跑垒者罚下场,那么"跑垒者出局"便不仅是一个规定的事实,因而也是一个规定的真理,即使根据基本和客观的真理标准,"跑垒者出了局"并非为真。① 在国家内部,主权者的决定是规定的真理标准。主权者可能规定"一切财产最终都属于主权者"为真命题,若有人鼓吹"并非一切财产最终都属主权者"这种学说,那他鼓吹的学说就是一种"违背和平的学说",一种与规定的真理标准不相符合的学说。但是就像霍布斯所表明的那样,我们不能由此便得出结论,说"这种学说并非客观的真理"(《利维坦》18.9)。

从主权者有权判断一切命题的真假,我们便可得出:他也是一切司法纷争的裁判。他能裁断有罪与无辜,决定谁应当受到惩罚和奖赏,以及惩罚和奖赏的手段如何。他还有权决定财产的所有权。毫无疑问,正是由于联想到查理一世统治时期人们有关造船费和强制借款②的争论,霍布斯才主张国王是一切财产的最终所有者(《利维坦》18.9)。同样,正是联想到1630年代查理一世对苏格兰发动的战争,霍布斯才说主权者是决定何时以及对何国发动战争的裁判(《利维坦》18.12)。

对以上以及本章早些时候讨论过的主权者最重要的特质进行总结,非常发人深省。这总结就是:主权者即绝对者。就主权者拥有一切存在的政治权力而言,他强大无比;就他制定法律并裁断谁守法谁违法而言,他公正无比;就他是唯一得到授权来奖赏人民并裁断谁是好人而言,他完好无比;就他拯救其臣民不受自然状态的

---

① 这个问题会引起各种各样的麻烦,我们也不便在此讨论。如果一个命题被认为是真命题,那么怎么看待从它推来的命题?从它推来的命题中会有一些与其他真命题不一致,但又被认为是真命题,于是整个命题系统都会互相不一致。

② Ship Money 即"造船费",指查理一世国王在未经议会同意的情况下向英国国民所征收的税款,"造船费"是引发英国的内战的原因之一。Forced Loans 即"强制借款",指查理一丗在1626年在未经议会同意情况下向英国人民强行借得20万英镑,用于对苏格兰发动战争。——译者注

死亡威胁而言,他又是救世主(《利维坦》38.15)。总之,霍布斯把神的特质归给了主权者。当他把主权者定义为"有死的神"时,我想他比许多学者的评论文章所表明的那样还要严肃,他当真这么想。从 16 世纪晚期一直到 18 世纪晚期,有一种缓慢而又不可阻挡的信仰变迁,使人们不再信仰圣神,而开始信仰一种以国家形式表现出来的"人神"。霍布斯是这种信仰变迁的历史中一位最重要的人物之一,虽然我认为他依然没有放弃他对"不朽的上帝"的信仰(《利维坦》17.13)。

政治自由

我们已经指出霍布斯哲学许多方面所具有的各种反讽意味。他认为自然是人为,机器是活物,人是机器等等。他前面刚主张"主权者对其臣民拥有绝对的力量和权力",紧接着就又主张"臣民具有大量的自由",因为"世界上没有国家……能制定出足够多的法规,来规定人们的一切言论和行为,这种事情办不到"(《利维坦》21.6)。接着他又补充道,因为人们"不受锁链和监牢囚禁","他们显然已经享有自由了,他们现在还像这样喧嚷着要求自由,就是非常荒谬的了"(《利维坦》21.6)。霍布斯认为绝对主权者命令不了多少事情,那他是大错特错了。绝对主权者可以命令:人除了比如定时劳作和吃饭以及定时睡觉以外,不得做任何其他事情。这种命令也许很难实施,也会很快削弱国家,但这些缺点与我们的观点风马牛不相及。我们的看法是,绝对主权者能够极大地限制臣民的自由。

臣民享有个人自由,乃是因臣民不受锁链和监狱控制,霍布斯除了谈论这种自由,还谈论到国家具有的一种自由。这种自由与个人在自然状态中所具有的是同一种自由。国家除了依靠自己的力量外,便别无他法得到保护,它们也会因此"而生活在永久的战争状态中,在战场的周围,边界都武装起来,大炮指向四邻"(《利维坦》21.8)。就这方面而言,共和制并不比其他形式的政府更自由。根据霍布斯的看法,像亚里士多德和西塞罗这样的古代作家,以为臣民在君主制下比在民主制下所拥有的自由要少得多,这是一种很不幸的看法,因为它败坏了人民的心灵(《利维坦》21.9)。霍布斯关于国家关系的看法非常正确。国际关系为数不多的原则之一是:敌人就在你的边界。美国与加拿大、墨西哥之间长久未受防护的边界(最近还有其他一些国家之间的边界也是如此),是这种古老规则的特例。美国移民官最近在墨西哥边界上巡逻,并不是为了防范美国的墨西哥敌人,而是为了防范恐怖分子,他们可能通过墨西哥进入美国。

在独裁恐怖过后的20世纪,下面这些话很不中听:

> 任何政府形式可能对全体人民普遍发生的最大不利,跟伴随内战而来的惨状和可怕的灾难相比,简直就是小巫见大巫了……应当看到,最高统治者的最大压力,绝不是由于自己高兴损害或削弱臣民或者是由于像这样可以得到什么好处才施加的……这种压力来自人民本身的抗拒情绪,他们为自己的防卫而纳税是很不情愿的。这样就使得统治者不得不在平时尽量从他们身上征敛,以便在任何紧急时期或突然有需要时御敌制胜。
>
> (《利维坦》18.20)

国家的解体

大凡人为的东西都不会永久持存,因此国家也不可能永远持存。霍布斯思考了导致国家解体的各种各样的原因。在《利维坦》中,霍布斯首先讨论了国家不完善的结构(《利维坦》29.2)。

这些不完善的结构中的第一种便是：人们在取得王国时，即使看到保障国家的和平与防卫所必需的权力根本不够，也对此表示满意（《利维坦》29.3；30.3）。对霍布斯来说，如果主权者对其臣民不能拥有绝对的权力，这就是国家的缺陷。霍布斯可能又特别想起了查理一世。在1642年6月"国王对19条提案的回应"①中，查理一世国王放弃了自己的某些权利。查理一世本来希望阻止内战爆发，但实际上却更加助长了敌人的威风，大约一年后便爆发了内战。虽然霍布斯也提到了威廉一世摒弃了对神职人员的裁断权，他可能又想起了查理一世："国王一旦放弃使用权力……当有机可乘时，就会招致大批的人起来造反。"（《利维坦》29.3）与此有关联的一个恶毒的谬论，认为主权权力可以分割为政府的几个部门（《利维坦》29.12）。这就是"混合政府，"其中一个部门可能负责征税，另一个部门负责制定法律，还有一个部门负责法律的执行（《利维坦》29.16；12.5）。

　　第二个致使国家解体的结构性原因，是"蛊惑人心的谬论的流毒，其中有一种说法是：'每个普通人都是善恶行为的判断者'"（《利维坦》29.6；也可参见《论公民》12.1，12.6）。霍布斯说这在自然状态中是真实的学说，但它同时又是引起这种状态中战争的原因之一，因为不同的判断会导致人们相互间冲突不已。霍布斯说臣民在进入国家时放弃了他们对善恶的判断权。"国法成了善恶行为的尺度，立法者是法官，他总是代表国家。"（《利维坦》29.6；也可参见《论公民》12.1）他当然可以这么说，但人们也会指出，他也曾说过"有些权利人永远也不会放弃，即使表面看来人好

---

① King's Answer to the Nineteen Propositions，即"国王对19条提案的回应"。1642年6月1日，英国贵族院和平民院递交国王查理一世一份提案，即所谓的"19条提案"。长期议会以请愿的名义，实际想篡夺国家的大部分统治权。提案要求议会监管外交政策，负责国防，并要求国王的大臣为议会负责。国王拒绝了提案，当年8月国家遂陷入内战。——译者注

像放弃了它们"(《利维坦》14.8)。人不应当把判断善恶的所有权利都放弃掉,这很合理,因为在生与死这两个最重要的善恶判断上,人需要立即做出抉择。实际上,人们仍保留着大部分的判断善恶的权利,因为唯有根据这种权利,人才能做出他们每日几乎所有的抉择。当霍布斯说那些自行判断善恶的臣民"很想当国王"时,他只不过在夸大其词(《论公民》12.1)。他们需要自行判断的与其说是别人的善和恶,还不如说是自己的善和恶。

还有一种恶毒的学说说的是"人有听从自己良知的自由"。对霍布斯来说,良知是有关善和恶的判断,而"法律就是公众的良知,他[臣民]原来就已经决定遵从它们"(《利维坦》29.7;也可参见第七章)。

主权者凌驾于法律之上,这不仅符合罗马法,同时在英国也得到广泛的认可。情况似乎必须如此,否则,主权者若服从法律,那其他人就能裁判他,而任何能被人裁判的人都不是主权者。因此,主张"主权者服从法律"的学说,是一种恶毒的学说(《利维坦》29.9和《论公民》12.4)。

接下来的一个恶毒的学说,主张平民享有独立于主权者的财产权(《利维坦》29.10)。几十年后,约翰·洛克就提倡这种说法。根据洛克的说法,一个人是通过把自己的劳动"混合"到某东西当中去而获得财产的。相反,霍布斯否认没有主权者保护的状态会适合让人们拥有财产:"那么告诉我,你的财产若非来自国家,来自哪里?而国家的财产若非来自每个人出让给国家的权利,又来自哪里?"(《论公民》12.7)

霍布斯思考了我们刚刚讨论过的恶毒的学说给国家造成的最大危险。但是还有其他危险,比如,"国家需要钱时却遇到筹集资金的困难"(《利维坦》29.18),这实际上也是英国内战的主要原因之一。查理一世被剥夺了议会通常会赋予新国王的征税权。他后来筹集资金的努力很不受欢迎,他让1640年的短期议会①给他钱去攻打苏格兰的企图尤其令人讨厌。平民若受到极其爱戴,也是一件危险的事情。同样,城市若有钱征募军队(霍布斯想起了伦敦城),也是危险的事情(《利维坦》29.21)。

霍布斯哲学的价值

我对霍布斯理论的广泛批评,会给人错误的感觉,认为霍布斯理论没有任何价值。但是霍布斯的理论中蕴含有许多有价值的东西。仅仅举出其中的一些便足以说明问题。如果根本没有法律,那么人的生活就既短暂又难以忍受,霍布斯的这个看法很正确。我们或许会像卢梭那样,认为人们有一种天然向善和倾向于合作的本性,是社会败坏了他们的天性;但实际上,我们向善和倾向于合作的精神却是教化的结果。虽然我们受到严格的社会约束,我们所有人偶尔还是会受到诱惑,做出一些反社会的行为。约束我们的,是对国家惩罚的恐惧,和邪恶良知对人的煎熬,而这两者本身就是教化的结果。如果所有的法律都遭到废除,那么要不了多久,首先是一些人,接着是人人,都会根据自己狭隘的自私自利而行动,许多人最终都会变成掠夺成性的动物。我之所以说"人

---

① Short Parliament,即"短期议会",指国王查理一世统治时期会期从1640年4月13日持续到5月5日的英国议会,它因持续仅三周因而被称为"短期议会"。在此之前,查理一世已经抛开议会施行个人统治有11个年头,他重新被迫召集议会的目的,是为了筹集资金去攻打苏格兰。与之相对立的是Long Parliament,即"长期议会",于1640年11月3日建立。其目的是为了通过金融法案。"长期议会"的一项议会法案规定国王不经议会同意不得解散议会。因此,"长期议会"的会期才得以从1640年一直持续到1648年,受到克伦威尔新模范军的清洗后才解散。"长期议会"相对于"短期议会"会期较长,因而被称作"长期议会"。——译者注

人",是因为那些不如此行动的人很快就会死于非命。因此,我们在尽可能赞美自由的同时,也应当遵守必要的法律。

法律要求人们必须出让他们的某些权利,要求政府以各种方式来代表我们。霍布斯认为政府在我们转让出去的东西上代表我们,他的这个看法却是错误的。我们转让我们的财产和时间给政府,换来的是政府在其他事务上代表我们。尽管公民很能忍耐邪恶政府,但邪恶政府的代表权却不是不可废除的。

在许多问题上,霍布斯的看法都很有用,因为假如我们对他提出的强有力的论据进行反驳,那么我们寻求正确辩驳办法的努力,或许会让我们找到一个有建设性的有关政府的正确的观点。

结论

在《自然法和政治法原理》和《论公民》中,霍布斯的理论是:政府之所以产生,乃是因为人们订立了信约;根据这个信约,所有立约方都让渡了他们的许多权利,每人都把同样的权利让渡给某人,某人因此成了主权者,他的目的是为了保护他们的生命和躯体不受威胁。在《利维坦》中,霍布斯把自己的理论做得更加复杂,但同时也更加精致,政府对待其臣民并非完全冷漠,也并非完全咄咄逼人。主权者代表臣民,因为臣民已经授权给他,让他代表自己行动。臣民出让了何种权利?他又授权主权者做何事?霍布斯并没有在二者之间做出区分。相反,霍布斯把这两个概念合并在一起,说臣民"授权并放弃[出让]"某种东西。

不管怎样,从历史来看,当人们相互畏惧时,人们会通过契约而建立政府,这就是"按约建立的主权"。但更常见的情形是,当人们畏惧某个实体,他们会让这个实体做他们的主权者,这就是"以力取得的主权"。对霍布斯来说,主权权力有着绝对性质。主权者在国家中掌握着所有的政治权力,虽然每个人都保留了自我保全的权利,但主权者却控制着生活的方方面面。虽然国家是如此强大,但它却不是不朽的,因为人造的一切没有不死的。

拓展阅读

Braybrooke, D. (2001) *Natural Law modernized*, Toronto: University of Toronto Press. 这是一本非常复杂的论述霍布斯政治哲学的书,此书把霍布斯置于自然法传统中进行论述。

Hampton, Jean(1986) *Hobbes and the Social Contract Tradition*, Cambridge: Cambridge University Press. 这是一本复杂的哲学书,作者发现霍布斯的观点中有许多张力和矛盾之处,并试图阐述能够从霍布斯的文本中挖掘得到的、最好的理论。

Hobbes, T(1647) *De cive* in *Man and Citizen*, B. Gert (ed.) (1991) Indianapolis, Ind.: Hackett Publishing Co., pp. 87 – 386. 这是一本比《利维坦》更早、更准确地讲述霍布斯政治哲学的书。

Hobbes T. (1647) *An Answer to Bishop Bramhall's Book*, 'The Catching of the Leviathan', in *English Works*, W. Molesworth (ed.) Vol. 4.

第五章　语言、逻辑和科学

　　科学、语言和逻辑在霍布斯哲学中是相互交织在一起的概念。科学是真实语句或命题的集合，它包括两部分。第一部分是定义的集合，这些定义其实不过是公理(《论物体》3.9)；第二部分包括所有从以上定义直接或间接推论而来的必然命题(汉森1990)。从定义或从中间句(定理)推出其他定理的推论就是语词的计算或运算，这就好比数字的加减一样。对语词的计算即推理(《利维坦》5.2)，而对推理的研究就是逻辑，科学、语言和逻辑于是形成一组紧密的概念群。

　　既然科学由语句组成，霍布斯的语言理论会先于其逻辑和科学得到探讨。

语言的基本单位

语言的基本单位是字词还是语句？这是20世纪晚期语言哲学的主要争论之一。赞同语句者的理由是：语言最基本的功能是表达思想，而语句是能够表达完整思想的最小语言单位。赞同字词者的理由是：语句依赖字词，因为语句由字词组成，而语句的意义不过是字词意义的一个功能。霍布斯在一定程度上对这两种立场都很欣赏。当他讨论语言本身时，他总是以个别字词的意义开始其讨论；然而，当他讨论如何使用语言进行交际时，他又提出一种初级的言语行为理论，把使用完整语句完成的行为当作基本的语言单位。

有时候他似乎把两种观点结合起来。当他讨论语言如何用于科学时，他直言不讳地说定义"先于"其所包含的名称："因为定义是通过分解法而对复合名称的解释，其过程是从简单名称到复合名称，因此定义必须先于复合名称而得到理解。"（《论物体》6.15）因此，简单名称先于复合名称，因为后者更复杂；而简单名称又要依靠定义，因为后者是语句因而很复杂。

在他的总体哲学的最后一部《论人》中，霍布斯考虑了语句作为语言的基本单位的可能性，可是他最终却选择了字词为基本单位的观点，因为语句由字词组成（《论人》10.1）。他认为字词比语句更加根本还有另一层原因。这个原因就是，字词解决了一个想要从事思考的人所遇到的第一个问题。人类的内心不具备必要的注意力和记忆力，因而他们除了能够得到他们的感觉经验所能提供给他们的东西之外，他们别无所得。有些感觉经验排斥推理，因为推理需要某种工具，能够让人心以可靠的方式回忆起经验。根据霍布斯的意见，人只有通过使用某种能够唤起记忆的标记或标志，才能得到可靠的回忆。霍布斯没有做进一步解释，他只是把标记规定为"根据我们自己的决定而使用的、可感觉得到的东西,因此一旦我们感觉到这些东西,心里就会浮现出某些想法,这些想法与我们先前用标记标志下来的想法不无类似之处"(《论物体》2.1)。词组"根据我们自己的决定"①意味着标记是任意选择的,某物的标记与某物本身之间并不存在天然的相似之处。树的标记并非树的形象,C大调的音乐符号也并非C大调的音调样本,前者与后者在其他任何方式上也没有相似之处。霍布斯没有说明人为什么非要选择任意标记,而不选择与所记之物有天然相似性的东西来帮助自己记忆。人们或许认为,标记之所以是任意的选择,乃是因为标记是字词,而大家都知道,也许除了一些像"汪汪"之类的拟声词之外,字词与它们所代表的东西没有任何相似之处。而即使拟声词也有任意的因素,因为法国的狗叫声是"嗷嗷"。更准确地说,法国狗叫所使用的语词与英国狗叫所使用的语词根本就是两样。我们对其他动物的叫声也可做出同样的评论。法国的牛叫声是"哞哞",克罗地亚的牛叫声是"姆姆";法国青蛙的叫声是"呱呱",克罗地亚青蛙的叫声是"咕咕"。② 可是,所有这些大多都风马牛不相及,因为它们都基于一种错误的前提,以为霍布斯认为标记就是字词。霍布斯还没有谈到字词,他谈的是:一个已知的人如何能够可靠地记起并组织自己的经验。

　　人们之所以需要标记,是因为他们不可能靠记忆中的树来回忆起一棵树,也不可能靠记忆中的狗叫声来回忆起一只狗的叫声。但这又遇到那个问题,即为什么一个任意的标记比起那与所记之物有着共同形象或声音特征的东西来是更可靠的记忆工具?假设你不懂任何语言而又想记住落日,你会想象慢慢西沉在地平线下的橙黄色夕阳照耀下的五彩缤纷的云彩,还是会随便发明一个词

---

① 本词组的拉丁文为 arbitrio nostro adhibitas.
② 可查看 http://www.georgetoen.edu/faculty/ballc/animals.

组来记住它？

还是让我们继续讨论霍布斯的任意标记吧。他说任意标记本身对人没有多大帮助，因为即使一个人具有了不起的科学天赋，而且还用他的任意标记为自己发明了各种各样的东西，但是一旦这人归西，他的一切努力也会随着他的死亡而付诸东流。相反，如果大家使用同样的任意标记，那么，知识就会从上一代人传递给下一代人（《论物体》2.2）。换句话说，标记必须变成符号。霍布斯说，符号是"结果的原因，也是原因的结果，我们经常看到它们以同样的方式不是彼此领先就是继后"（《论物体》2.2）。

这种定义在以下意义上非常全面，即它不仅适用于任意符号（这任意符号会取代用于记住东西的"标记"），也适用于非任意符号。非任意符号就是自然符号，诸如大雨来临前的黑云，以及颠倒过来的诸如跟随黑云而来的大雨（如潮湿的树木和地面）。霍布斯的例子很有趣，因为即使他意识到自然符号，他也不一定认为这些符号容易记住，因为假如这些符号好记的话，他就不会直接地从人类记忆的本质论证到人对标记的需要了。我认为几乎所有人不需文字帮助便能记得，黑云总是出现于大雨之前。

在任意和非任意这两种符号中，霍布斯尤其关心的是任意符号。虽然标记的设立是为了一个人自己的记忆，而符号的设立则是为了方便他人。一个人会在建筑物前放置旋转彩柱的任意符号，用来标示建筑物内是理发室。

符号的功能说明了符号为什么实际上必须是任意的选择。所有想同他人交谈的人，都希望别人能理解自己。人不能发出一种声响，能够靠着这声响使别人想起某东西的画面，或能让别人闻到交流所需要的、特殊的气味。人也许能够表演出某种场景，但是旁观者怎么才能知道这人是在表演某种东西，而不仅仅是在做他好像在做的事呢？即使法国狗叫与英国狗叫存在分别，人们仍依然模仿某些声音，希望别人能认出这些声音，使他们想起以前这些声音的例子,或者想起发出这种声音的动物;然而,这种相似性依旧微不足道,能被人模仿的声音的数量依然小之又小,而旁观者能够识别其中的信息或把这些话当作信息来识别的可能性,更是微乎其微。

如果这个人给旁观者画了一幅画或一系列图画,情况可能会得到改善。但这是不可能的,因为我们知道霍布斯相信人天生不合群。如果一个人把表示"让我们做朋友"的画交出来,他可能冒生命危险,会被人打断手脚。即使人们天生合群,他们有限的绘画能力也会在很大程度上限制他想说的话。一个人如何把下面的话画出来?"明天,就在日落之前,让我们去捕猎我们前天看到的狮子吧。"如果我们使用任意的声音,就会很容易做出语言交流。(我的猜测是,霍布斯立论的出发点是以下认识,即字词是任意符号;接着,他又推论出标记必定是任意的选择。)

名称

下面是霍布斯对名称的定义:

> 名称是人决定使用的、由人发出的声音,因此也许有着某种标记[a]。通过这个标记,与早先想法相类似的想法会在人的脑海中被唤起,并且[b],若把这标记在言语中进行组织,并把它说给他人听,也许对他人是一种指示,告诉他们,这样的想法不是先前曾经在说话者的内心出现过,就是根本没有出现过。
>
> (《论物体》2.4)

插入到括号里的字母,表示名称可用于两种他所讨论过的功用,即标记的功能(记忆)和符号的功能(交流)。他还主张标记的功能先于符号的功能,因为"它们能够帮助人进行记忆,即使这世界上只有他一个人存在"(《论物体》2.3)。

[a]霍布斯就标记所说的话是否为真,很值得怀疑。如果一个孤零零的人想记住某事,因为他的记忆力不好,不能直接记住某件事,一个任意的标记怎样才能帮助他呢?假设这人在手指上缠了一根线,想借此提醒自己去勘察岛屿的最远端。第二天,他看了看手指上的线。如果他的记忆力不好,记不得昨天他想在今天勘察岛屿,考虑到这根线不过又为他的记忆增添了一样东西,这根线应该怎样帮到他呢?这就好比一个人想用竹篮打水,于是他想到一个办法,先把水倒入另一个竹篮里,然后再把水倒入第一个竹篮里。用这种办法只会丢失更多而非更少的水。

[b]作为标记的名称,表达的是说话者想传达给他的听众的思想。正如我们以上所提到的,霍布斯似乎认为,语言交际最小的完整单位,不是语句就是言语行为。他所使用的拉丁单词 oratio,可以把它理解为包含有两重含义。就语言交际来说,单个的声音(vox) man(人)不足以传达思想,因为 man 有可能仅仅是另一个单词,比如说,manageable 开头的三个字母。如果不知道整个表达,我们就没有理由认为 man(人)是一个单词,而不只是一个更长单词的音节。霍布斯的这种看法有些像是戈特洛布·弗雷格著名的观点:一个字词只有在语句的上下文中才有意义。

为了能够传达思想,说出的第一个名称,必须由另一个名称,即谓词来完成。比如,我们说"人是动物"。当然,人用一个单个字词,比如说"火",也能传达一个完整的思想,但是,我们应当把这些字词理解为出自明确的语言形式,而不是出自原始的语言形式。如果人们实际上首先用声音"火"来表达"这里着火了",或"这里着火了,让我们离开这里",那么,这些重新表述的措辞显然传达了一种完整的思想,而不仅仅是为火命名。如果一场大火将要吞噬一个人及他的同伴的生命,将要把他们烧成残疾,他给这场火命名还有什么意义?这里所需要的是行动。只有当火成了一个有用且完整思想的一部分时,"火"在以上想象的情形中才有意义。

因为霍布斯是唯名论者,认为唯一共相的东西就是名称,因此他认为具体名称在逻辑上要先于抽象名称(《论物体》2.9)。① 具体名称"热"可命名所有热的物体,这些物体因为某种原因或特性而成为热的物体。特性是一种抽象,抽象由抽象名称命名。热的东西的特性的名称是"热性"。根据霍布斯的意见,动词不定式也是抽象名称,例如,to be hot 就是抽象名称:"抽象名称表示的是一个具体名称的原因,而非东西本身。"(《论物体》3.3)② 具体名称逻辑上先于抽象名称,因为具体名称形成基本命题,而抽象名称若没有具体名称便不能存在(《论物体》3.4)。

名称表示四种基本的东西,即物体③、偶性、幻象和名称。如果把表示其中一类东西的名称与表示另一类东西的名称并列使用就会出现荒谬。霍布斯喜欢用亚里士多德或经院哲学里的命题来说明这些荒谬。例如,语句"存在是一个存在者"④就很荒谬,因为"存在"是偶性的名称(即物体的原因),"存在者"是物体的名称。("存在者"是所有物体的名称。)另一个例子是"智力懂"。⑤ 在这种情况下,霍布斯所说的"智力"是偶性的名称,而"懂"是物体的名称,指懂的人。把表示物体的名称"物体"与表示幻象的名称"幽灵"合并在一起,就会得到另一个例子:幽灵是物体。⑥ 可是,

---

① 霍布斯使用的名称 nomen,比现在的用法要宽泛得多。它包括专有名称、普通名词、形容词、动词不定式和甚至动词(例如,可参见《论物体》5.2)。

② 本句引文的拉丁文是:Nomina autem abstracta causam nominis concreti denotant, non ipsam rem.

③ 既然霍布斯的确或竟然认为名称既是物体,又是其他一切东西,那么,为了使自己的观点更加准确,他就应当把"物体"变成"非名称的物体"。

④ 这句的英文原文为:Existence is a being. ——译者注

⑤ 这句的英文原文为:The intellect understands. ——译者注

⑥ 这句的英文原文为:A ghost is a body. ——译者注

根据霍布斯的说法,幽灵只是表象,不是物体(《论物体》34.3)。同样,"颜色就是看见的东西",①不过是把表示幻象的名称"颜色"与表示物体的名称"看见的东西"合并在了一起。把表示物体的名称与表示名称的名称结合在一起,就会得到以下例子:共相是一个存在者。② "共相"是一切一般名称的名称,例如,"一切狗"和"一切圆"就是共相;谓词"存在"则命名狗和圆(《论物体》5.2-5)。

把表示偶性的名称与表示幻象的名称相结合,又会得到一个荒唐的例子:颜色属于物体。③ "颜色"是表示幻象的名称,而"属于物体"是表示偶性的名称。物体里的某种东西让动物、畜生或人有了颜色的幻象。我们用"光"、"景象"和"声音"代替"颜色"也可以做成相类似的例子。这些例子用简明的语言学方式展现了霍布斯的现代语言观,这种现代语言观就是:质的特性并不以动物感知它们的同样方式存在于世界当中(《论物体》5.6)。

把幻象与名称相结合,所得到的一个荒唐的例子是:人的理念是共相。④ 词组"人的理念"命名的是幻象,而"共相"则是普遍名称比如"一切人"的名称(《论物体》5.8)。

含义与指称

20世纪两个主要的语义理论之一,亦即弗雷格的理论,区分了字词的意义和指称。⑤ 中世纪哲学家做出的区分与此相类似。大致来讲,中世纪的人们认为,名称的精神或概念的特征,与名称

---

① 这句的英文原文为:Color is an object of vision. ——译者注
② 这句的英文原文为:A universal is a being. ——译者注
③ 这句的英文原文为:Color is in the object. ——译者注
④ 这句的英文原文为:The idea of a man is universal. ——译者注
⑤ 意义和指称的区分也适用于语句,但我们无需解释适用于语句的这种区分。

指出世界中物体的功能之间,存在着这种区分。字词表示概念,并指称此概念意义范围内的所有物体。在"每人都是有理性的动物"这个表达式中,字词"人"表示人的概念,因而指称每一个人。以不同方式加以修饰的字词,例如"每人"、"没人"、"有些人"和"这个人",指的是不同的个体,或不同群体的个体。霍布斯的观点无疑得益于中世纪的语言观。中世纪的语言观借着经院逻辑而得以留传下来,而霍布斯在牛津大学学习的正是这种经院逻辑。

根据霍布斯的看法,名称表示的意义是概念,它指称一个个别的物体。在语句"石头很重"中,字词"石头"表示的意义是"说话者想到了一块石头",并且它还指称那块说话者想到的石头(《论物体》2.5)。我们不该低估名称所命名的范围,名称既可以是石头或树木或任何其他物体之形象的名称,也可以是想象出来的、虚构之物如"独角兽"的名称,甚至也可以是不存在之物的名称,例如,"未来"就是这样的名称。"独角兽"和"未来"是不存在之物的名称。即使那些现在不存在、过去没有存在过、将来不会也不可能存在的东西,也都有名称,例如"不可能"就是这样的名称。字词"无"也是名称,它为无命名(《论物体》2.6)。

霍布斯呈现给我们的,是传统的名称分类法。名称分肯定名称和否定名称,像"人"和"非人"便分别属于这样的名称。字词"人"和"非人"同时也是一对矛盾命题。每样东西不是以这个名称命名,便是以那个名称命名,但没有东西可以同时以两个名称命名。像"这个"、"荷马"和"《伊利亚特》的作者"等等这样的专有名称,只用来命名一样东西,它们或许就是今天所谓的"单称词",因为单称词包括指示词、专有名称和摹状词(《论物体》2.8)。普通名称是对不只一样东西的"普通"或"真实。""狗"这个字是每一只狗的名称,是个别来看而非作为集体来看的、狗的名称。"月亮"一词也是这样。许多行星都有月亮,即使地球的月亮是唯——个月亮,"月亮"仍然是一个普通名称,因为如果其他行星有自己的天然卫星的话,人们依然可用"月亮"来称呼它们。普通名称因其适用范围也可称作"普遍名称"。而"共相"这个名称"并非自然界存在的、某东西的名称,也不是大脑中形成的、理念或幻象的名称,它总是某种声音或名称的名称"(《论物体》2.9)。因此"狗"这个字是共相,因为它为许多东西命名,这是霍布斯唯名论的宣言。只有个体存在着,共相只是指称许多东西的名称。

霍布斯逻辑上的传统特征,也表现在他对"普遍名称、特别名称、个别名称以及不定名称"的理解上。对他来说,个别名称(如"荷马")有一个确定而又固定的含义,因而是一样东西的名称。普通名称加上前缀"所有"或"每一个"或"无论什么"而构成的名称就是"特别名称,"因为霍布斯说它们具有"不确定的含义"。它们命名特别的东西,但表示的意义却很不确定,这里所说的"意义很不确定",是指一个人仅仅知道该词的含义,还不能确定被命名者是谁或什么。最后,名称若没有任何"量词"来修饰便是不定名称。

言语行为

对于语言的用法,霍布斯比起20世纪前的其他任何哲学家都更具洞察力。他对规劝人的语句和命令人的语句(有时就是同样一个语句)的区分,在《利维坦》中说明什么是法律时,曾经得到充分的使用。法律是命令,法律之所以被人遵从,乃是因为说话者希望它被人遵从。规劝给人以建议,而得到规劝的人却不必遵从它。命令表达的是或看来是对说话者有用的好处,而规劝表达的则可能是对规劝对象有用的好处(《自然法和政治法原理》29.1;《利维坦》6.55,25.4,25.11)。人们可以与霍布斯争辩两者之间的本质区别,但他认识到命令和规劝之间的重大反差,同时又在他的政治哲学中付诸实际运用,这给人留下深刻印象。

同样给人以深刻印象的,是他认识到宗教语言只应当用来赞美上帝,而不能用来描述上帝(《论公民》15.18;《利维坦》3.12)。语言两种用法之间的区别,也支撑了他在信仰与理性之间做出的区分。理性的语言是描述性的,信仰的语言是赞美性的;两者之所以不能彼此混淆,恰恰是因为用于赞美的语言既不能说是真也不能说是假,而只能说合适还是不合适。有些传统上用来形容上帝的谓词,如果描述性地使用它们,就会出现字面意思前后矛盾的现象(《利维坦》31.16-27;也可参见第七章,"宗教")。

霍布斯所提到的语言的其他用法,还有提问、请求、保证、威胁、决定、命令和哀悼等。① 他提到这些用法是为了把逻辑所特有的语言用法单列出来。他说命题就是"由两个被连接在一起的名称所构成的语句,说话者凭此语句,表明他看出了后一名称所命名的,恰恰是第一个名称所命名的同样一个东西"(《论物体》3.2)。② 这个定义有一个麻烦,即它只适用于主谓结构的命题。命题"伊娃跑了一英里"的谓词并非名称,断言此事的人不是说"跑了一英里"是伊娃的名称。我们将会看到,有时霍布斯的口气听起来仿佛是说"最重要的命题是主谓结构的命题",有时又听起来仿佛是说"条件命题才是更重要的命题"。

定义

定义对霍布斯来说很重要,因为它们是科学最基本的命题。它们"在推理中属第一位",因为如果没有它们就什么也证明不

---

① 保罗·格赖斯的一个朋友问格赖斯是否受到霍布斯意义理论的影响,问 J.L. 奥斯丁是否受到霍布斯关于语言用法的观点的影响,因为他发现这些哲学家的观点之间有着相似之处。她说格赖斯只是顽皮地笑了笑,没有回答她的问题。

② 霍布斯所谓的"命题",也许最好被称作"陈述"或"断言"。为简便起见,我还会遵从霍布斯的用法。

了。它们是"由说者和听者的共同决定所建立起来的真理,因此也是无法证明的真理"(《论物体》3.9)。这些话所暗含的意思是:说者与听者的相对重要性之间有着一种紧张或矛盾,或者对说者和听者的身份有一种令人困惑的迷茫。假设说者想让一个词意指某东西,而听者要么不想让这个词意指那东西,要么认为它的意思不是那东西,到底谁说了算?看来好像说者说了算,可是假如说者想让"战争"这个词意指"平静与幸福的状态",又让"和平"意指"把自己意志强加于他人的进攻性企图",那该怎么办?听者必须接受这些定义吗?或者假设某共同体有些说者和听者用词 w 意指 M,而同一共同体的另一些人则用词 w 意指 N,如果听者在此之前根本不知道说者如何使用 w,这个听者怎么才能知道 w 的意思是哪一个呢?假设说者说他用 w,他所指的意思与词 x 一样,听者怎么能知道说者所说的 x 的意思,与他这个听者所说的 x 意思一样呢?这些都是涉及意义和定义的一般问题。虽然霍布斯没能满意地解决这些问题中的任何一个,他却提出了与之相关的有趣的课题。如果为着解释的方便我们分别出技术(或规定)定义和描述定义,这些问题就再容易解释不过了。

技术定义是这样一种定义,在这种定义当中,科学家宣布他将以特别方式使用某字词。虽然这种特别方式下该词的用法与该词的通常用法之间有着重叠,但前者与后者仍可能大相径庭。霍布斯意图使他的"哲学"定义与它的普通用法相符(参见本节以下部分)。但他又劝"那些寻求另一种哲学的人到其他地方去寻找",这说明他的定义是一种技术定义,即使这种定义与哲学的普通用法不相符合,他也不愿改变这种定义(《论物体》1.10,25.1)。

再者,当霍布斯列举定义的特性时,他心中似乎想到的是技术定义,这一点可从这些特性里头的至少两个特性看得出来。第一个特性是,定义"可消除模棱两可,也真的可消除那些认为争论可通达哲学的人所使用的一整套区分"(《论物体》6.15)。第二个特性是,"没必要争论定义是否得到认可",因为如果听者("学生")不接受这个定义,"这与他根本不想学习没什么两样"。技术的科学定义不以描述人如何用词为目标,而以使事情明了为目标。

相对于技术定义而言,错误定义的想法好像根本不可能。对于技术定义,人们要么接受它们,要么拒绝它们。可是,霍布斯的确提到了"错误的"或不正确的定义:"因此语言的首要用处在于名称的正确定义,这是名称不可多得的用处;语言的首要滥用则在于错误的定义或没有定义,一切虚假或无意义的信条都出自这里。"他认为应当把它们扼杀在萌芽状态,因为随着"计算的继续进行",体系中的荒谬也会成倍增加(《利维坦》4.13)。我猜想他的意思是说,错误的定义是掩盖住了其本身所有的矛盾命题的定义。虽然我们随后会更详细地讨论"荒谬"的概念,但是,目前指出以下一点是再合适不过的了,即根据霍布斯的意见,当人们因为科学命题必然为真而试图从事科学时,便常常会产生荒谬。因此,科学体系中的任何错误都是对必然为真的命题的否定,而对必然为真的命题的否定就是一个矛盾命题,一个很容易被人冠之以"荒谬"的命题。这里可举例说明这一点。假设有人坚持以下命题:

(1)一切正方形都是内角相等的图形。
(2)一切内角相等的图形都是等腰三角形。
(3)任何正方形都不是三角形。
(1)和(2)使得以下命题必然为真:
(4)一切正方形都是等腰三角形。
(4)使得以下命题必然为真:
(5)有些正方形是等腰三角形。

于是(5)和(3)相矛盾。总而言之,从(1)至(3)中的定义得来的定义或命题都是错误命题,这当然是由于(2)的缘故。

考虑到霍布斯相信人们会使用一些意义不相一贯的字词

(《利维坦》4.24,25.1),相信他们会使用一些实际毫无意义的字词,他对人们像普通说者和听者通常用词那样来用词并不抱怨,这就有些奇怪了。可是他的确没有抱怨。实际上,他有时还似乎主张,科学定义正确与否,要看它们与用法是否相符。他说:"一个有志于获得真知的人,有必要检查以前作者的定义;如定义是随随便便定的,就要加以修正或重定。"(《利维坦》4.13;《关于自由、必然和偶然的问题》396)虽然霍布斯对实际的科学进步持否定的看法,他还是敦促科学家从前代科学家的发现中汲取经验教训,这很有道理(《利维坦》4.12)。

技术定义是说话者有权规定的定义,描述定义则是说话者共同体决定的定义,霍布斯并没有说清楚这两者的关系。总之,我认为他在心里还是赞成科学工作中多使用技术定义,赞成科学家应当检查"前代作者的定义"。他们应当这样做,不是因为他们对前代作者负有义务,而是因为他们在前人的成果之上可能会有所建树。

无论人们如何解决技术定义与描述定义之间的紧张关系,霍布斯却似乎坚持另一种对定义的看法,一种我以为他绝对不会放弃的看法。对他来说,主权者是一切争论的解决人(《论公民》16.16)。因此,如果人们对一个字词的意义产生争论,无论该字词属于人们交谈的什么领域,最终确定该词真实或合适的定义的,既不是一般意义上的说者和听者,甚至也不是科学家,而是主权者。

必然命题和偶然命题

人们很容易混淆霍布斯哲学中两种非常不同的区别。一种区别涉及的是世界中事件的必然和偶然之分。每一个被引起的事件必然要发生,或者是一个必然事件。一个事件是否属必然事件,与任何人的知识都无关。霍布斯相信一切事件都是必然事件,因为他是一个决定论者。考虑到我们的知识有限,偶然事件就是发生或没发生、会发生或不会发生的事件。因此,虽然明天要么会发生海战,要么不会发生海战,而且无论出现什么情形,这情形都是必然情形;然而,这事件却是偶然事件,因为我们无从知道海战能否发生。必然与偶然的分别,不属于语言或逻辑,而属于形而上学和认识论。

另一种区别涉及的是必然命题和偶然命题之分。这的确属于逻辑或语言哲学:"如果一个命题的主语是名称,而谓语并非名称,对这种命题任何时候都设想或想象不出任何东西,这命题就是必然命题。"在"必然命题中,谓语要么等同于主语",例如"人是有理性的动物";要么谓语是这相等同的名称的一部分,例如,"人是有理性的"(《论物体》3.10)。与此相反,偶然命题是"有时为真、有时为假的命题",例如,"有些猫是黄色的"。让我们借用一下霍布斯的例子,即使"所有人都是瞎话篓"为真,那也是偶然意义上的真,因为"瞎话篓"并非"人"的意义(《论物体》3.10)。霍布斯对偶然命题的定义并不十分成功,因为许多非必然命题却总是真命题。例如,"约翰·F. 肯尼迪1962年1月1日是美国总统"就总是一个真命题,虽然并非必然命题,因为谓语并非"约翰·F. 肯尼迪"意义的一部分。

这些足以让我们理解霍布斯的语言哲学。现在我们转向他的科学哲学,其中也包括他对逻辑的看法。

哲学的价值

今天,纯粹科学与工程学、法律和其他专业知识门类相反,常常被人们看作是纯粹理论且本身没有实用价值的科学。以这种方式被设想的、得自科学的任何实用价值,都是科学的应用而非科学本身。人们也常常以同样方式来看待哲学。美国最好大学里的许多哲学家,认为像商业伦理学或医学伦理学这样的学科并不真正属于哲学的一部分,原因正是因为它们并非纯粹理论,而只是哲学的应用。

霍布斯所设想的科学和哲学却与此大相径庭,他并不迷信对真理的纯粹理论的追求。对他来说,哲学应具有实用性。

> 因为我认为,仅仅为着把疑难问题解决掉或把极端未知的道路发现出来而让自己窃自欢喜,若为此目的而把大量精力花费在哲学上,根本不值。
>
> (《论物体》1.6)

阿基米德如此精确地发现了(值,以致若已知一圆的半径可分为 10,000,000 个相等的部分,那么这圆周的九十度弧的均分数就在 15,704,225 部分和 15,714,285 部分之间。两个荷兰数学家,路德维卡斯·范·卡伦和维拉布罗德斯·寺内列厄斯,把这种计算做得更加精确(《论物体》20.1),可霍布斯对他们的成就却不很在意。

> 一切思考的目的都是为了达到某种利益。如果我们考虑一下他们的思考所带来的利益,他们所做的改良几乎不值一提,因为任何普通人,只要拿着一根细线沿着圆柱的柱面绕一周,就会又快又准确地找到一根与一个圆的周长相等的直线,从而化圆为方,这比任何几何学家把半径分为 10,000,000 个相等的部分所能做到的同样事情还要快、还要准。
>
> (《论物体》20.1)

虽然经验的程序之重要性只是到了后来才为人所发现,我们应首先留意,霍布斯认为把线沿着圆柱的柱面绕一周,这种经验的程序却产生了几何学的结果。实验的方面并不重要,重要的是以下事实,即一根线这个有形物体量出了圆的周长,以及一个伸展开来的有形物体会做成一条直线。对霍布斯来说,几何学证明就是作图,或教人如何作图。

对以上引文所应注意的第二件事情就是:霍布斯认为哲学应当让人类的生存更舒适。这意味着哲学应当找到测量物体及其运动的办法,找到搬运重物体和建造房屋的办法,找到航海和绘制全球地图的办法(《论物体》1.7)。更为重要的是,哲学,尤其道德哲学和政治哲学,因其能够阻止人类自己造成的灾难,特别是内战,应该受到珍爱(《论物体》1.7)。霍布斯说"知识是为了有力量"(《论物体》1.6),①而这种力量能够用来防止最坏的事情发生在人类身上。

和笛卡尔一样,霍布斯说一切人在智力上大体平等。欧洲、亚洲大部分以及非洲部分地区的发达文明,与其他地区的未开化相比,区别就在哲学上,哲学即发现真理的正确方法。许多学者认为霍布斯和笛卡尔在拿"智力平等"开玩笑,如果真是这样,那么,他们对正确方法所带来的好处的强调就会失去其说服力。假如他们以为正确的方法建立在伟大智力的基础之上,那么,对我来说,好像他们这么说也没错。②

哲学的范围和定义

对霍布斯来说,正如对 17 世纪其他知识分子一样,哲学等同于科学。物理学家牛顿就是一个"自然哲学"教授。哲学研究"每一个这样的物体:对其思考之后,人们可以想象它的产生过程,也可以拿它与其他东西做比较"(《论物体》1.8;也可参见《论物体》6.13)。因此,哲学研究的是关乎其本身产生过程的东西,或至少具有人能够认识的特性的东西。因此,霍布斯才说神学并非哲学

---

① 弗朗西斯·培根说过"知识就是力量"。霍布斯曾做过培根的秘书,他们二人到底谁先持有这种观点不得而知。

② 这句话的第一个"他们",指霍布斯和笛卡尔,第二个"他们"指以为霍布斯和笛卡尔在开玩笑的"许多学者"。——译者注

的一部分（《论物体》1.8）。霍布斯断言,上帝不是科学的研究对象,因其本性难为人知,所以也难以描述。① 但是有鉴于霍布斯还说过其他的话,因此这种立场并没有真正被他接受。例如,科学并没给人以普通事物之本性的知识:"自然科学的原理……未能向我们传授有关我们本性的知识,也未能传授有关最微小生物的本性的知识。"（《利维坦》31.33）再者,根据霍布斯的说法,既然每一原因都是运动因,而当上帝创造世界时,他便运动起来,因此上帝应当是科学的研究对象;上帝对人是隐而不见的,这是事实,可是,即使这一事实也不应当把上帝排除在科学的研究范围以外,这既是因为物理学思考的正是不可见的原因（《论物体》6.6）,也是因为霍布斯允许人们从结果推知原因。实际上,霍布斯正是从可见世界里可观察到的结果而推知上帝的存在的,这便是用运动来证明上帝的存在。

我的猜测是,霍布斯知道通过科学推理证明不了上帝的存在,他是如此急于压制对上帝本性的思辨,因此他才把上帝在科学中的作用说得那么微薄（加尔文1559:I.10.2）。人对上帝的信仰应由《圣经》和主权者提供。

在《利维坦》中,霍布斯把科学分为两个主要部分。第一部分是自然哲学,包括"从自然物体之性质推理而得到的知识"（《利维坦》9,哲学分类表）;第二部分是政治学或公民哲学,包括"从政治体之性质推理而得到的知识"（《利维坦》9,哲学分类表）。《利维坦》中的哲学分类,与霍布斯在《论物体》、《论人》和《论公民》中想要实现的哲学三重计划不相符合。《利维坦》中的划分法在这两种科学分类方法中更有意义,国家以外的人无非是有形物体而已,因此《论人》中的材料无需单列一部来处理。

如果我们仔细考察一下霍布斯对哲学的定义,可能有助于我

---

① 天使也不是科学的研究对象（《论物体》1.8）。

们更准确地理解他的科学观。哲学是"[a]一种知识,[b]这知识通过推理而为人所获知,[c]这是一种从原因或生发的观念到其结果或现象的推理,[d]这是一种唯有知道其结果才会发生的生发"(《论物体》1.2,6.1,25.1;《利维坦》46.1)。霍布斯实际上在《论物体》第六章以及《利维坦》第四十六章第一节又重申了他的这个定义。① 下面我会详细讨论此定义的[a]、[b]、[c]、[d]各项。

[a]根据霍布斯的看法,有两种与科学知识相反对的知识,即感觉和记忆(《利维坦》9.1),霍布斯称此知识为"绝对知识"。根据霍布斯的意见,绝对知识有两种陈述或表述,即自然科学和人文史(《利维坦》9.2),但这些陈述却还不是知识本身(《利维坦》7.3)。把有关事实的知识的陈述分为历史和人文史,霍布斯想到的显然只是有关过去的事实的陈述,亦即人类记忆中的事实的陈述。对我来说,他好像不应该遗漏有关现在的事实的陈述,比如说,"我感觉很幸福"。

有关事实的知识,无论是过去的事实还是现在的事实,都有赖于感觉经验,动物与人类都有这种知识。当同一种感觉的多重例子被人记住时,知识就成了经验。因为记忆容易出错,经验甚而对事实信息的信念也会出错(《论物体》1.2;也可参见《利维坦》2.4;《自然法与政治法原理》4.6;《论物体》25.8)。人或许会相信"这盒子是红色"表达的是事实,但盒子实际不过是白色,只是碰巧受到红光的照射而已。许多20世纪的经验主义者主张纯粹的感觉经验不会出错,认为许多霍布斯称之为经验的陈述实际并非经验陈述。例如,"这是红的",据称报道的是一个纯粹感觉经验,具有

---

① 《论物体》前六章的译文,我引自我业已出版的拉丁文版的英译本(1655a),六章之后的引文是我自己的翻译,我的译文尽可能忠实于1656年霍布斯自己的英文版。

这种感觉经验的人对这种感觉不可能犯错。霍布斯对事实命题的分类("这是一个红盒子")要宽泛得多,他的分类包括20世纪的经验主义者会在某种程度上认定是理论的概念,包括像盒子的概念之类的一些普通的概念。

在大多数语境中,绝对的东西总是优于有条件的或假设的东西,因此事实知识仿佛优于科学知识,但并非根据霍布斯解释"绝对"和"有条件"所用的办法。"绝对"和"有条件"指的是命题的语法形式,例如,"如果某物是人,那它就是有理性的"。这个陈述并没有断言人存在,它只是说,如果某物是这种情况,那么别的某物也必然是这种情况(《论物体》3.10)。在科学命题中,这个条件句的前件("如果……")与它的后件("那么……")是必然的关系,但这种必然关系并不仅仅因为条件句的形式而成其必然,也是因为前件和后件中语词的意义而成其必然。条件句"如果某物是人,那它是有理性的",是科学命题,且必然为真,因为根据定义人是有理性的。这里再举一例,"如果某物是圆,那么圆心到圆周上每一点之间的距离都相等"。这个陈述必然为真,因为"圆"的意义与"之间的距离"的意义之间是必然关系。条件句的后件不是给出了圆的定义,就是给出了从圆的定义推论而来的命题的定义(《论物体》6.16)。

虽然霍布斯声称"科学命题"基本上都是"条件命题",并且逻辑上比"绝对命题"更基本,然而他是在评论完"绝对三段论"后说这番话的,他的评论好像认为"绝对三段论"才是科学证明的基本形式(《论物体》6.13;汉森1990)。他并没有把他对绝对命题所说的话解释成"用条件命题进行推理",假如他这样解释了的话,他或许会认识到,是条件命题而非绝对命题对论证形式做出了贡献,例如肯定前件式和肯定后件式就是这样的条件命题。他本应该注意到条件命题等同于某些其他的非绝对命题,"如果 p,就 q"等于"如果非 p,就非 q","非 p 或 q"等于"(p 和非 q)不是事实"。

另一个不幸的事实是,他对三段论推理的解释非常草草,不过是对亚里士多德式逻辑的简化。他认为三段论只有三个术语,即大前提、小前提和中项,认为从两个具体的命题中推不出任何东西,认为三段论中会出现各种各样前提与前提的叠加(《论物体》4.2－12)。三段论被他这么一解释,就只有那些有效的"三段论"才成其为三段论了。他的解释既不深刻也不精致,因为他瞧不起"三段论推理的戒条"。学习逻辑的方法不过是做数学题,"那些把时间花在数学家的数学证明上的人,会很快学会真正的逻辑"(《论物体》4.13)。霍布斯这里好像不太欣赏的是,绝对三段论中几乎看不到任何一点数学思维的痕迹,因此,他亏欠读者的一点是:他没有就条件命题和数学推理对科学推理来一个直接的说明。

当霍布斯讨论科学的正确方法,讨论"证明"的本质时,他又以绝对三段论的措辞谈到了三段论:

> 任何两个定义被合并成一个三段论,都会产生一个人们以为已经得到证明的结论,人们之所以认为它是一个得到证明的结论,乃是因为它得自原理,也就是说,得自定义。而结论或合并本身就是所谓的证明。同样,如果把两个命题做成一个三段论,其中一个命题是定义,另一个命题是此前得到证明的结论,那么这三段论也可以说是证明。

(《论物体》6.16)

尽管霍布斯非常膜拜几何学缜密的推理,他设想的证明之链仍旧是三段论之链,他也没有固执地坚持使用几何学的术语"公理"。"结论"这个术语也用得非常精确(汉森1990)。既然几何学是他的科学典范,他本应该详细讨论一下几何学推理,然而,当他在《论物体》中讲到几何学部分时,只讨论了诸如点、线和图形等基本概念而已,接着他就打算去证明各种公理了,并没有谈到方法论。

霍布斯认为,科学命题因其成分命题的意义而成其为条件命题和真命题,我猜想,霍布斯打算以他的这个看法来部分地克服怀疑论对科学可能性和不容置疑的知识的挑战。表示假设的从句"如果如何如何",能让整个命题不犯事实错误,而所指的东西假如不存在,就会犯这种事实错误。主词与谓词之间的语义联系能使整个命题不犯事实错误,而事实错误指的是,前件所指的东西并不具备后件所指的特性。总而言之,条件命题能够防备两种可能性,语句所描述的东西不存在是一种可能性,这个东西并不具备人们都以为它具备的那个特性是第二种可能性。科学对霍布斯来说就是模棱两可的断言所构成的体系。

即使霍布斯的科学哲学本打算克服怀疑主义,可是它想消灭坚定的怀疑论者却是痴心妄想,因为后者或许会问:那个正在表达条件命题后件的人,如何能够确知他对他表达前件时引入的术语意义的记忆没有错误?既然霍布斯是在假定记忆的可靠性,那么,科学知识与想象的事实知识一样,都不可能绝对不犯错误。再者,即使笛卡尔只是一个方法上的怀疑论者,还不是实践的怀疑论者,我想他也不会满意霍布斯的科学基础,这至少有两个原因。第一,霍布斯的科学基础没有存在根基。笛卡尔"我思"最重要的方面之一是以下事实,即"我思"的推理始于确实存在的东西。正统的学术体制以自明的概念真理开始其推理,这种推理并不向人保证任何存在的东西,例如,"一切东西都与自身同一"和"每个物体要么有特别的特性,要么没有",这都属于概念真理。笛卡尔却与此南辕北辙,他的推理始于真实世界中存在的东西。第二,笛卡尔认为根本的真理都需要一个标准来对此真理进行检验("我思"也许应当除外,因为它是不证自明的真理),对他来说,这标准就是"清晰"和"判然"。霍布斯却坚决拒绝笛卡尔式科学的这两个方面,他坚持古典的看法,认为科学是一整套一般真理或抽象真理的集合,不是个别真理或客观对象的集合。并且霍布斯也知道,如果一个人试图用标准来克服怀疑主义,那怀疑论者就不仅总是会怀疑标准的合适与否,还总是会怀疑标准应用的正确与否。在他对笛卡尔《沉思录》的"驳难"中,霍布斯提供了足够的证据,证明他跟笛卡尔不一样,心中并没有充满怀疑主义的疑问。

[b]现在让我们来考虑霍布斯哲学定义的第二个因素,即"通过推理而为人所获知"。正如事实知识来自感觉一样,而科学知识则来自推理,它是"关于断言间推理的知识"(《利维坦》9.1)。

这个特征本身就足以使科学从事实知识中分别出来,因为后者并不依赖推理。根据霍布斯的看法,推理就是计算,而计算就是进行加减运算:

> 计算就是把同时加在一起的、许多东西的总和集合起来,或确知从某东西处拿走一样东西后所剩余的数量。推理因此与加法或减法没什么两样。

(《论物体》1.2)

在《利维坦》中,他也说了同样的意思:

> 当一个人进行推理时,他所做的不过是在心中将各部分相加求得一个总和,或是在心中将一个数目减去另一个数目求得一个余数。这种过程(如果是用语词进行的),他便是在心中把各部分的名称序列连成一个整体的名称,或从整体及一个部分的名称求得另一个部分的名称。

(《利维坦》5.1)

霍布斯对计算的说明很不正式。假设某人在很远处观察到一个模糊的东西。观察者除了用"物体"来形容这个东西以外别无他词。那一定是一个物体,因为根据霍布斯的说法,物体是唯一能够存在的东西。如果观察者随后走近那个东西,他也许能够看到那东西好像还在移动,于是他把这叫作"有生命的东西"。再走近一些,他还听见了这个有生命物体发出的声音,还发现了智力迹象,于是他又把"有理性"这个词归之于它。他接着就可以合计或计算他的所有观念,并因此得出结论说"这东西是人"。换句话说,观察者是在计算"有理性"、"有生命"和"物体"的总和,而得到的总和是人。如果想象这同一个人又从观察者那里走开了,也就很容易说明"观念的减法"怎么进行了。等到观察不到这东西有什么理性,这一观念就可以被减去,观察者就只有"动物"的观念了;当这一动物走着走着远得看不见是动物时,观察者就只剩下"物体"的观念了。

逐渐看到(和看不到)某东西是人,即使我们承认这种描述,我们也不能简单地概括说一切推理都是相加减。这种观念的简单聚合,与命题推理有何干系?让我们把问题限定在绝对三段论的推理上。霍布斯对三段论推理做了说明,认为三段论推理全靠大前提、小前提和中项词的定义,认为不可能从特别的前提推出有效的结论,随后他便以以下的话开始新的论证:

> 从以上论述可知,三段论无非是总命题的集合,这种总命题通过人们谓之中项词的共同词把两个命题相互结合起来而得来,因此三段论是三个名称的相加,就如命题是两个名称的相加一样。

(《论物体》4.6)

实际上,我们"从以上论述"并不能得知,为什么三段论竟然成了两个命题组成的总命题的集合?"通过共同词"相加又是什么意思?看看这两个表面相似的论证:

一切人都是必死的东西。	一切人都是必死的东西。
一切必死的东西都是物体。	一切物体都是必死的东西。
———————————	———————————
一切人都是物体。	一切人都是物体。

每一论证都"通过"同样一个词组"必死的东西"而相加,然而,是什么东西使得第一栏里的三段论成为有效的论证,而使得第二栏里的论证成为无效的论证?有效的三段论推理规则不会涉及任何加减之事。这里是一套典型的规则:"至少有一个前提必须是肯定命题","若一个前提是否定命题,则结论必然为否定","若一个前提包含一个特别命题,则结论也必然为特别命题","中项词必须至少被分配一次",和"任何'被分配'在结论中的词必须被分配在前提里"。

在所有决定三段论有效性的其他方法中,其中一个方法是将加号和减号分派给某些词语和前提,因为这样的词语和前提能够规定什么样的合并才属有效(萨默斯1970),但是这些分派或规定中并没有本质上需要相加减的东西。我们用红和蓝等颜色词,或用桌椅这样的概念,或者用任何其他东西,也能确切说明分派或规定的意思。

为什么推理不仅仅是数学的加减?其中一个根本的原因是:加减只适用于数字,不适用于命题。"数字2加上2得到4",这与断言"2加2等于4"有着本质区别,即使前面的命题陈述了数字2和4的某些真理。个别数字不能断言任何事情,它们既不真也不假。相反,命题则要么为真,要么为假。就基本情况而言,句子的主语所指的东西,据称具有此句子的谓语所指的特性。若主语所指的东西具有谓语所指的特性,命题便为真(《论物体》3.7,5.2)。① 句子的主语和谓语加起来的和并不能等于2、3或任何其他数字,说它们"加"起来的和是一个句子,这种比喻用得并不恰当。关键不在于"推理并非计算",关键在于"推理显然并不总是加和减",而霍布斯并没有给出充足的理由,让他的读者也这么想,

---

① 以上所举的、决定主谓语句真假者的例子,并非霍布斯所认为的、科学语句的实例。

他给人的错觉好像是在解释计算是什么。

到目前为止,我对霍布斯的哲学观所说的话,使它本质上成了语言学上的事情。科学包含某类语句或命题,这些命题的真由这些命题中词语的意义来保证,命题的真与世界的关联无关。名称与世界的关联经由"名称命名世界中的物体"这一事实而得以实现。"人"这个字是每一个人的名称,"白"是每一个白色东西的名称,而"高"则是每一个高的东西的名称。因为语词与世界中经验的东西相关联,霍布斯因而可被称作"语言经验论者"。有人把经验语句当作科学的基础,霍布斯并非这个意义上的经验论者。霍布斯的观点属于直觉,它与当代哲学中的主流看法完全相反,根据后者的看法,语言通过语句与世界相关联,这是首要的关联方式。对于某个可观察到的事件(例如,一只兔子蹦跳着走过去),存在有基本的句式可以使语句为真(例如,"有一只兔子")。语言与世界的关联是在整个语句与事件之间,并不像更为常识性的看法所认为的那样,以为关联只发生在语词"兔子"与兔子之间。

[c]霍布斯认为有两种科学方法:一种是从句[c]所描述的方法,另一种是从句[d]所描述的方法。我们下面要详细讨论的、从句[d]所描述的方法,即分析或分解的方法,是从结果或现象开始推论,直到推出其原因的一种方法;而从句[c]描述的则是一种从原因推出结果的方法,它是一种"综合的"和"组合的"方法,因为它似乎发现或给出了综合的结果。对于"分析"和"综合"以及"分解"和"组合"等词语的意义,或霍布斯使用它们的意义如何,学术界存在一些争论(汉森1990)。文艺复兴时期的学者曾经使用过这些词语,但是不清楚霍布斯用这些词语,其意义是否与这些学者的用法一致,也不清楚这些哲学家用这些词语的意义如何。就我们的目的而言,我们最好忽略文艺复兴的看法,而只关注霍布斯自己的用词和兴趣所在。

我们应想到运动对霍布斯的重要性,我们的讨论应当从此开始。一切经由运动而产生,不用说,消亡也是如此(《论物体》25.1;杰西弗 1996:90)。① 因此,他推论说,理解世界就是理解事物如何产生。他还认为一定存在某些为数极少的事物产生的方式,这就是通过物与物相接触的方式,因而事物产生的原理少之又少,且具有生成的特征。也就是说,正确的科学原理总是会说明事物如何产生。

有一种办法可以理解霍布斯的这种说法,这就是想一想语言中构造语句的方法。假设有一套语句字母 A、B……和 Z,有两个命题连接符号,~ 和→,还有三个生成规则:

(规则 1)放入任何语句字母以构成语句。

(规则 2)如果 Φ 是语句,放入「~Φ」以构成语句。

(规则 3)如果 Φ 和 Ψ 是语句,放入「(Φ→Ψ)」以构成语句。

那么我们能够生成以下语句:

(1) A　　　　　　　　　　　　根据规则 1

(2) B　　　　　　　　　　　　根据规则 1

(3) ~A　　　　　　　　　　　根据规则 2 从 1 得来

(4) (~A → B)　　　　　　　　根据规则 3 从 3 和 2 得来

(5) ((~A → B)→B)　　　　　根据规则 3 从 4 和 2 得来

(6) (((~A → B)→B)→((~A → B)→B)

　　　　　　　　　　　　　　根据规则 3 从 5 和 5 得来

(7) (((~A → B)→B)→(((~A → B)→B)→((~A → B)→B)))

　　　　　　　　　　　　　　根据规则 3 从 5 和 6 得来。

---

① 既然某物的消亡总是另一某物的产生,我不会再用"消亡"这个词语了,我认为这很符合霍布斯自己的谈论方式。

这些生成的语句在很短时间内变得很复杂。如果我们想想我们用一套规则和生成线段如何做出随之而来的线段,并把前者当作它们生成的线段的原因,我们很容易明白,霍布斯如何会想到始于原因而终于结果、并视结果为构建性质的科学方法了。例如,根据(规则3)从(5)和(6)得来是(7)的直接原因。霍布斯当然不知道什么叫作生成规则或循环规则,我是在用当代语言学理论的一个方面来阐明霍布斯的以下观念,即原因生成的结果似乎比原因更复杂。①

连续的原因如何会使结果更加复杂?如果我们联系霍布斯的科学典范即"构图几何学",可能会看得更加明白。构图几何学家只有两种工具,即圆规和不带刻度的直尺。几何学家只有两种画线的方式:②

(1) 用直尺把已知的两点连接起来,我们会画出一条线段,并且我们还能无限延伸这根线段。

(2) 我们会用圆规画一个圆,方法是:让圆规的一只脚固定在一点(圆心)不动,把圆规的另一只脚与第一只脚伸开固定的距离,并转动这另一只脚,直到形成一个封闭的平面图(一个圆)为止。

图表5.1说明了一条平分一个已知角的直线的形成过程。先以A为圆心画一个圆,该圆与角BAC在B和C两点相交,显然AB = AC,因为它们都属同一个圆的半径。然后再以B为圆心画一个圆,半径 r = BC;再以C为圆心画一个圆,半径也是 r = BC。两个圆在两点相交,其中一个点是P。(这就是著名的二圆定

---

① 假如我们运用命题计算的演绎部分,我们或许会看出,通常被证明者(即结果)显然在结构上不同于原因。

② 霍布斯称这些规则为"公设",且否认它们属科学知识的部分(《论物体》6.13)。

理,我们在此不讨论这个问题。)最后,直线 AP 就画出来了。由于角 PAB 等于角 PAC,直线 AP 平分了角 BAC。

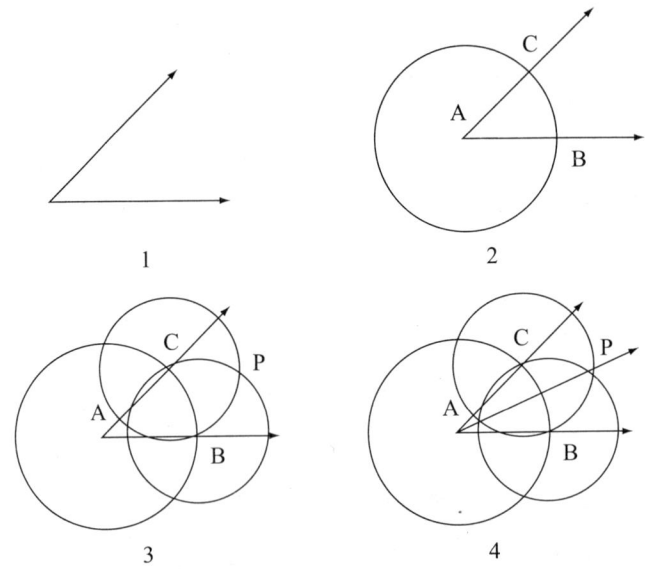

图 5.1　一条平分一个角的直线的形成过程

现在,我们需要回过头来考察一下霍布斯科学观念中的紧张或矛盾之处。一方面,他主张科学命题因其意义而必然为真,因此这样的命题根本不需要任何构建性的东西。因其意义而成真的语句有时也称其为"自明之理",而自明之理没有做任何实质性的断言,例如,"所有白马都是白的"。简单地定义一个词语,并非在证明某东西能增进知识这一点上有所进步,而且任何从定义而来的推论都同样不能增进知识。另一方面,他又主张科学言说的是事物的产生过程。如果我们想想构图几何学,我们就会明白新事物有时甚至非常复杂的事物,真的产生了。相对于构图本身,描述构图的命题就显得无足轻重了。从霍布斯自己的作品中可以很明显地看到这一点。霍布斯用许多复杂的构图到处点缀着自己的科学著作,下面就是他其中的一个构图。

第五章　语言、逻辑和科学　173

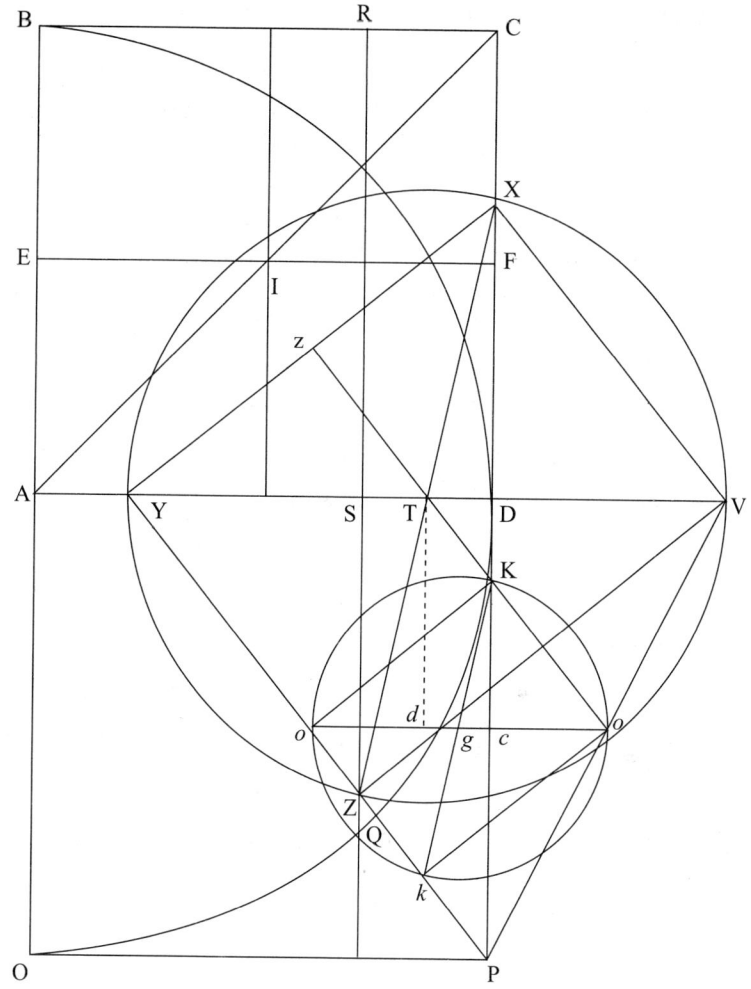

图 5.2　一个复杂的几何图形的形成过程

构图只是物理动作，本身并非命题。简而言之，霍布斯用三段论来说明科学思维的概念，这种三段论包含定义和由定义推导而来的命题。然而，他的科学推理的典范却是几何构图。

他也许该讨论一下构图与描述构图的命题之间的关系，讨论一下这些命题到底证明了什么，他应该以此来试图调和这两个一般命题的关系。但是假如他真这么做了,他就有可能会放弃三段论的科学观,因为构造几何图形的说明并不是三段论。我们一起看看圆的两个定义:(一)圆是这样一个平面图,圆的圆周上的每一个点到圆内已知圆心的距离都相等;(二)圆是这样做出的一个图形,把圆规的一只脚固定在一点,而把另一只脚分开一定的距离,然后转动这另一只脚,直到形成一个封闭的平面图为止。第一个分析的定义对于如何画这个圆没有任何说明;第二个构造性的定义却做出了说明。霍布斯的理想是致力于把他科学命题中所使用的所有概念都给出构造性的定义。他就以这种方式领先于他的时代,因为当代科学(尤其是物理学和生物学)最重要的一方面,讲的是如何构造事物,讲的是事物能构造时如何可能地把它们构造出来。但是实际上,他的定义很少是构造性的,例如,他说:"人是有理性、有生命的物体。"

他的两种科学观念之间的这种紧张或矛盾,在《论人》里间隔不长的篇幅内就显现出来了。《论人》是他有关科学性质的最后声明。他说科学研究的是"一般命题的真理"(《论人》10.4)。他把"一般命题的真理"解释成"思维序列的真理"。① 然而,他还暗示说,个别几何图形的构图若非科学命题,至少也是科学的一部分:

> 许多有关数量的定理都是可证明的,有关这种定理的科学被称作几何学。既然个别图形所具有的性质之原因属于直

---

① 我顺便说一下,"一般命题的真理"与"思维序列的真理"并不一样。即使我们把"一般命题"限定为"普遍的科学命题",也不会出现"一切思维序列的真理都是一般命题的真理"这种情况。例如,"如果菲多是狗,那么菲多就是哺乳动物",这个特称句说的是思维序列的真理,它和以下句子的意思一样:如果某东西是狗,那么某东西就是哺乳动物。霍布斯把普遍观念与语义序列的观念,即主谓之间的语义联系混合在一起了。

线,因为直线是我们自己所画;既然图形的产生有赖于我们的意志,那么,要想知道任何图形本身所固有的事实,我们只需考虑由我们自己的构图所得来的一切便足矣,我们很快就会描述这种构图。

(《论人》10.5;也可参见《论物体》25.1)

既然几何学家所画的直线都是个别的直线,那么那些描述这些直线的、个别的客观陈述或个别命题,就属于科学的一部分,这与他前一段所说的"普遍性"的话就有些矛盾了(《论人》10.4)。

我想刚才讨论的矛盾,即一般命题真理有赖于思维序列真理的想法,与容纳个别现象于学科之内的做法之间所存在的矛盾,能够以这种方式相联系:对霍布斯来说,

(A)如果某物是圆,那么该圆圆周上的每一点到该圆中心点之间的距离都相等,

就等于是说:

(B)一切圆都是这样的东西,该东西圆周上的每一点到该圆中心点之间的距离都相等。

似乎能够保证这两者为真的东西,就在(A)中的谓词表达式与(B)中显然有着相互联系的主词和谓词之间的语义联系。而且,(A)表面上与单称命题(C)之间有些相像:

(C)如果这是一个圆,那么,该圆圆周上的每一点到该圆中心点之间的距离都相等。

然而,正如谓词逻辑所表明的那样,当(A)实际上是一个普遍命题"$(\wedge x)(Cx \to Px)$"时,(C)实际上则是一个含有两个单称命题作为其组成部分的条件命题"$Ct \to Pt$"。我们很大程度上可以原谅霍布斯没有觉察到(A)和(C)之间的区别,但很奇怪的是,他竟然没有看出以下两者之间的对立,即他一方面宣称科学命题是

一般命题,一方面他又把个别现象纳入科学的范围之内。

尽管霍布斯作为命题的科学观与作为构造的科学观彼此之间处于紧张关系当中,然而有时候,他又把两者合并在一起,断言各种科学有着相对的确定性。可是,我们将会看到,他的断言纯属谬误。他坚持几何学命题是必然而又先天的命题,其原因恰恰是因为正是我们自己创造了几何图形。总而言之,他认为几何学比物理学更具确定性。然而由于霍布斯犯了一些事实错误,因此他的论证有些似是而非。有些几何图形是由人类自己创造的,尤其那些几何学家用直尺和圆规画出来的图形更是如此。可是大多数几何图形却并非由人类所创造。每一物体都有其几何图形,可是由于这些物体并非我们自己创造,因而我们不能确切知道它们具有什么样的几何图形。这些几何学物体同时也是物理学物体,霍布斯承认它们的成因不可理解。再者,他对物理学物体的看法也有错误。物理学物体中,有些是由几何学家所创造的,也就是说,当人构造出一条直线、一个圆或任何其他几何学物体时,他同时也创造出了物理学的物体。因此,人的确知道这些物理学物体的原因。

霍布斯对几何学的确定性所犯的错误,也传染到他对伦理学和政治学的看法。他认为这些科学很像几何学,因为"我们自己制定了它们的原理,亦即我们自己是正义的原因,是法律和契约的原因"(《论人》10.5)。可是,个别国家的契约、个别的法律,都是人签订或制定的。当人们知道一个国家的确切原因时,他们知道的是造成此原因的历史事件,这种知识显然属于历史而非科学。有关道德的、特殊的科学知识,亦即关于自然法的知识,并非人所发明,因为自然法是永恒的法,由理性所发现,而非人所发明。人不可能下决心使"促成战争"或"破坏契约"这样的规定成为自然法,人也没有发明政治学的主要概念和命题。例如,主权权力的性质是固定且永恒的,人或共同体的人所发明的,是让"主权权力"这个词语具有主权权力的意思这一习俗。人定义"契约"、"正义"以及其他的政治学术语,这一事实并不能证明人创造了科学,因为每门科学的术语都是由人定义的。确定性得自以定义为开始的推论,得自人对自己的物体的构建(《论物体》25.1),而不管那些定义或建构到底是否属于几何学、政治学或物理学的一部分。霍布斯认为,若人从结果开始推论,直到追寻到原因,这样不可能达到确定性。这便是从句[d]所要讨论的方法。

[d]分析的推理好像开始于一个个别的结果,并为这个结果假定一个可能的原因。霍布斯说这是研究物理学的方法,但我不明白为什么它不同样属于实践几何学的研究方法。例如,对于一个已知的图形F,人们也许会假定它是用一个圆规画成的:将圆规的一只脚固定在最终会变成圆心的一个点上,将另一只脚旋转360度。当然,也还有其他假定。我们也可以通过描摹一个圆板的周长来画圆。霍布斯似乎没有考虑到的另一个假定是:那图形根本不是圆。

但无论用什么方法,结果都是一个真实的条件命题:(1)如果这个图形F是通过固定圆规的一只脚等等而画成的,那么F就是一个圆;或者,(2)如果这个图形是通过描摹一个圆板的周长而画成的,那么F就是一个圆。①

分析法与综合法至少存在三种方式的区别。第一个区别是,科学研究过程的出发点是一个被看作是结果而非原因的事件,这是我们刚刚讨论过的区别。第二个区别是,结果是个别的事物或事件,因而说明此结果的命题是一个单称命题。这是一个与第一个区别相互纠缠着的区别,因为现实世界中的实际结果都是个别的:"如果这个图形被生成"等等诸如此类。霍布斯愿意以特殊命

---

① 第三个假定的真实条件命题是以下这个命题:(3)如果这个图形不是一个圆,那么,该图形周长上的每一点到周长内某个固定点的距离就不相等。

题来解释个别结果,这与他公开宣称科学由"一般命题的真理"所组成相矛盾(《论人》10.4)。第三个区别是,假设命题前件中给出的解释,对于解释结果实际如何形成而言,并不必定是正确的解释。命题(1)之所以必然为真,是因为圆规的移动与圆之间有着必然的联系,即使(1)的前件是伪命题也是如此。命题(2)的前件也许是对图形 F 如何生成的、真实的解释。这第三个区别不是说任何一个含有伪前件的伪条件命题都会生成一个真实命题,因为前件和后件语义上必须相互联系。

证明要求从前提必然推出结论。当霍布斯在其公民科学或政治学中总结自己的成就时,他写道:

> 到目前为止,我仅从自然原理中得出了主权权利和臣民的义务,诸如……从人们对用词的同意中得出这些原理……我们是从一切政治推理所必不可缺的语词定义中知道这些原理的。　　　　　　　　　　　　　　　　　(《利维坦》32.1)

这里的关键词是"得出",拉丁文版用的是 deducta,这是一个逻辑用语。

霍布斯认为自己所使用的方法是几何学的方法。根据一些学者的意见,这意味着霍布斯并没有得出"结论",他得出的毋宁是"定理",而且从他的前提并不能"必然推出"这些定理(汉森 1990:591)。然而,霍布斯在《论物体》中用一整章的篇幅来讨论三段论,这也是霍布斯明确讨论的唯一推理形式(《论物体》4)。我认为这样来理解霍布斯的方法,是出于一种对结论和定理的错误的割裂。每一个定理、每一个结论,都必然从前提推论得来。假如霍布斯真的区分过结论和定理,他的区分也不十分明了。知识或科学的取得,是通过开始于"真实命题"而结束于"真实结论"的推理而达到的(《自然法和政治法原理》6.3)。

有时人们还否认"证明"是亚里士多德意义上的证明,或者否认证明对霍布斯很重要。可是霍布斯在"论方法"里却说,由任何两个定义形成并产生"结论"的"三段论"就是证明(demonstratio)(《论物体》6.16;也可参见汉森1990:618)。总而言之,"由名称定义一直推出最后结论而得到的三段论就是证明"(《论物体》6.16)。

科学的统一

霍布斯所说的"科学的统一"是什么意思?这是霍布斯哲学中另一个烦人的问题。许多学者,尤其汤姆·索雷尔,认为霍布斯并没打算使他的科学的三个部分,即《论物体》、《论人》和《论公民》,成为一个相互演绎的整体。支持这种看法的、最有力的证明,是霍布斯首先发表了《论公民》,而《论公民》被看作是演绎性质的作品。因此,《论公民》不可能依赖前两部作品中的任何一部。

我认为这种看法混淆了"论说的顺序"与"演绎的顺序"。《论公民》以自然状态中人类的观念而开始其讨论,而且根据霍布斯的标准方法,以包含有"人"或"人类"的定义开始其讨论,而"人"是他的科学第二部分《论人》的主题。如果他从《论人》中得出的有关"人"的定义的结论,与他在《论公民》中对"人"的定义前后矛盾,那么他的哲学各部分之间就不是逻辑上各自为政的一盘散沙,它们之间只是前后矛盾、不相一致而已。《论人》中关于人的结论不必包含"人"的定义,因为既然《论人》中用到了"人",就必须先定义它,否则它就毫无意义了。我们反驳以上看法纯属徒然无益。再者,人是物体,因而霍布斯在《论人》中关于人所说的话,必须遵循他在《论物体》中关于物体所说的话。我没必要再提霍布斯《论物体》中对"人"的定义,在这本书中,他说"人"是"有生命、有理性的物体"。

霍布斯先发表了《论公民》,他本可以先发表《论人》,他对此所能给出的理由是,因为他的科学的每一部分都开始于定义,他能以一种与逻辑上在先的科学的定理同一的方式,来定义科学每一部分的基本术语。单就《论公民》本身来看,其中"人是有理性的、有生命的物体"是一个得到明确定义的定义。就《论公民》是《哲学原理》之一部分来看,"人是有理性的、有生命的物体"是一个定理。属定理的命题与定义之间不存在矛盾,因为这些术语已经相对化,成为科学或科学的一部分了。

霍布斯草拟出了他在《论物体》第六章第六节所设想的一整套连续的定义:

> 因此,当我们知道共相[语词]和它们的原因(这是知识的第一原理)时,我们就能对它们形成定义了,而定义无非是对我们最简单概念的解释。因为无论谁正确想象到比如"空间是什么"这样的问题,都必须知道它的定义:即空间是由物体所充满或占据的地方。无论谁想到"运动是什么"这样的问题,都必须知道运动是丧失一个空间而获得另一个空间……当我们考虑完由绝对运动所产生的那些东西以后,我们接着就要考虑一个物体的运动对另一个物体产生的那些东西……考虑完物理学以后,我们又遇到道德学,道德学思考的是心灵的运动,也就是欲望、讨厌、爱、善意、希望、恐惧、愤怒、妒忌、嫉恨等等诸如此类的情感……所有这些东西都应按照我所说的顺序来考察,这顺序在于以下事实,即我们若不懂物体极微小部分中的运动,我们就无法理解物理学;我们若不知道什么造成了另一东西中的运动,我们就无法理解这些微小部分中的运动;我们若不知道简单运动所产生的东西,我们也就无法理解什么造成了另一东西中的运动。

(《论物体》6.6)

实际上,对于为什么先发表《论公民》,霍布斯给出了一个不同的理由。他说:"心灵的运动不仅经由推理为人所知,也可经由每个人观察自身所特有的那些运动所得来的经验而为人所知。"因此,"那些没有学习哲学前一部分的人,也就是说,没有学习过几何学和物理学的人,仍然不能通过分析的方法知晓公民哲学的原理"(《论公民》6.7)。很不幸,这种解释根本不着边际。霍布斯在这里说明的是发现科学的方法有什么不同,他说这种方法可能得自定义,也可得自经验。但他的问题却是:他的哲学三部分之间有着什么样的逻辑关系?

我想,霍布斯对分析的两层含义的混淆,是造成问题的关键所在。一层含义是逻辑上的分析,进行分析就是以讨论定理开始,以发现定义告终。① 另一层含义是心理学的分析,进行分析就是以讨论经验开始,最后分离出简单观念。② 由于霍布斯著作中存在着无论是真实的还是想象的前后矛盾,因此,这个问题就像许多其他问题一样,不可能一劳永逸地得到解决。

结论

霍布斯想为伽利略和哈维所开创的新科学发展一种理论,他实际发展了两种理论。第一种是语言学理论。科学命题因其语词的意义而成为必然为真的语句;基本命题是定义,而定理则是从先前存在的命题分析推来的命题。对霍布斯来说,定义具有条件句的逻辑形式:如果某物是 X,那它是 Y。定义通过它们内含的名称 X 们与 Y 们而与现实相联系。这种理论存在的问题是:这些定义

---

① 进行综合就是以讨论定义(或简单事物)开始,而以证明定理(或构造出复杂事物)告终。

② 进行综合就是以讨论心理学上简单的东西开始,这些简单的东西可能是概念或定义,而以发现复杂的东西告终。

也被认为描述了原因如何产生了它们的结果,而且我们也不清楚到底有多少定义可以做到这一点。另一种是"假设"理论。假设理论很看重以下事实:许多科学命题,因其能很好猜测某些实际的结果如何产生,因而都是假设。科学家从结果开始推理,最终可能会提出这个结果的原因,因此而产生的科学命题必然为真,虽然并不确定,因为我们不能确定科学家提出的原因是否就是这个结果的实际原因。

就语言本身而论,霍布斯是一个唯名论者,因为他认为共相就是语词。狗与狗或树与树共同的地方分别是字词"狗"和"树"。此外,他的语言理论还具有非常传统的唯名论形式。他的逻辑同样也具有经院主义的特征,霍布斯虽然严词批判亚里士多德和追随亚里士多德的经院哲学家,然而他却采纳了他们的三段论逻辑,拿来为自己所用。这在他本人来说是一个巨大错误,因为现代科学很少使用绝对三段论来发现或证明自己的结论。

拓展阅读

Jesseph, D. (1999) *Squaring the Circle*, Chicago, Ill.: University of Chicago Press. 这是直至目前为止描述霍布斯的数学观以及他与同时代数学家如约翰·瓦利斯论争的最好的书。

Peters, R. (1976) *Hobbes* 2nd edn, Harmondsworth: Penguin. 第5章含有对霍布斯语言观清晰的描述。

Shapin, S. and S. Schaffer(1985) *Leviathan and the Air – Pump*, Princeton, N. J.: Princeton University Press. 这是对霍布斯与罗伯特·波义耳争论的最有意思且最有影响的叙述。

Watkins, J. W. N. (1973) *Hobbes's System of Ideas* 2nd edn, London: Hutchinson University Library. 这本书虽然有些过时,但却是对霍布斯科学观最好的叙述。

第六章 宗 教

文化语境和宗教信仰

尽管今天的学者一直认为霍布斯的政治哲学是其思想最重要的方面,然而,十多年来,他们也深入细致地研究了他的宗教思想,这在某种程度上是因为他们意识到霍布斯的宗教思想对其一般哲学的重要性,是因为他对宗教基本概念的分析在哲学上很有意义。① 思考以下问题很有意思,即:信仰某种东西是否合乎理性? 奇迹是否合乎决定论的宇宙? 启示能否发生? 这些概念如果没有别的作用,它们至少还能够检验我们所持有

---

① 我在这里不会讨论霍布斯对圣经阐释的深刻见解,因为它们严格说来没有什么哲学价值。参见马蒂尼奇 1992:311 – 332 和马尔科姆 2003a:383 – 431。

的、理性、决定论和知识之观念的界限。

对霍布斯宗教观最主要的解释认为霍布斯是一个无神论者。霍布斯的许多追随者把他解释成自然神论者。还有些"无神论"解释者及"自然神论"解释者,以为霍布斯在《利维坦》中对宗教起源的分析,对启示、先知、奇迹和类似概念据说带有批判性质的分析,是在试图暗中破坏宗教,尤其是基督教。其他一些"无神论"解释者及"自然神论"解释者,以为他企图将宗教进行为我所用的阐释,以便确保它能像古罗马宗教为罗马政府服务那样来为基督教政府服务。

第三种观点主张他是一个真正的无神论者,虽然是一种特别类型的无神论者。我自己的观点是这种观点的变体,我很看重霍布斯于其中工作的科学和政治环境,很看重他告诉大家他在从事的事业。到17世纪,现代科学开始初露端倪,它得出的结论与传统基督教对世界的看法水火不容。对许多人来说,要么承认现代科学而拒绝基督教,要么承认基督教而拒绝现代科学,他们似乎必须在二者之间做出抉择。霍布斯像皮埃里·伽桑狄、托马斯·怀特、罗伯特·波义耳,以及较小程度上像勒内·笛卡尔一样,通过重构传统基督教教义的概念基础,试图调和基督教与现代科学的关系。从消极方面看,这对霍布斯来说意味着放弃经院亚里士多德主义;从积极方面看,这意味着把教义限定在《圣经》的字面意义上。他还采取了其他一些措施,例如,他还强调人类知识的有限性,强调信仰与理性的区别。从这方面来看,他是一个不折不扣的新教思想家,他的神学属于加尔文主义派别。

宗教对和平与政治的有害联系,是另一个影响到霍布斯的强大的文化现象。宗教改革刚刚开始进行时,由于欧洲一国的宗教不同于邻国的宗教,或由于君主的宗教有别于大部分人民的宗教,西欧国家与英伦三岛都遭遇了政治困扰。被誉为最后一次宗教战争的"三十年战争",使得许多西欧国家疲弱不堪。1640年,一切开始分崩离析之前,霍布斯的解决方案与英国的官方学说不谋而合。君主是绝对的主权者、是宗教的领袖,这是詹姆斯一世的观点,可是当《利维坦》问世时,詹姆斯一世已经死去二十五年了。

总而言之,在所有《利维坦》所提出的、具有时限特征的计划中,我认为霍布斯的计划可总括为两个:证明基督教的《圣经》与现代科学相互融合,证明真正的基督教不会破坏政治稳定。霍布斯没能实现第一个计划,他的这个让人疑惑不解而又显而易见的失败,使得学者们认为他并没认真地打算取得成功。① 尽管第二个计划很有趣,但我不打算进一步讨论这第二个计划,因为它的哲学价值微不足道。

除了文化背景,我认为霍布斯属基督徒的理由还有他自己的行为,无论是公共的行为还是私下的行为。他表白了他对尼西亚信经②的信仰,他也同意三十九条信纲。③ 他支持或表白了自己的

---

① 我已经表明,如果我们将同样的推理应用于他的数学和政治理论,那么我们就会得出结论,说霍布斯是一个非数学家和一个无政府主义者。把一个标准用于宗教,而把另一个标准用于数学和政治学,这是犯了双重标准的错误。有些学者声称这是一些不同的情形,可是却没有说明它们为何不同于别的情形。

② 尼西亚信经(Nicene Creed)是传统基督教三大信经之一,是大公会议有关基督教信仰的一项基本议决。这个议决确定了圣父、圣子、圣神为三位一体的天主,地位平等。接受并且信奉此信经的有罗马天主教会、东正教会以及新教的主要教会,包括圣公会(即英国国教会)、浸礼会、信义宗、改革宗等。——译者注

③ 三十九条信纲(Thirty-Nine Articles)是英格兰圣公会的教义文献。在伊丽莎白一世女王统治下经过几次努力于 1563 年公布。三十九条信纲并不是信经,而是安立甘宗(即英国国教会)就一系列有争论的问题提出的看法,其目的在于维持安立甘教会和安立甘宗的联合一致。有几条措辞有些暧昧,但是一般而言,这些信纲既反对极端罗马派又反对极端再洗礼派。以基督圣餐、圣经与公会议的权威以及得救预定论等为主要内容。自 1865 年起,英国圣公会中的教牧人员按规定必须确认这些原则。——译者注

加尔文主义观点,他赞同英国国教体制和非清教的崇拜形式(马蒂尼奇 1992)。他甚至在过渡政府①宣布国教仪式为非法的时期、在他八十多岁本可以因体力不堪不能参加仪式的情况下,仍然参加英国国教会的仪式。他从英国国教会牧师那里接受圣餐,1647年他大病期间和 1679 年他临终患病期间都有牧师陪伴他,他还被安葬在英国国教会的教堂墓地。假如霍布斯期望人们知道他有些许的反基督教倾向,他本该有气量以某种直来直去的方式表明这一点,例如,可以通过写信给信任的朋友,或在其生命的最后几年几乎无所得失的情况下以自己的行动来表明这一点。或者,他的助手詹姆斯·威尔顿在撰写霍布斯最后时日的传记时,本应该告诉世人他的无神论信仰,这样,查特沃斯的卡文迪什家族也本应该断绝与他的关系,至少也应该拒绝把霍布斯安葬在教会的墓地(马蒂尼奇 1999)。

当然,霍布斯可能一直在作假,威尔顿可能一直在隐瞒,卡文迪什们可能一直冥顽不灵或厚颜无耻,这些都是逻辑上的可能性。但要想使它们成为合理的可能性,它们必须有足够的证据来支持自己,使这些证据能够压倒另一些大量的证据,后者证明霍布斯就是他的行为所表明的那种人,即霍布斯虽然顽固不化、骄傲自负而又古里古怪,但他却是正统的基督教徒(马蒂尼奇 1992)。许多学者一直以来都半信半疑,因为他们忽略了人们为这些诸如"正统"

---

① 过渡政府(Interregnum)是英国 1649~1660 年间,随着克伦威尔的军事胜利,查理一世的儿子随之流亡国外,英国在这段时期属于共和体制,这就是历史上的"过渡时期"。当时的英国统治者进行了一系列的政治实验,希望确立一个没有君主的切实可行的宪法。由于克伦威尔与议会在许多问题上意见不合,他于 1653 年解散议会,于是议会成了政府的统治工具,克伦威尔也成为护国公。1658 年克伦威尔去世,他的儿子只做了很短时间的护国公后便失败,由蒙克将军的大军邀请查理一世的儿子回国做英国国王,是为查理二世。——译者注

和"加尔文主义者"等术语规定的标准。根据16世纪后期以及17世纪英国人所使用的标准,霍布斯是教义上的正统主义者。①

尽管我对霍布斯宗教观的描述受到我的"无神论"见解的影响,那些有不同见解的人,摸透霍布斯想说的话也不会有什么困难,他们也可以按照自己的推论做出另一种不同的解释。

启示、先知和奇迹

我们将会看到,霍布斯为了实施他的调和基督教与现代科学关系的计划,采取了各种各样的策略。也许这些策略中最重要的一个是这样:先断言某事是事实,接着,再证明任何人都不可能知道这类事实的备选事件中哪些才是真正的事实。人们料想自己的知识很丰富,但实际上他们的知识比他们所料想的要少得多。霍布斯所要做的,是把基督教徒信以为知识对象的东西,转移到信仰的领域。例如,他断言历史上有真先知,而且《圣经》也确认了他们的身份,也确认了他们的工作环境(《对布拉姆霍尔主教的书〈捕捉利维坦〉的回应》326)。但是等到以色列人真正知道这些真先知的身份时,已经太迟,于事无补了。例如,以色列王想知道他是否应该攻打拉玛基列,于是他向他的四百个先知咨询。先知们都说应该打这一仗,只有一个名叫米该雅的先知最后说不该打这一仗。可是米该雅在说这话之前却撒了谎,他也劝说国王打这一仗,因为他知道国王希望听到的话是"应该打这一仗"。真是命运弄人,国王听从了占绝对多数的先知们的建议,打了这一仗,结果惨遭杀戮(《利维坦》32.7,36.19 – 20)。国王的行为合乎理性。

---

① 我理解霍布斯的宗教观所使用的标准,对理解17世纪的英国人来说是很合理的标准,因为唯有这种标准才是17世纪的英国人能够理解的标准。不混淆我对"正统"的专门用法与它的非正式用法,这点很重要。

考虑到他对先知们的信任,听从占绝对多数的先知们的建议,完全有道理。对他来说不幸的是,先知们都错了;最后认出米该雅为真先知的,不是毙命的国王,而是以色列人。我们可以说"真先知"是一个追溯性的语词,唯有当迟得不能按照先知的预言行事时,人们才知道真先知应该用在什么人头上。

对于先知,还存在其他一些问题。一个先知能欺骗另一个先知,甚至能欺骗真先知(《利维坦》32.7)。这意思是说,如果连真先知都不能分别真伪,其他人又如何能够做到这一点?再者,先知还常常撒谎,这是上帝告诉我们的(《利维坦》36.19,摘自"耶利米书"14.14)。

对于试图识别真先知的问题,有三种解决办法。一种办法是,一个人应当承认他有义务相信的先知,而一个人有义务相信的先知,指的是主权者告诉他应当相信的那些先知,因为此人已把他在这类事情上的决断权让渡给了他的主权者。第二种解决办法是运用自己的理性。理性告诉人们,他们要么应当服从他们的主权者(这又让他们回到第一个解决办法),要么应当遵从上帝所定下的标准。这把我们引向第三种解决办法,也就是,遵从《圣经》所定下的真先知的标准。第一个标准是,先知不会传授任何与现行宗教相违背的知识。① (那些对《圣经》竟然说这种话感到吃惊的人应该读读"申命记"13.1 – 5。)第二个标准是,某些奇迹能够显示先知为真先知(《利维坦》32.7)。由此表明,三种解决办法是互相交织在一起的。理性告诉我们要遵从主权者的命令,基督徒主权者告诉我们要遵从《圣经》,《圣经》又告诉我们要服从主权者,这种解决办法对非基督徒主权者统治下的基督徒们来说也许不起作用,但这不是霍布斯的问题。作为基督徒,霍布斯没想过非基督宗

---

① 注意,这有助于证明基督教不会引起政治上的动荡,这也是《利维坦》的另一个主要计划。参见马蒂尼奇 1992。

教会接管英格兰,他的公民同胞也没有如此想过,他们大多数人都期待基督快点降临。

《圣经》的标准有效吗？可靠吗？它们真的把真先知与伪先知区分开了吗？答案要看这些标准能否毫不含糊地回答以下问题——"此人是真先知吗？"根据基督教的准则,有几个原因能够使我们认定它们不能区分真先知与伪先知。首先,霍布斯根据英国国教会标准的观点,认为奇迹不会再出现了(《利维坦》32.9),因为救赎所需要的一切东西,即耶稣和《圣经》的任务大约在公元1世纪末业已完成,因此奇迹成了多余的东西。

第二,我们无从知晓奇迹是否出现过。让我们花些篇幅来考虑这个问题。霍布斯根本没有否认奇迹出现过,相反,奇迹出现过对霍布斯而言相当重要,因为基督宗教需要奇迹。(如其不然,根据霍布斯的批判性解释,他就是在证明人们不可能知道启示出现过,因为人们不知道奇迹是否出现过。)可是,即使霍布斯断言了奇迹的存在,他还是说明了人为什么不能知道奇迹是否真的出现过,而且还说明了人为什么不愿意声称曾经见过奇迹。

霍布斯对奇迹的定义是:"[a]上帝通过在他创造世界时所运用的自然方式而行出的业绩,[b]这样做是为了向选民说明[c]前来拯救他们的特殊使者的使命。"(《利维坦》37.7)[a]项涉及的是以下事实,即上帝通过某人而行了奇迹,霍布斯不希望这人因此趾高气扬。上帝是动因,不是人的工具,也不是行使奇迹的工具。[b]项涉及的是霍布斯加尔文主义的一面,为那些非选民行使奇迹毫无意义(《利维坦》37.6),这不能给他们带来任何好处。[c]项涉及以下事实,即奇迹并非毫无意义的烟火表演,也并非其他任何形式的、激动人心的表演,它们必须包含一个与拯救相关的目的。

虽然这是一个漂亮的定义,但它与霍布斯对奇迹所发表的一切看法却并不十分吻合。例如,他对诺亚的彩虹发表的看法就是如此。因为这是第一道彩虹,因而这是"令人钦羡的"业绩,也就是说,这是一个极少出现的业绩,一个人想象不出其原因的业绩(《利维坦》37.4)。由于是第一道彩虹,因而十分罕见,而诺亚并非科学家,因而根本没有办法想象彩虹的原因(这只有上帝才做得到)。这之所以是一个漂亮的例子,是因为在霍布斯撰写《利维坦》之前不久,有关彩虹的物理过程才刚刚被人发现。这是一种方式,可以借此向人们表明,一个人不用放弃现代科学也能接受奇迹。因此彩虹对诺亚是奇迹,但是对17世纪受过教育的知识分子却不是这样。① 总之,一个人对自然认识得越多,就越少东西会成为奇迹的备选对象。正如霍布斯所说,"同一桩事情在某些人看来是奇迹,在另一些人看来却不是奇迹,于是,无知和迷信的人大大地以为惊奇的事,在知道那是出乎自然的人看来却完全不感到惊奇,出乎自然之事意味着非上帝直接做出的业绩,它们只是上帝普通的工作"(《利维坦》37.5)。一个在热烈的辩论中晕倒的人,过去的人们很可能以为他神奇般地受到了上帝的打击,但是现在,我们知道那是因为他吃了太多的干酪汉堡包和法式炸土豆,从而引起心脏病发作的结果。

诺亚的彩虹这个例子,证明了上帝如何在不违反自然法的情况下行使奇迹。今天仍然有人相信,上帝通过安排强烈的自然风在适当的时候吹开红海海面的海水,使一块狭长的陆地露出海面,好让希伯来人趴在上面顺利到达安全之地,上帝就这样奇迹般地把希伯来人从以色列人中拯救出来。因此,自然法与启示宗教并不冲突。然而,这种对科学与宗教关系的调和却被掩盖了,因为后来当霍布斯定义奇迹时,他根据奇迹的普通含义,说上帝的行为不

---

① 因为第一道彩虹对诺亚来说是一个奇迹,因而它对所有基督徒也是间接意义上的奇迹,更别提对犹太人和穆斯林了。17世纪的知识分子会接受这一点。

可能是普通的自然运行的一部分,我对此的猜测是,霍布斯忘记了他用诺亚的奇迹已经取得的东西了。

无论如何,奇迹需要无知,这个条件缩小了可能发生的、奇迹事件的范围。人都不愿意承认自己的无知,因此才有如此多的人宁愿选择没看见奇迹,也不愿承认自己被困难难住了。霍布斯讲述了某些宗教阴谋来清楚说明自己的观点(《利维坦》37.12),但是我们不必去想霍布斯认为奇迹从来没有发生过。奇迹在确立旧约和新约方面已经完成了自己的目标,既然现在不需要它们了,那么让科学来颠覆它们的可能性是再好不过了。

诺亚彩虹的例子还有一种与霍布斯的定义不相符合的情况。[c]项要求奇迹必须指出一个先知,这也说明了创世虽然令人敬畏但却不属奇迹的原因。非常奇怪的是,霍布斯说"大洪水淹死了一切活物"也不属于奇迹(《利维坦》37.6)。可是如果大洪水算不上奇迹,为什么诺亚的彩虹就算得上奇迹呢?诺亚的彩虹也没指明任何先知呀!霍布斯竟然在三段话以内出现明显的自相矛盾,这虽然让人有些不知所措,却也不出人意料。

我们已经知道,虽然真先知和奇迹都出现过,然而即便不是不可能,也很难确知这类事情,因为等到真正确知它们时,已经迟得不能对任何人有直接的好处了。启示又如何呢?霍布斯同样断言启示也发生过,并且还解释了启示,但这种解释却没能让人们得知启示发生的时间。

启示有两种:直接启示和间接启示。当上帝不通过任何其他人的中介而直接与某人说话,就会出现直接启示。当然其他事物倒可以充当这种经验的中介。上帝一般会在梦里或异象中同人说话,这让传说中直接启示情形中的问题更加突出。几乎每个梦都无非是梦,而几乎每个异象无非是幻想或幻觉,人怎么才能区分这些普通的幻景与启示的幻景呢?根本没有办法。霍布斯指出,语句"上帝在梦中向我显现",和语句"我梦见上帝向我显现",它们的意思没什么两样。既然后一句话没有作证价值,前一句话也没有。如果有人反驳霍布斯,说上帝向他显现时他依然醒着,霍布斯或许会反问这人,是否更有可能是这种情形,即这人自以为自己醒着,其实他是在做梦? 是否他醒着而上帝向他显现(《论物体》25.9)?①

对于间接启示,情况虽有所不同,但也好不到哪里去。间接启示就是这些情形,在这些情形中,上帝对某人说话,这人把这话报告给别人,别人再把这话报告给另一个别人,如此类推。任何人从他人处收到有关上帝启示的报告,他收到的都是间接启示。犹太人、基督徒和穆斯林都是经由书本收到间接启示的接受者,他们都假定这书本是对上帝福音的真实记录。当然,也存在虚假间接启示的情形。虚假间接启示的情形是这样,这些情形中所传递的福音不是始自上帝,而是始自某一个人。处于链条开端的人无论是不明是非,还是骗人上当,都无关紧要。人怎能区分真假间接启示的情形呢? 他是没有办法的,因为真实的间接启示接受者与虚假的间接启示接受者一样,都处于同一认知情境。在每一情形中,接受者都是从他人处接收到福音,而接受者根本没有办法知道提供福音者是否在说谎,他这么做也许是出于无心。霍布斯写道:

> 因此,当我们没有得到上帝直接的启示,而认为《圣经》是上帝自己的话时,我们所相信、信任和信赖的便是教会,我们接受并默认的是教会的说法。相信先知以上帝之名对自己所说的话的人,所接受的便是先知的话,所尊敬的也是先知;

---

① 有必要提及一个反例:在《吸血鬼猎人巴菲》的第44集"赎罪"中,巴菲告诉她的守灵者吉尔斯,她前一天出现在天使的梦中。吉尔斯试图使他的表述更加准确,于是说:"你梦见了天使。"巴菲纠正说:"我出现在天使的梦里……我不知道怎么被吸进去了。"我们必须记住,吸血鬼猎人巴菲的世界的物理结构与我们截然不同。例如,我们的世界没有地狱入口。

有关他说的话是否真实的问题,相信和信赖的也是他,不论他是一个真先知还是假先知都一样……因为假定我全不相信历史学家所写的、有关亚历山大和凯撒的光荣事迹,那么亚历山大和凯撒如果有灵的话,也没有任何正当的理由感到受了冒犯;除开历史学家,其他任何人都不该有感到受到冒犯的理由。如果李维说上帝使牛做人言,那么我们在这一问题上并没有不相信上帝,而只是不相信李维。

(《利维坦》7.7)

我一直在强调,我们不可能知道真先知、奇迹和启示的实际情形,但是,正如霍布斯在以上引言中所指明的那样,我们可以信仰它们。霍布斯是第一个把信仰和知识以这种方式分开的重要哲学家,他给两者都分派了各自的领地,两者互不侵犯。①

信仰

根据利德尔和司各特所编纂的标准《希英字典》的解释,《新约》中"信仰"的希腊单词是 *Pistis*,意思是"信赖他人",信仰能给人带来"信心和安慰"。"信任、信赖或相信某人,所指的是同一回事,也就是对某人是否诚实的看法"(《利维坦》7.5)。他说:"如果我们不知道一个人说过什么话,我们就不可能相信他,所以要相信某人,我们就必须先听过他说话。"(《利维坦》43.6)他还求助于塔苏斯的圣保罗:信道来自听道(《利维坦》43.8,摘自《罗马书》10.7)。但他好像在这方面出了差错。尽管我们若没有先听过某人说话便相信他,有时的确有些轻率,但是,即使我们与这人不相识,我们仍然可以相信这样的人所说的话,并且相信这话为真,因

---

① 可是,随着现代科学的进展,科学的领地不断扩张,而信仰的领地则缩减得不留寸土了。

为大部分的历史正是由这样的信仰所构成的。这类信仰还要求我们信任这样的人,这人或这些人为我们保存了历史上的话语或文献,因而使得它们得以传承给我们,但这并非说我们因此可以不信任历史上说出这些话语的人。

下面的解释听来很有道理:即霍布斯犯这种错误的原因,是因为霍布斯的同时代人声言国民可以信任除主权者之外的任何人,不管这主权者是国家的领袖还是教会的领袖,而霍布斯想对这种声言来一个釜底抽薪,结果出了差错。让霍布斯说这种话的动机是这样:既然信仰"与其说关乎事件,还不如说关乎我们所信赖的人",既然我们"不能从上帝自己那里得到直接的启示,我们就应该相信、信任并信赖教会"(《利维坦》7.5)。正如他的同时代人所认识到的那样,这种立场得罪了许多基督徒,而且破坏了基督教的信仰基础。

霍布斯断言,"信仰是上帝的赐予,而上帝则按照他认为对自己有利的方式让各人心中产生信仰"(《利维坦》43.7),他或许以为这样便可足以确保人的信仰。虽然霍布斯不能直说,但他实际说的是,"信赖上帝,这样你的信仰就会正正当当地出自上帝"。

虽然信仰不是知识,然而有信仰也不能抛弃我们的"感觉和经验"(《利维坦》32.2),虽然由于人既不能证实也不能反驳上帝的传谕之道,因而在此意义上"它们大多超乎理性"(《利维坦》32.2),但是却没有任何上帝的传谕之道与理性相违背。如果一个信仰命题似乎与理性相违背,"毛病要不是出在我们不善于解释上,便是出在我们的错误推理上"(《利维坦》32.2)。有些信仰的真理甚至不能为许多人所理解,在这种情形之下,当服从当权者有需要时,一个人仍然有义务相信这些真理(《利维坦》32.2)。一个人应当信任的当权者就是他的主权者,因为他已将自己在这方面做决定的一切权力都让渡给了他,因为上帝实际也说过人应当这么做。奴仆呀,要服从你们的主人! 可是,要是主权者是非基督徒该怎么办？霍布斯不得不自食其果,说人应当像服从基督徒主权者那样服从穆斯林主权者。否认这一点就是提倡公民抗命,同时也违背了福音书里"己所欲,施与人"的格言。

"信仰"这个词除了"信赖某人"的意思,还含有界定某个宗教的命题的意思。对犹太教而言,这个命题就是:只有一个上帝,这上帝就是亚威;对伊斯兰教而言,这命题就是:除了阿拉神外别无他神,穆罕穆德是神的先知。对霍布斯而言,对基督教的信仰则可概括为一句话,即"耶稣即基督"。霍布斯以两种方式使用这个命题。有时他利用它的简单易行:成为基督徒并不难,基督徒不应争论教义。有时他又利用其说服力:信仰所需要的其他一切都出自这个命题。

"信仰"还有另一层意思,它是上帝神圣的赐予(《利维坦》26.40,43.7,43.9)。这层意义有各式各样的原因。上帝"按照他认为对自己有利的方式引起各人心中的"信仰(《利维坦》43.7),其中一种方式是让人听别人读《圣经》,即所谓的"信道来自听道"(《罗马书》10.17;《利维坦》29.8,43.8)。这会让人产生疑问:"我们怎么知道《圣经》的真实性?"霍布斯说问这样的问题是不对的,既然人人都相信上帝是最终作者,还问作者的身份这样的问题就没有意义了。至于上帝是《圣经》的作者这种知识,唯有通过"上帝亲自以超自然的方式对其启示过《圣经》的人"才能为人所知晓(《利维坦》33.21)。① 如果我们把以上问题的意义弱化成"为什么我们相信《圣经》是上帝的话?"那么对此的回答是:不同的人因不同的理由而相信如此(《利维坦》33.21)。有些人相信如此,是因为他们的父母或牧师是这样教育他们的;有些人相信如此,则是看到其中的道德教义或美妙诗歌的价值。根据霍布斯的看法,应当提问的合适问题是这样:《圣经》根据什么权威而成了律法?而

---

① 霍布斯在讨论直接启示和间接启示之前写到这一点。

对这个问题的回答也十分简单。那个就国家的任何事务制定法律的人,也有权使《圣经》成为律法,也就是说,每个臣民把管理自己的权利已经让渡给他的那个主权者才有权这样做。这出自我们耳熟能详的那个前提,即谁拥有对目的的权利,谁就拥有达到那个目的所必需的手段的权利。没人可以否认宗教在许多时候已对和平造成威胁,因此为了维持和平,必须对宗教进行管理。假如个别人民能够自由选择其宗教书籍,那么,由于人们会做出各式各样的选择,国家于是便没有了教会。对霍布斯而言,教会必须"与基督徒组成的国家是同一回事……因为它由统一在一个人身上的人们所组成……由统一在一个基督徒主权者身上的人们所组成"(《利维坦》33.24)。这种观点会让许多北美人和欧洲人至少感到奇怪甚或讨厌,但是霍布斯生活在国民人口由同一种族所组成的时代,正式讲来,英国至少到了1654年以后才有了犹太人,更别提穆斯林了。

我们一直在考虑启示宗教的某些强劲的概念,即启示、先知和奇迹等。我们现在要转向另一些概念,这是一些逻辑上需要在先考虑的概念,它们是:宗教、迷信和真宗教。

宗教、迷信和真宗教

霍布斯在《论公民》中对这些概念的处理与当时习惯的想法一致。他说迷信是"人脱离了正确的理性,从而对不可见者产生的恐惧"(《论公民》16.1)。无神论即毫无恐惧,人们相信这源自正确的理性。若没有上帝的特殊帮助,几乎所有人不是成为迷信者,就是成为无神论者(《论公民》16.1)。真宗教,即相信唯一神创造了宇宙的宗教,始自亚伯拉罕,上帝曾经亲自向亚伯拉罕现身。约翰·布拉姆霍尔批评霍布斯《利维坦》中的迷信观,为了回应布拉姆霍尔,霍布斯重申了自己对迷信的定义(《对布拉姆霍尔主教的书〈捕捉利维坦〉的回应》291)。

对于《利维坦》中如此奇怪的迷信描述,霍布斯没有说明他的动机,他很幸运。以下是他的话:"头脑中假想出的或根据公开认可的传说想象出的、对于不可见力量的恐惧谓之宗教;所根据的若不是公开认可的传说,便是迷信。当所想象的力量真正如我们所想象的一样时,便是真宗教。"(《利维坦》6.36)我建议把这些描述换成以下表达式。为了简洁起见,我以"x 有 G"这样的表达式来解释以上三个概念,我不用"x 是 G"这样的表达式:

"x 有一种宗教" = 定义"x 对某东西 y 有一种想象,这想象不是由 x 的头脑所引起的,就是由公开认可的传说所引起的,而且 x 相信 y 是不可见且强大无比的东西,于是 x 害怕 y"。

"x 有一种迷信" = 定义"x 对某东西 y 有一种想象,这想象是由未公开认可的传说所引起的,而且 x 相信 y 是不可见且强大无比的东西,于是 x 害怕 y"。

"x 有一种真宗教" = 定义"x 对某东西 y 有一种想象,而且 x 相信 y 是不可见且强大无比的东西,于是 x 害怕 y,x 对 y 的想象与 y 存在的方式一致"。

怎样才能把这三种命题联系起来?也许霍布斯想把那个关于"宗教"的命题用作其他两类宗教的属:即迷信(伪宗教)和真宗教(马蒂尼奇 1992:56-59)。① 从这种观点来看,霍布斯用"公开认可"的否定式来表示迷信的具体不同之处,用"头脑中假想出"的否定式来表示真宗教的具体不同之处。这样就会得出"真宗教"合理的定义,大体上就是,对不可见力量的恐惧,而且这力量真正如我们所想象的一样。

---

① 如果一类事物包含另一类事物,前者就是后者的属,后者就是前者的种。如科学是自然科学的属,反过来,自然科学则是科学的种。——译者注

但是因此而产生的迷信命题,即"未公开认可的、对不可见力量的恐惧",作为定义却有些离谱。实际上,"宗教"该不该成为其他两个概念的属并不重要,因为不管迷信是否是宗教的种,他对迷信的描述似乎有错,它还得罪了他的同时代人。

如果"对不可见力量的恐惧"仅仅因为没有得到公开认可而成为迷信,那么,霍布斯就是竭力主张基督教以及任何类型的新教都是迷信!在 17 世纪的西班牙,新教没有得到公开认可,因而是迷信;公元 1 世纪有一段时间基督教在罗马没有得到公开认可,因而也是迷信。

显然,这里正在发生不同寻常之事,但这事不可能起因于反基督教的态度。首先应想到,即使霍布斯的"迷信"没有把基督教偶尔归为异端,但霍布斯对"迷信"的解释倒有可能出了差错。"迷信"至少是"真宗教"的"天敌",也可能是"真宗教"的对立物。但霍布斯的解释却有着这样的结果,即某东西既是真宗教,又是迷信。如果这就是正在发生的事,那么,霍布斯有意反对宗教并不成问题,成问题的,是他在哲学上的无能。

虽然有可能霍布斯只是在处理"迷信"定义上有些笨拙,但对霍布斯的做法还有更好的解释。他对字词的用法或误用已经得心应手。例如,他坚持明显错误的主张,认为"专制"的意义与"君主制"没什么两样,甚至连查理一世都认为坏君主就是暴君(肯扬 1986:18)。根据霍布斯的看法,这两个词语的唯一区别只是用法的不同,不喜欢君主制的人就会用到"专制"一词。潜藏在这种区别之下的无非是感情:"人会根据自己感情的不同而给同样一个东西起不同的名称,如果他们赞同某个私人意见,他们就称之为'意见';如果他们讨厌它,他们就称之为'异端'。"(《利维坦》11.19;

也可参见42.130)①总之,"异端"是骂人的词语,"迷信"也是这样的词语。霍布斯说人们把自己崇拜的无论什么东西都称之为"宗教","别人与他们的崇拜方式不一样,或畏惧这种力量,他们就称这种崇拜为'迷信'"(《利维坦》11.26)。

　　用词上注重词的贬义的做法相当流行。认识到人们用某些词语注重的是它们的贬义,这不仅对日常生活,而且对哲学都很重要。在宗教改革时期,许多新教教徒称罗马天主教为"迷信",罗马天主教反过来又称新教为"无神论"。1950年代,美国许多共和党人称自由民主党人为"共产党";到了1960年代,许多自由民主党人和左翼分子又称共和党人为"法西斯分子"。无论这些批判分子相信这些绰号的字面意义是错还是对,这都不重要;重要的是,当一个词语的字面意义与它的骂人的用法之间出现不一致时,我们能认识到这种情况。还请那些主张"意义即用法"的哲学家们原谅我的不同意见,我们通常还是能够把词语的用法与它们的意义分别开来。因此,霍布斯把人们的注意力引向"迷信"的用法上,同时又没有界定它的字面意义,看来很有道理。

　　人们也许认为霍布斯的"宗教"定义也有问题。如果"头脑假想出的"和"接受通常讲给幼童听的传说"为宗教仅有的两个来源,那么看来便没有宗教是真宗教了。对此有两种回应。第一种回应是,霍布斯的确想让"迷信"和"真宗教"成为"宗教"的两个种,因此"宗教"的定义并不表示没有真宗教。第二种回应是,虽然"假想出来的"这个词组的通常意义是"编造出来的",霍布斯有时在宗教语境中也用到它,意思是"虚假的"或"不真实的"(《利维坦》11.26,12.6,48.12),但它的意义也可以仅仅是"做出来的","做出来的"对霍布斯来说并不坏。主权者就是由人们做出来的,

---

　　① 这同样的观点也可用于"民主制"和"无政府状态","贵族制"和"寡头制"。

人们称它为"做出来的"人(《利维坦》16.2),而没有人比霍布斯更忠于主权者了。"想象"需要做出来,其原因是因为上帝不能成为"感觉"的对象。

霍布斯在《利维坦》中对迷信的描述惹火了许多读者,于是在1658年出版的《论人》中,他没有再讨论迷信,只是恭敬地给出了"宗教"的定义:"宗教是真诚尊崇上帝的人们的外部崇拜。"(《论人》14.1)

宗教的起因

霍布斯《利维坦》第十二章"论宗教"里有一段文字,经常被用来证明霍布斯不仅是非一神论者,而且他还拐弯抹角地说明一切宗教都是迷信或伪宗教。例如,他说:"……某地凡有名称的事物,几乎没有不被当成神或鬼……男人、女人……和韭菜都被奉为神明。"(《利维坦》12.16)实际上,这种情绪在新教改革者中间非常普遍。"论旧神和新神"一文的无名作者,"指出人类天生便无宗教信仰的倾向,还指出人类创造的为数众多的神祇"(埃尔若1986:75)。但是,从霍布斯那里引来的文字脱离了语境。这段文字出现于霍布斯区分异教与真宗教的地方,他对众多神祇的评论也只适用于异教。霍布斯对他的这种区分并不十分认真,反驳这一点没什么好处,因为这只会规避问题。有鉴于第十二章的重要性,我们最好仔细读读它。

这一章一上来就讨论到人类的一个基本事实——人是唯一一种具有宗教信仰的造物。因此这必定是"其他生物身上找不到的……某种特有的品质"所造成的(《利维坦》12.1;加尔文1559:1.3.1)。"特有"的意思不是"奇特",而是指某物所特有的、与他物判然有别的东西。在《利维坦》的第十一章第二十六节,霍布斯说"对不可见事物的恐惧"是宗教的"自然种子"(《利维坦》

11.27)。他所用的概念"宗教的种子"也许受到了加尔文"种子宗教"的启发(加尔文 1559：1.4.1)。① 在下一段的开头，霍布斯讲述了宗教的三重原因，这似乎是与自然种子有关联的三件事情。第一件事情是，人对影响到自己"好运与恶运"的事件的原因非常好奇(《利维坦》12.2；加尔文 1559：47)。第二件事情是，人想知道为什么一件事会恰好不迟不早地发生(《利维坦》12.3)。第三件事情是，"由于好运恶运的原因大多都看不见"，因此当人"对事物的真实原因没有把握时，他就会根据自己想象的暗示，或根据他所信靠的权威的意见，而假想出一些原因来"(《利维坦》12.4；《论公民》15.1)。这源自以下事实：即人不像动物，能够看到遥远的未来。

头两个原因，即人对自己"好运与恶运"的关心，和想确知某事何时发生的愿望，会让人产生焦虑，担忧不知什么时候什么事情就会发生(《利维坦》12.5)。② 加尔文用"恐惧"来指示潜藏在宗教之下的感情。③ 人人都像被缚的普罗米修斯，每天等着老鹰来啄食自己的肝脏，晚上肝脏的愈合不过是为了等待第二天白天老鹰再次的啄食。

人们通常把焦虑看作无对象的恐惧，它比普通有对象的恐惧更糟糕。这意思不是说，知道狮子要吃你，比不知道什么厄运会降临己身更能抚慰人心。一般来说，未知的恶运属于未知东西的范畴：一个人坐在牙医的诊室，不知道是要补一两个牙洞还是十个牙洞，不知道是否要做根管治疗，不知道是否要拔掉两个阻生智齿。

---

① 霍布斯与加尔文所用的概念均为拉丁语。霍布斯"宗教的种子"原文为 religionis semen，加尔文的"种子宗教"原文为 semen religionis，因此，霍布斯倒文以成义地借用了加尔文的概念。——译者注

② 虽然霍布斯在第十二章第 3 段似乎讨论的是想知道过去事件的愿望，但到了本章的第 5 段他似乎又把这种愿望投射到未来的事件上去了。

③ 加尔文的"恐惧"是拉丁文 timor。——译者注

人都想知道他们必须害怕的东西,因为这让他们有机会筹谋行动计划,尽可能地来保护自己不受所害怕的东西的伤害。所以,人便通过假想"某种不可见的力量或动因"为其"好运或恶运"的原因,以此来对付他们的焦虑(《利维坦》12.6),这便是异教的开端,有些古代诗人说异教"起初是由人的恐惧所引起的"(《利维坦》12.6)。

也许有人觉得不该在异教上费神。这同样的解释也适用于犹太教和基督教,因此,可以推测,霍布斯是在暗示一切宗教都一样,一切宗教都是因莫名其妙地假想不可见原因而造成的结果,一切宗教都同样是迷信。假如霍布斯没有明确区分犹太—基督教的上帝和异教的上帝,假如加尔文没有说过同样的话,这种解释或许看上去很在理。霍布斯把异教神的起源与有着一个"永恒、无限和全能上帝"的宗教的起源进行了对比,前者的起因"源自人们想知道自然物体原因的愿望"(《利维坦》12.6)。因为霍布斯的区分受到一神论者们的普遍认可,所以我们便不该为着解释霍布斯的话而认为这话暗含讽刺或有所影射。如果对一个永恒、无限和全能上帝的信仰与信仰异教神一样虚假,那么这也意味着对真实原因的探索也不会好于任何其他探索。

一切异教都是虚假的宗教,只有一种宗教是真实的宗教,霍布斯的这种立场与加尔文的观点不谋而合。加尔文写道:"我们几乎找不到一个不为自己制造偶像或幽灵来取代上帝的人,诚然,就如水从满盈的大泉眼里翻滚而出一样,一大群神祇从人心奔流而出。"(加尔文1559;1.5.12;埃尔若1986;204-205)

加尔文深信宗教腐败严重至极,因此他才说,"也许是天意,世上已没有真实的信仰"(加尔文15591.4.1)。显然,若把他绝对的声言刻板地理解成要求反对基督教,这就不明智了,这不过是宗教改革者夸大其词的说法。霍布斯常常也这样。

霍布斯对永恒、无限和全能上帝的证明,是传统因果证明和运

动证明的珠联璧合:

> 因为一个人如果见到任何结果发生,便从这结果开始推论紧接在它前面的原因,接着再推论原因的原因,以致当他深深地卷在原因的探求中时,最后就会得出这样一个结论,认为必然有一个第一推动者存在,也就是说,有一个万物的开端和永恒因存在,这就是人们使用上帝这一名称的意义。
>
> (《利维坦》12.6)

霍布斯在前一章就已经预示了这种观点:

> 好奇心或对于原因知识的爱好,引导人们从考虑结果而去追寻原因,接着又去追寻这原因的原因,一直到最后就必然会得出一个想法:有一种原因,它的前面再没有其他原因,这就是永恒因。
>
> (《利维坦》11.25)

这两段话里仍然看不到有任何冷嘲热讽的意味,这种证明会让17世纪的知识分子感到非常完满,它的显明性也能够说明它的简洁性。唯有在上帝的存在受到人们严重怀疑的时代,有关上帝存在的证明才会拖得很长,有时甚至会拖到一本书的长度。中世纪大部分作家,尤其是坎特伯雷的安瑟姆和托马斯·阿奎那,他们对上帝的证明有时只用一段话,最多也不超过四五页纸。

我们应该竭力主张,霍布斯对运动证明的认可并没有改变以下事实,即一切宗教始自人们对不可见力量的恐惧。若有人质疑这一事实,霍布斯就会指出它的《圣经》出处:"畏惧上帝……是宗教的开端,同样地,畏惧真正的上帝,对犹太人和基督徒来说是智慧的开端。"(《对布拉姆霍尔主教的书〈捕捉利维坦〉的回应》292)霍布斯是在援引"赞美诗"的说法,"敬畏上帝是智慧的开端"。我们若要证明霍布斯的话充满冷嘲热讽或暗含讽刺,只有故意忽略部分文本才能做得到。

总之,《利维坦》第十二章第 6 段包含两部分。第一部分讨论虚假的异教,第二部分讨论真宗教。下一段即第 7 段又重复使用了这种结构。当异教徒声称不可见的力量是无形精灵时,由于无形精灵是一个矛盾概念,于是异教就形成了虚假的上帝观念。真宗教认识到无限、全能和永恒的上帝"不可思议"(《利维坦》12.7)。上帝真的不可思议,这是因为由运动证明可知他是一个不可见的原因。另一个与此相关联的原因则与人类理解力的有限性有关,因为人是有限的存在者,人不可能具有无限的观念(《利维坦》3.12)。

霍布斯说上帝不可见,这种说法没有问题。意动①和最小的物质微粒都不可见,然而却是真实存在的。盲人能够推知火的存在,虽然他看不见它;物理学家也研究不可见的运动(《自然法与政治法原理》11.2;《利维坦》11.22;《论物体》6.6)。

霍布斯相信有四种宗教的种子。② 第一种种子是人对不可见原因的性质所抱有的看法,"人对鬼的看法"(《利维坦》12.11)或"对不可见力量的性质的看法"(《利维坦》12.13)。霍布斯注意到,"凡是有名称的东西,几乎没有一个不被异教徒在某个地方当成神明或魔鬼,没有一个不被他们的诗人假想为有某种精灵赋灵、附身或缠身"(《利维坦》12.13)。这些东西包括"男人、女人、飞鸟、鳄鱼、牛犊、走狗、爬蛇、大葱、韭菜"(《利维坦》12.16;《对布拉姆霍尔主教的书〈捕捉利维坦〉的回应》292 – 293)。但还是有不

---

① Endeavor,拉丁文为 conatus,也有翻译成"微动"的,但总觉得不如翻译成"意动"更符合霍布斯的意思,因为 endeavor 还含有精神意念的成分,否则这个词就不会有大家都知道的"努力"的含义了。——译者注

② 他谈到"宗教的自然种子"还用到"种子"(seed)的单数形式(《利维坦》11.26 – 27),这好像包括四种种子(《利维坦》12.11)。我会遵从霍布斯的做法,在使用"种子"的单数还是复数方面不那么呆板。

同意见。17世纪的基督教徒认为人子耶稣是上帝,而罗马天主教徒则认为面包就是上帝。因此,基督教与异教并没有多少区别。

对这种不同意见可以给以两种回应。第一,今天有明智的一神论哲学家,他们虽然了解异教的信仰,也知道他们自己的信仰与这同一种一般描述若合符节,但他们仍然坚守信仰。原因如下:每一个女人、飞鸟、鳄鱼、牛犊、走狗和差不多每一个人,虽然曾经被人以为是神,但却不是神,这一事实并不能证明没有人可以成神。一千支射向目标的箭没有射中牛的眼睛,这一事实也不能证明没有箭可以射中牛眼。基督徒传统上都以为他们的宗教信仰射中了宗教真理的"牛眼",而所有其他的宗教信仰都射偏了。不管这些基督徒是否认为他们的信念或单纯信仰有令人信服的理由,他们对一切虚假宗教的知识并不能破坏他们的宗教信仰。这同样的话也适用于正统的犹太人和原教旨的穆斯林们。基督徒认为一切假宗教都是真宗教的倒错。我并非是在断言这些基督徒和其他一神论者的信仰都很正当有理,我是在断言异教知识与一个人对自己宗教真理的信仰并不矛盾。第二种回应是一件轶事。1961年,我的一位领养老金退休的拉丁语老师、一个虔诚的天主教牧师,不知出于什么原因,告诉我们说,在"二战"结束以前,日本人都相信他们的天皇是天神。他的话一度等于是说:"你能相信有人竟然傻得相信人是神吗?"我默默地坐在课桌旁,想到罗马天主教徒恰恰也是这样的信徒,但幸亏我阅历深厚,没有在课堂上发表我的意见。

四种宗教种子的第二种是"对第二因的无知"(《利维坦》12.11)。这就是说,有时候虽然人们对存在的各类事物抱有正确的看法,但他们还是常常搞错具有因果力量的东西。由于佛米欧为雅典人打了一次胜仗,雅典人随即认为胜利的原因是因为他叫佛米欧,于是雅典人就把佛米欧的儿子派去打第二次战斗,因为儿子具有名叫佛米欧的人的特性(参见修昔底德3.7)。宗教认为地方、旁观者或言辞也是原因。霍布斯暗指罗马天主教,其教义认为祝圣词能够将弥撒仪式中的面包化成耶稣的肉体和血液,这是在原因问题上所犯的错误(《利维坦》12.8)。异端宗教的创始人还利用宗教的第二种种子,把生成本属真正第二因事物的能力归之于他们虚假的诸神,例如,"把繁殖力归因于维纳斯,把艺术归因于阿波罗"等等(《利维坦》12.17)。

第三种宗教的种子是"对所害怕事物的敬拜"(《利维坦》12.11)。对于这种种子,霍布斯说,唯有人的这种敬拜方式,才应当只包含"他们对人表示尊敬的方式,诸如祭献、祈求、谢恩、献身、祷祝、肃敬"等等(《利维坦》12.9)。美好而又自然的拜神方式是"举行圣餐仪式"、"进行祈祷"和"对神谢恩"。糟糕的敬拜方式源自异教,他们把他们宗教的奠基人也列为神仙,因为这些愚蠢无知的人认为偶像所代表的神就住在偶像当中,他们还把人形赋予诸神,把人的诸如"感觉、语言、性爱[和]淫欲"等"官能和感情"赋予诸神(《利维坦》12.18)。

"把偶然事物当作预兆"是第四种宗教的种子(《利维坦》12.11)。人往往把过去的规律投向未来(《利维坦》12.10),"数不清的……迷信的占卜"就是例证。这些占卜出自德尔菲、提洛、阿蒙及其他著名神谕所的祭司们,还有一些占卜纯属"占星术、唤鬼术和灵雀验证术"(《利维坦》12.19)。

总体而言,霍布斯对宗教种子的描述,与其说属积极的描述,还不如说属消极的描述。其中两种种子的名称,即对鬼的看法和对原因的无知,都属贬义。但这与加尔文主义和更宽泛的改革了的人类宗教态度不谋而合。加尔文写道:"一百人里头几乎遇不到一个信仰真宗教的人。"(加尔文 1559:1.4.1)宗教之所以种类繁多,乃是因为这四种种子与"人千差万别的想象、判断和激情"相互结合,会形成"千差万别的仪式,以致一个人所用的仪式大部分都被别人认为是荒谬可笑的"(《利维坦》12.11)。既然上帝不可思议,那么人对不可见力量的判断,对这种力量到底想干什么的判断,几乎总是毫无根据。人们能够正当作的事情就是去敬拜上帝,通过表示"自己的尊敬"来敬拜那个不可见的力量。

宗教的种子本身不好也不坏。从某种种子发端而来的那类宗教,要看它如何培育这种种子,而如何培育种子,又要看开创或支持这种宗教的人的人品如何。于是霍布斯区分了良好的宗教培育和糟糕的宗教培育(《利维坦》12.12)。糟糕的外邦人的宗教或异端宗教"根据他们的发明……而受到栽培和整理"(《利维坦》12.12)。亚伯拉罕、摩西和耶稣则"根据上帝的命令和指示"建立起真宗教(《利维坦》12.12)。这两种宗教的目的都是要人们"更易于服从、守法、和平、互爱与合群"(《利维坦》12.12)。

宗教衰落的原因

霍布斯说有四种方式可使宗教受到怀疑:
(一)让宗教创始人的智慧受到怀疑;
(二)让宗教创始人的诚实受到怀疑;
(三)让宗教创始人的仁爱受到怀疑;
(四)让宗教创始人"不能显示任何神启的征象"(《利维坦》12.24)。

有人若是期望这四种方式会与宗教兴起的原因相吻合,那他会大失所望。

就(一)来讲,霍布斯说,智慧的宗教创始人大概都知道不可见力量的性质。若宗教领袖使其宗教教义矛盾百出,信徒们就会相信教义的虚假性,因此便相信宗教领袖不知道不可见力量的性质(《利维坦》12.25)。罗马天主教的经院学者们引入了"许许多多的矛盾和荒谬之处,为自己赢得了愚昧的恶名"(《利维坦》12.31)。

就(二)来讲,当信徒们有理由相信他们的领袖不十分相信宗教时,他们就会失去信仰。霍布斯举出古罗马宗教的衰落和基督教的兴起作为(二)的例证。与师徒们的生活形成鲜明的对比,异教的祭司们过着下流可耻的生活。霍布斯继续讲述这个例证,他宣称罗马天主教在英国之所以没有取得成功,部分原因是因为教士们过着下流可耻的生活(《利维坦》12.31)。这些例证也可用来说明宗教衰落的第三个原因。

就(三)来讲,如果宗教领袖利用宗教来达到他们自己的私人目的,他们就会失去人民的爱戴。霍布斯举出撒母耳的儿子们收受贿赂和枉屈公义来作为(三)的例证。他还举出另外两个当代的例证:

> 罗马天主教会宣布为得救必备之事中,有许多显然都是为了教皇的私人利益,例如,要求国王必须由主教加冕;有权裁判王子是合法婚姻所生还是非法婚姻所生;收取私人弥撒费和赎罪券费。
>
> (《利维坦》12.32)

这种滥用权力的行为还不只限于罗马天主教会,长老会也存在这种滥用现象,长老会"自以为自己最竭力主张宗教改革"(《利维坦》12.32)。霍布斯本应该提到,人民对 1640～1641 年间主教制英国国教的最大不满,就是主教们和许多牧师们都过着下流无耻的生活。他对此竟然只字未提,这着实让人有些摸不着头脑,因为英国当时已经废除主教制,他本可以借着批评主教制的名义来讨好民众。我猜想他之所以没有提起此事,乃是因为他对主教制的喜爱超过了其他形式的教会体制。

就(四)来讲,当宗教领袖试图把某个教义强加给自己的宗教而又不能行出任何奇迹时,这种宗教便会遭人怀疑。霍布斯为此举出的例证是以色列人对摩西的反叛,当时摩西试图颁布十诫为以色列人的律法("出埃及记"32:1-2)。因为摩西四十天都没能行处任何奇迹,以色列人"于是就背叛了摩西教给他们的、对真神的信仰……这说明奇迹止则信仰终"(《利维坦》12.29)。霍布斯对此的具体批评是:宗教领袖不能不行奇迹就引入宗教。然而这却是新教的标准教义,新教认为,奇迹已经随着最后一位使徒的逝世而终止,因为拯救所需要的一切教义都已经记录在《圣经》里头。加尔文写道:"奇迹……为了使新的福音布道壮伟非凡[已经]销声匿迹。"(加尔文1559:4.9.18)

霍布斯结束本章时,并没有说一切宗教的兴衰更替都源自教士,他只是说宗教的兴衰更替源自"令人讨厌的教士们"(《利维坦》12.32)。这样做时,他把他的四种原因还原成了弗朗西斯·培根在"论无神论"中所列举的四种无神论的原因之一(培根1996:372)。

上帝的本质和述说他的语言

有时候,霍布斯似乎主张,人对上帝所能知道且知道得确实不差的唯一一件事,就是他存在着。有时候,他好像又补充了两三件事,比如说,人知道上帝乃永恒、全能、无限的创世主(《利维坦》12.6)。他对他所主张的上帝存在的证明让人一目了然,他对上帝存在的证明虽然显得有些漫不经心,但却是标准的证明(《利维坦》12.6)。既然已经证明上帝是宇宙的第一原因,因此他主张上帝是创世主也不无道理。

霍布斯主张上帝全能的根据是什么,还不十分清楚。既然宇宙有限,那么有可能创世主也只需要有限的力量。也许他所谓的"全能"的意思,只不过是说上帝拥有该有的一切力量,他本应该根据以下理由来证明他的这个观点,即既然因果关系具有可递性,而上帝又是第一因,上帝便是万物的原因,①因而上帝拥有一切力量。他无疑怀着传统基督教的信仰,认为上帝是万物的原因(《关于自由、必然和偶然的问题》215,245,450)。

霍布斯所意识到的、唯一一种产生性的原因就是动力因,动力因即推动物体的原因。这说明上帝不是从虚无中创造世界,这与其他基督教哲学家的主张相反,上帝只是推动某东西来制造世界。在《利维坦》的开篇伊始,霍布斯说上帝"制造了"世界,而不是"创造了"世界(《利维坦》引言1),虽然在其他地方他也说上帝创造了世界。如果霍布斯的确只把上帝看成制造者而非创造者,他的观点就与"创世纪"开篇的话不谋而合。"起初神制造天地。② 地是空虚混沌,渊面黑暗;神的灵运行在水面上。"《新牛津注释本圣经》对这段话的评论是:"这段文本没有描述上帝从虚无中进行创造。"霍布斯对原始的物质和一个推动的上帝应该感到非常满意,因为上帝可以命令物质形成宇宙。

就上帝的无限性而言,霍布斯有着明确的立场:

> 我们想象的无论什么东西都只有有限性。因此,人对任何事物的观念或概念都不能称之为无限。任何人的心中都不可能具有无限大的意象,也不可能想象出无限的速度、无限的时间、无限的外力和无限的力量。当我们说任何事物具有无限性的时候,我们的意思只是说,我们无法设想这种事物的终极与范围,不能对这种事物形成观念,只会证明我们的无能为力。因此,称上帝之名,不是为了让我们去想象上帝,因为上帝不可思议,其伟大与力量也不可想象。
>
> (《利维坦》3.12)

---

① God causes everything,还可译作"上帝引起万物"。——译者注
② "创造"和"制造"两个概念,作者的原文分别为 create 和 make。作者这段引文中用的是 made,这与一般英文《圣经》中用 create 有别。——译者注

这段话有点误导人，因为人好像可以在脑海里形成上帝的意象，例如，上帝是一个身材魁梧、白须飘飘的老人，或者他是一团光彩照人、会说话的亮光，或者他是其他什么东西等等。但是霍布斯的意思是说，人不可能凭感觉形成上帝的意象，而且人们知道，也应该知道，伴随人们谈论上帝时的任何意象都不代表上帝。在他的《对笛卡尔〈方法谈〉的驳难》中，他写道：

> 可是当我想到天使时，出现在我脑海里的，一会儿是火焰的意象，一会儿是长着翅膀的美丽孩子的意象；我肯定这些意象与天使没有任何相像之处，因此，它们也不是人心中所具有的天使的观念。但我相信上帝有无形且非物质的人物服侍自己，我们给这个我们信仰且相信其存在的人物起名"天使"……同样地，我们的脑子里也不可能具有与神圣的上帝之名相对应的观念或意象……因此，看来我们心中不可能具有上帝的观念。

（霍布斯 1641：127）

因此，根据这段话，人不能在心中形成上帝的意象。可是，就在这同样的语境当中，他有些不太精确地继续主张，不必为思考某东西而先对它形成观念："我借以想象天使的观念由可见东西的众观念所组成。"（霍布斯 1641：127）在其他一些地方，霍布斯还主张，用词时不必想到合适的意象，是医治概念灾难的良方。这些例子说明霍布斯也有不甚精确或前后不一的时候。

霍布斯说上帝具有无限和全能的特性，人不能知道上帝的本质，他这样说似乎有些自相矛盾（《利维坦》12.6）。持这种立场并不足以让人重视以下区别，即知道上帝的一些事情和知道他的本质之间的区别。有时候霍布斯似乎很看重这种区别，例如，他说人"在心中不可能具有与上帝本质相一致的、上帝的观念"（《利维坦》11.25）。上帝的本质是上帝特有的东西，也是使上帝成为上帝的东西。人不能知道上帝的本质,如果没有别的原因,那可能是因为人对上帝没有直接的认识。霍布斯像其他基督徒一样,主张上帝不能被感知。因为万物都是物体,所以上帝也是物体;有鉴于他的这个信念,当他断言上帝不能被感知时,他并不十分在理(《对布拉姆霍尔主教的书〈捕捉利维坦〉的回应》305-306,309,313,383)。但他似乎主张上帝就是物体,一种如此难以捉摸的物体,以致不可能被人类所感知。

正如他对上帝的证明所表明的那样,我们也可经由理性得知上帝的存在。① 与此相类似,物理学也具有不可见原因的知识(《论物体》6.6)。霍布斯推导出不可见原因的存在,这看不见的原因就是细微得感觉不到的运动:每一个大的运动一定由至少两部分运动所构成,而这两部分运动本身各自一定又可分为更小的两部分运动。如此类推,一直到我们达到细微得感知不到的运动为止。

同样,一个瞎子即使看不见火,也能凭他所感觉到的热度推知火的存在。

> 就像一个天生的瞎子一样,听到人们谈论烤火取暖而自己也被领去烤火取暖时,他就很容易想象并确信,有某种东西存在,人们把它叫作火,而这也正是他所感受到的热度的原因。可他却想象不出火的样子,而且他也不能像看见火的人那样在心中形成火的观念。同样的道理,根据这个世界上可以看见的事物及其令人称美的秩序,人也可以想象它们一定有一个原因,这就是人们所谓的上帝,然而他心中却形不成上帝的观念或意象。

(《利维坦》11.25)

---

① 我们从上文得知,霍布斯喜欢的证明是运动证明与动力因证明的结合。

算是一锤定音吧,这也许是霍布斯所能得出的、最强有力的论点了:"自然科学的原理……根本不能向我们说明我们自己的本质是什么,也不能说明最微小生物的本质是什么,更不用说让我们知道上帝本质中的任何东西了。"(《利维坦》31.33)

就永恒性而言,霍布斯只需坚持上帝的永恒性,因为假定上帝不是永恒的,那么某东西就不得不成为上帝存在的原因;如果某东西是上帝存在的原因,那么这个原因就成了上帝,这与假定相矛盾。

霍布斯的立场是:上帝是第一因;霍布斯所认可的原理包括:一切被推动的东西都受到其他东西的推动,和一切原因都是运动因。霍布斯的立场与他的原理相互间似乎有着矛盾。既然上帝是世界的原因,上帝又一定运动不已,那么好像有东西必定推动着上帝。可是如果有东西推动上帝,那上帝就不是上帝了。这论证的毛病就出在从"如果上帝运动不已"到"那么有东西必定推动着上帝"的推论上。上帝不需要任何东西来推动自己运动不已,他可能压根就一直运动不已。实际上,好像让上帝成其为上帝的唯一方式就是让他运动不已,因为否则的话,别的某东西就会推动上帝了。因此,运动不已是上帝本质的一部分吗?答案是否定的。必然为真的命题只不过"告诉我们适用事物的标签",并没有告诉我们事物的本质如何(霍布斯1641:2.125)。

现在让我们从《利维坦》的第十二章转向第三十一章,霍布斯在第三十一章里讨论了述说上帝所应当使用的语言类别。霍布斯之前甚至之后的许多哲学家,都把述说上帝的语言看成是描述性的语言,这与我们说"科学语言是描述性的语言"的意思没什么两样。霍布斯不但对语言千变万化的用法非常敏感,他还认识到人们能以不同的方式使用同一个语词或句子。同一个句子既可以表示命令,也可以表示一项建议。就上帝而言,同一个语词,人们既可以描述性地使用它,也可以赞美性地使用它。他的主要观点是

说,敬拜仪式中所使用的语言的目的是为了赞美上帝,而不是为了描述上帝:

> 这样说来,人们根据自然理性的原理来辩论上帝的本质是对上帝的不敬。因为对于我们所赋予上帝的属性,我们不该考虑它们的哲学意义,而只应当考虑我们能够给予上帝最大尊崇的、虔诚的心意的意义。

(《利维坦》31.33)

述说上帝所应当使用的语言也有它们描述性的意义,但这些语言主要是用来赞美上帝的,不是用来描述他的。为赞美上帝而使用的语言既可能恰当,也可能不恰当,但若说这语言不正确,这至少会让人不知所措。我可没有说,若说"这语言不关错对"至少会让人不知所措,因为赞美上帝所说的某些话是正确的,而且也值得提及几个例证的事实。

霍布斯说,"第一,我们显然必须认为存在是他的[上帝的]属性,因为没有人愿意去崇敬自己认为根本不存在的东西"(《利维坦》31.14)。既然霍布斯已经证明上帝存在(《利维坦》12.6),那么存在就既是上帝确确实实的真实属性,也是为尊崇上帝所应当用于他的属性。这同样一点也可用于第二个属性,霍布斯认为这属性应当尊崇地归于上帝:

> 有些哲学家说世界或世界的灵魂是上帝,这是贬低了上帝……因为上帝应理解为世界的原因,如果说上帝就是世界,那就等于说世界没有原因,也就是说没有上帝。

(《利维坦》31.15)

第三个用于赞美上帝的属性也不成问题。"如果说世界不是创造的而是永恒的;而永恒的东西又没有原因,这便等于否认有上帝存在。"(《利维坦》31.16)前三个属性由于已经证明上帝存在,所以都是描述性的真实。

霍布斯所讨论的第四个属性,等于把天佑摆在了创造之上,也就是说,上帝有关怀人类之心。在 17 世纪,若有人相信上帝对人类漠不关心,就会被看成无神论者。现在霍布斯也没有证明上帝关怀人类,但上帝关怀人类既是基督徒信仰的一部分,也是述说上帝应当说的话的一部分(《利维坦》31.17)。

虽然上帝是物体,人却不应当将形状赋予上帝,因为任何有形状的东西都是有限的东西,而我们已经将无限性赋予上帝(《利维坦》31.19)。上帝下一个尊贵的属性也确确实实不假:上帝不可想象。既然人只能设想有限的东西,人就不应当说自己"能够设想上帝、想象上帝或具有上帝的观念"(《利维坦》31.20)。

既然上帝是物体,他一定是一个整体,他一定有部分,他一定在某个地方,他要么运动不已,要么静止不动。然而,霍布斯却说,这些东西没有一样可以用来称述上帝。

> 也不能说上帝在这个或那个地方,因为在某个地方的任何东西都是有一定范围和有限的东西⋯⋯说上帝被推动或静止也不行,因为这两种属性都将空间赋予了他⋯⋯这样说来,当我们认为上帝有意志时,便不应当将其理解为和人的意志一样,是一种理性的欲望,而应当将其理解为他造就万物所凭借的力量。
>
> (《利维坦》31.14 – 26)

坚决主张一切语言都必须用于描述的目的,这与其说是对霍布斯上帝观的评论,还不如说是对霍布斯语言观的批判。

结论

在调和基督教与现代科学的关系上,霍布斯成功的几率有多大？我以为他明显失败了，但这却是漂亮的失败。很少有基督教哲学家像霍布斯那样把问题考虑得如此细致，他在很大程度上探索的是未知的领域。他对启示、先知、奇迹和宗教语言等概念所形成的观点富于想象力，后来的思想家，包括基督教思想家，都已经采纳了他的这些观点。可是，我以为霍布斯之所以在很大程度上没有取得成功，乃是因为我认为他不可能成功。可是霍布斯和他的同时代人不可能认识到这一点。通常他也得不出 17 世纪后半叶的批评家们已经指出的、合理的结论。虽然霍布斯的所有同时代人确定他已经失败，可他们对得自他们自己信念的合理推论也总是视若无睹。再者，他们对宗教的积极看法、他们对宗教与科学之关系的看法，通常比霍布斯好不到哪里，甚至还比不上霍布斯。① 这也就是为什么阅读和学习霍布斯依然激动人心的原因，而阅读其批评者的人却只有出于义务感的专家学者。

从历史角度来看，霍布斯宗教描写最显著的一点是，其宗教描写是 17 世纪的一神论走向 18 世纪的自然神论、最后再走向 19 世纪无神论之路上的里程碑，这就是他的工作所具有的意义，而我认为他只是无心插柳柳成荫。

拓展阅读

Curley, E. (1996) 'Calvin or Hobbes, or, Hobbes as an Orthodox Christian', *Journal of the History of Philosophy* 34：257 – 71. 这是对马蒂尼奇（1992）霍布斯解释的最好批评，紧接着马蒂尼奇就做出回应，而科里又对其回应做出反驳。

Martinich, A. (1992) *The Two Gods of Leviathan*, Cambridge：Cambridge university Press. 这是证明霍布斯试图调和现代科学与

---

① 蠢驴只会踢到谷仓，可是盖谷仓却需要木匠。

基督教教义之关系的书,书中表明真正的基督教并不会引起政治动荡。

——(2001)'Interpretation and Hobbes's Political Philosophy', *Pacific Philosophy Quarterly* 82:309 – 31. 这篇文章说明了用于霍布斯宗教观的、解释的目标。

第七章 霍布斯在当代

近三十年以来,分布在哲学系、历史系和政治科学系的学者们,已经完成了大量一流的霍布斯研究工作。对二百五十年来霍布斯研究状况来说,这标志着一种剧变。从 17 世纪末开始一直到大约 20 世纪的最后二十五年,霍布斯的数学和自然科学很大程度上受到人们的忽视,败给了波义耳和牛顿所代表的传统。他的道德哲学和政治哲学与其说遭人批评,还不如说被所谓的霍布斯主义所歪曲。19 世纪上半叶,威廉·莫里斯沃斯又使霍布斯迅速流行起来,可是他却把霍布斯看成了功利主义者。莫里斯沃斯出版了霍布斯的英文和拉丁文著作集,从那时候起,这一直是霍布斯全集的标准版本。目前克拉雷登出版社正在出版的另一个版本很快就要取代莫里斯沃斯的版本了。①

1975 前的霍布斯研究

从 19 世纪几近尾声直到 1970 年,有少数作品值得一提,其中有些作品还有着持久的影响力,它们是:利奥·施特劳斯的《霍布斯的政治哲学:基础与起源》(1936 年,于 1952 年再版),霍华德·沃伦德的《霍布斯的政治哲学》(1957 年),迈克尔·奥克肖特的"《利维坦》导论"(1946 年),C. B. 麦克弗森的《占有性个人主义的政治理论》(1962 年),大卫·高希尔的《〈利维坦〉的逻辑》(1969 年),其他较著名的还有比德斯(1967 年)和沃特金斯(1973 年)的著作。

利奥·施特劳斯在 1936 年最初版本的《霍布斯的政治哲学:起源和基础》中主张,霍布斯是第一个现代政治哲学家,因为他毫不含糊地拒绝了"之前所有的政治哲学"(施特劳斯 1952:xv),并把自己的理论奠基在个人的自然权利之上,这与中世纪的自然法理论形成鲜明的对比。不过,施特劳斯后来又改称马基雅维利为现代政治哲学的第一人(施特劳斯 1952:xv)。虽然霍布斯使用了"自然法"的语言,但施特劳斯却认为霍布斯的概念并非传统意义上的概念。

施特劳斯关于自然权利概念起源的主张固然重要,但他对霍布斯政治哲学与其对现代科学的利用之间关系的主张却更加重要。施特劳斯认为它们之间"相互独立、毫不相干"。霍布斯的道德哲学既属现代,又属"前科学":"霍布斯政治哲学里所蕴含的那种道德态度,独立于现代科学的基础,至少在这个意义上,它属于

---

① 颇具讽刺意味的是,以霍布斯的论敌克拉雷登勋爵命名的出版社正在出版霍布斯的全集。

'前科学',但它同时又明确属于现代"(施特劳斯1952:5)。

霍布斯思想的本质是人文主义,亚里士多德对他的影响比他所能承认或意识到的要大得多。施特劳斯主张霍布斯从未离开过这种人文主义的方向。施特劳斯的这一论点非常重要,因为,除了多次贬低亚里士多德以外,霍布斯还公开承认自己采纳了几何学的方法,承认自己赞同哥白尼、哈维和伽利略的现代科学观。分析和综合的方法是几何学所使用的部分方法,霍布斯在《论物体》的第一部分中描述了这种方法。施特劳斯认为,这种方法并没有产生霍布斯政治哲学的基本命题,也就是人是自私自利的动物。这意味着,霍布斯自私自利的论点在逻辑上并不依赖他的心理学(施特劳斯1952:3)。人们也许会发表反驳意见,认为施特劳斯是在利用逻辑理由,来否认霍布斯的真实想法,即自私自利必然得自其心理学。对于观点必然造成什么的问题,霍布斯像许多聪明人一样经常受到误解。

施特劳斯有时称霍布斯为不可知论者,有时又称其为无神论者,但从没有说他是基督徒(施特劳斯1952:74)。相比之下,霍华德·沃伦德却认为霍布斯是基督徒,他给我们留下以下印象,即霍布斯的基督教信仰对他的道德哲学和政治哲学非常重要(沃伦德1957)。沃伦德的论点是对 A. E. 泰勒霍布斯阐释的扩展。霍布斯声称,一个人的行为虽然合乎正义,但他的行为却不是出自行使正义之心,这人就算不上正义之人(泰勒1965:37)。这是康德式的论点。康德的论点认为,有意做不义之事,是一种"矛盾两面都想要的、非理性的企图"(泰勒1965:38)。

根据泰勒的意见,自然法对霍布斯而言是律令、命令,不是规劝。它们禁止某些行为,不考虑一个人的动机如何(泰勒1965:40)。泰勒声称,霍布斯"一贯的义务论"逻辑上独立于他的"利己主义的道德心理学"(泰勒1965:45),霍布斯的伦理学与他的心理学"没有必然的逻辑联系"。"能够让这理论起作用"的唯一方式就是采取"一种一神论"立场(泰勒1965:37,50)。有一种反对施特劳斯的驳难,显然也可拿来反对泰勒的论点。即使让霍布斯理论起作用的唯一方式是采取一种一神论立场,霍布斯的理论也不一定必然起作用,他可能不会采取他的理论起作用所必需的前提。施特劳斯、泰勒以及其他人为证明自己有理而需要做的,是根据文本或语境的证据,来证明霍布斯的确如他们所说,以他想要论证的方式进行了论证。

J. W. N. 沃特金斯批评泰勒的论点,认为泰勒把霍布斯的公民哲学割裂成"两个互相对立而又互不联系的体系"(沃特金斯1973:58),也就是说,霍布斯一方面要叙述自然法的强制性,另一方面又要叙述遵守自然法的动机。泰勒本应该回应说,他不该为指出霍布斯理论中的确存在的分裂而受到指责。我自己则认为,这种据称的分裂,只不过反映了霍布斯自然法理论的两个部分,他对不同问题分别给出了各自的答案:"什么使得自然法具有规范的力量?"答案是:上帝的命令;"驱使人遵守自然法的动机是什么?"答案是:自我保全的愿望。

让我们回到沃伦德。沃伦德甚至比泰勒更加直率,他认为"霍布斯的自然法与霍布斯自然人的行动所根据的原则之间,存在着一个不可逾越的鸿沟"(沃伦德1957:274-275)。霍布斯有两个体系,即"动机的体系和义务的体系,动机的体系停留在自我保全的最高原则那里……义务的体系停留在遵守自然法的义务那里,人们以为这自然法就是上帝的意志"(沃伦德1957:213)。

这种所谓的义务体系的观点受到许多学者的批评。例如,沃特金斯就指出,"霍布斯对政治权力的叙述始于个人需要"(沃特金斯1973:58)。尽管这不假,这也没有证明霍布斯没有依赖某个一神论的前提,这种前提可用来证明自然法是规范的法。这也许是实情,而且我认为霍布斯的文本也证明了这是实情,为了证明构成自然法(理性的命令)内容的命题,霍布斯需要个人需要的前提,需要一神论的前提,以便坚持这些命题具有法的本质和效力。霍布斯自己也主张,同一个语词按照它的来源,既能用来表示规劝,也能用来表示命令(《自然法和政治法原理》10.1;《论公民》14.1;《利维坦》25.4)。命令出自具有权力的人,这人以此表达了他希望人们完成的事情。根据沃特金斯的意见,"有主权者的地方才会有"道德体系(沃特金斯1973:58)。沃特金斯的观点与霍布斯的以下断言相矛盾,霍布斯的断言是:主权者处理国际关系时也要服从自然法,因为在国际关系这种自然状态中,主权者相对于国际关系中的他人并不是一个主权者。

有些人主张霍布斯的自然法不过是谨慎的规则,因而不属于道德体系,这种人犯了虚假对分的谬误。① 不必非得在谨慎与道德之间做出选择,如果它们二者恰巧重合,那么世界将会更加美好,霍布斯之后的许多英国道德哲学家就认为道德与自私自利的确恰巧重合(达翰尔1995:80,194;也可参见马歇尔1985)。我认为这些英国人受到了霍布斯作品的启发,但要不是他们没有认识到这一点,就是他们因霍布斯臭名昭著而不愿承认这个事实。沃特金斯认为,任何对霍布斯自然法的一神论解释都会使人"看出重影,看错自己合法的主权者"(沃特金斯1973:66)。可是根据霍布斯的看法,这样说并不对,因为主权者是上帝在人间的代表。

在影响极大的1957版《利维坦》导言中,迈克尔·奥克肖特摒弃了以唯物主义为中心来解释霍布斯哲学的做法。相反,奥克肖特主张,"他的哲学的条理一贯……在于……一种单一的'炽热的思想',这种炽热的思想贯穿了霍布斯哲学的各个部分"(奥克肖特1957:xix)。这种炽热的思想就是霍布斯的以下信念:政治理论就是哲学,而哲学就是推理(奥克肖特1957:xx)。具体而言,这意味着哲学不是神学,不是科学,也不是感觉经验。根据奥克肖特的

---

① 沃伦德自己就犯了这种谬误(沃伦德1957:275)。

看法,由于推理就是从时间上在先的原因推出它们的结果,因此霍布斯的哲学具有机械主义的性质(奥克肖特1957:xx – xxi)。这是因为,推理既然是原因产生结果的力量,那么这种力量在霍布斯的哲学中就起着中流砥柱的作用。公民哲学"正是这种哲学观在公民社会中的应用"(奥克肖特1957:xxvii)。尽管奥克肖特的解释富于想象力,也一直影响着政治科学系的理论家们,但哲学家们却往往不重视他,因为他的观点缺乏哲学所需要的细致的分析。

1975年前霍布斯研究的另一个重要组成部分,是C. B. 麦克弗森的马克思主义的阐释。对麦克弗森而言,霍布斯观念中的人"实际上是资产阶级的人"(麦克弗森1945:170;也可参见施特劳斯1952:121)。人有一种"持久的获取物质利益的动力",这种动力主宰着"个体人的整个品格"(麦克弗森1945:173)。正是这种到处弥漫的匮乏意识以及逃避匮乏的决心,使得霍布斯式的人成了资产阶级的人(麦克弗森1945:173 – 174)。

麦克弗森的理论很大程度上受到了凯斯·托马斯一篇文章的动摇。托马斯承认霍布斯式的人是资产阶级,但这种让步之所以可能,是因为概念"资产阶级"的含义模糊不清(托马斯1965:186)。对资产阶级的人来说,财产权有着绝对性,且不依赖政府。但对霍布斯而言,财产是政府的结果,财产最终属主权者(托马斯1965:223;《利维坦》24.5 – 7)。至于自由市场这个概念,霍布斯根本就没有用到过。对霍布斯而言,强制实行的讨价还价,与未强制实行的讨价还价一样合法(托马斯1965:235 – 236)。霍布斯认为,人的重要特征不是贪婪而是自负(托马斯1965:190)。

分析哲学此时还没有认真地研究过霍布斯。大卫·高希尔1969年《〈利维坦〉的逻辑》的出版改变了这种局面。在1960年代后期,高希尔问道:"为什么写霍布斯?"这个事实表明,所谓的"霍布斯专题研究"尚未形成气候(哥德斯密1991)。高希尔说霍布斯之所以值得研究,乃是因为他的义务论既有"发人深省的正确之处,也有发人深省的错误之处"(高希尔1969:vi)。我认为大多数当代哲学家多少都有同样的感觉。

高希尔声称霍布斯的义务理论经历了从《论公民》到《利维坦》的转变,这成了书中最重要的方面。在《论公民》中,霍布斯的理论是让权理论,而在《利维坦》中霍布斯的理论是授权理论。根据高希尔的看法,"授权必须包含某种权利的转化"。霍布斯没有解释这个概念,而高希尔却竭力想通过说明它不是什么来确定这个概念:"这个[含有转化意义的授权],在霍布斯的通常意义上,显然不仅仅是弃权,也不是让权。"(高希尔1969:124)高希尔的解释很不幸,他忽略了霍布斯所认识到的、放弃权利的两种方式:弃权和让权。高希尔的"转化"概念并非霍布斯的概念,它也不能取代霍布斯的概念。

从这里开始,直到本章结束,我将只讨论1975年后的霍布斯研究。

1975后的霍布斯研究政治哲学

琼·汉普顿把高希尔的"转化"概念解释成"借出"(汉普顿1986:116),但这却无济于事。如果人 P_1 把某东西 O 借给另一人 P_2,P_2 用 O 所做的事是他自己的行为,并非 P_1 的行为。如果 P_2 从 P_1 处借得钱款,并用借来的钱款买了东西,这东西就归 P_2 所有,不归 P_1 所有。如果 P_2 从 P_1 处借到一把猎枪去打猎,并且打死一只麋鹿,麋鹿就归 P_2 所有。或者如果 P_2 从 P_1 处借到一把手枪,并用枪射死了人,P_2 要为射杀行为负法律责任,P_1 不负责任。当然,如果 P_1 借枪给人有点不计后果,他也许要负某种法律责任,但这种法律责任与"借出"概念没有逻辑关系。

汉普顿对让权和授权的区别的说明,存在一种缺陷,这种缺陷就是:她以为授权与借出是一回事。授权 x 去做 y,就是把东西借给 x 去做 y，但这却曲解了授权。如果一个人把东西 O 借给另一个人，第一个人就失去了使用 O 的权利和权力，就如银行贷款给人一样，银行不能使用它已经贷出去、用于其他目的的款项。把东西借给某人一段时间，等于这段时间该人放弃了自己对这件东西的权利。授权却根本不是这种情形。如果客户 C 授权一个地产经纪人 R 为 C 买房，R 根据这种授权行事，但买房的却是 C，不是 R，C 没有让渡 C 买房的权利。以为授权包含权利的丧失，犯这种错误的还有其他哲学家（斯金纳 2002:206）。

"授权即借出"的观点并非汉普顿书中的主要论点，她的论点不只靠这种分析。根据她的看法，霍布斯的理论并不包含有社会契约，因为社会契约是"诺言的交换，这种诺言的交换引入道德动机，而这种道德动机要不是增强各方自私自利的动机，就是取代这种动机"（汉普顿 1986:145, 147）。这种道德动机具体是什么，取决于一个人的道德理论。对休谟而言，未来不能取信于人的惩罚，就是这种道德动机；对康德而言，这种道德动机就是道德律的命令（汉普顿 1986:141）。霍布斯的理论所依赖的则是自私自利的协定，亦即每个人都以一种服务于自己自私自利的方式行事，理性的计算早已决定了这一点（汉普顿 1986:139）。托马斯·谢林在《冲突的对策》中提出了"协同问题"，后来大卫·路易斯在《习俗》中又对此做出了进一步的说明，而这样的协定也正是解决这种意义的协同问题的办法。汉普顿对路易斯的定义亦步亦趋。协同问题是"两个或多个主体的决定相互依存的情况，其中利益的重合占主导地位，而且其中存在两种或多种协同均势"（路易斯 1969:24）。协同均势指"这样的情形，其中众玩家一起行动会出现这样的结果：任何一个单独的玩家，无论是自己还是他人，若特立独行，那么就没有一个人会好过"（汉普顿 1986:138）。

人遵守自私自利的协定的动机，仅只受到遵守此协定而带给人的利益的驱动，根本不需要任何强制力或道德动机，这是自私自利的协定与契约的重要区别(汉普顿 1986:142)。面临协同问题的人,在实现目的的过程中,既无需强制力也无需道德来帮忙,这一事实使得汉普顿认为,虽然霍布斯使用了社会契约的语言,但其理论并不含社会契约。

霍布斯利用自私自利而非社会契约来构建公民政府,汉普顿的这一立场所导致的结论是:霍布斯不可能使用让权这一概念(汉普顿 1986:257)。人类即使在国家建立之后仍然出于自私自利而保留了他们的"判断和行动的能力",他们若是让渡这些权利就太不明智了(汉普顿 1986:257)。汉普顿的观点与霍布斯在《利维坦》第二十一章所说的话若合符契,也就是霍布斯所说的授权的话,"我授权他的一切行为或为之负责",并没有限制一个人宣布这些话之前他所享有的自由(《利维坦》21.14)。成为公民这个目的或目标,要求必须有所行动,只有在这个限度以内才会出现义务。对霍布斯而言不幸的是,这种要求并非恰当意义上的义务,而且他所说的授权的话,也并非成为公民所应当使用的、完善的格式。这个未来的公民还应当说,他"放弃"自己管理自己的权利(《利维坦》17.13)。汉普顿实际只证明了霍布斯的理论前后之间有着互相矛盾而已。

与汉普顿的书同年出版的,还有格雷戈里·卡夫卡的书《霍布斯式的道德和政治理论》。如书名所暗示的那样,卡夫卡利用霍布斯的实际文本和思想,想发展一种自圆其说的道德和政治理论,解释霍布斯的哲学,只不过是达到此目的的手段(卡夫卡 1986:xiv)。这意味着,只要自己的哲学目的有所需要,卡夫卡会随时离开霍布斯,他并不十分在意对霍布斯的思想的阐释是否精确。

卡夫卡用自己的理论削弱了三个霍布斯式的原则:(1)即"一切人行为的动机都出于自私自利";(2)"主权者的利益与其人民的利益会重合",和(3)"对主权权力的分割或限制不可避免地会导致国内战争"(卡夫卡 1986:xii)。卡夫卡没有捍卫(1),他捍卫的是"普遍的利己主义",大体就是,大多数人大多数时间都会根据自己的自私自利而行动(卡夫卡 1986:64-65)。卡夫卡没有坚持(2)和(3),他反而主张主权者的利益有时与其人民的利益并不重合,主张对主权权力的限制不会必然导致国内战争。利用较薄弱但更合理的原则,包括"己所欲,施与人"这个"铜"规,卡夫卡发展出了一种自由主义的政治理论(卡夫卡 1986:xii,4,347)。

高希尔、汉普顿和卡夫卡都利用"囚徒困境",来解释霍布斯所主张的、"自然状态即一切人反对一切人的战争状态"的思想。在囚徒困境中,罪犯 A 和 B 都因某种罪行而被拘捕。警察有足够的证据可以证明 A 和 B 都有罪,而且一旦定罪,每人都会被判入狱三年。可是警察怀疑他们两个的罪行要比这严重得多,于是警察在两个囚徒不能相互联络、但知道对方得到的是同样交易的情况下,与他们每个人进行以下交易。如果 A 指证 B,而 B 不指证 A,那么 A 会入狱一年,B 则入狱十年。如果 A 和 B 互相指证对方,他们每人会入狱五年。因此最初在没有搞清楚所有可能性的情况下,A 和 B 所能做的、明智的事情好像是不坦白罪行:如果两人都不坦白罪行,他们一共入狱的年头也不过六年。可是,仔细研究每一种可能性却发现,两人最好的选择还是坦白罪行,即使这意味着每人都要在监狱里待上超过三年的时间。

让我们先从 B 的视角来考察这个问题。如果 A 指证而 B 不指证,那么 B 会遭受很大的损失,因为他会被判入狱十年。因此,如果 A 指证,B 也应该指证。现在让我们假设 A 不指证,在这种情况下,如果 B 指证,他就只需入狱一年,这比他若不指证而得到的三年入狱时间要强几倍。因此,不管 A 指证还是不指证,B 若指证的话就会好处多多。A 也会从自己的角度进行同样的推理。于是,两人都决定指证对方,两人都判入狱五年。

	B	
	指证对方	不指证对方
A 指证对方	5,5	1,10
不指证对方	10,1	3,3

在囚徒困境中,A 和 B 做出的抉择只在一种场合下会影响到他们。至少也是由于这个原因,它因此并不能正确捕捉自然状态中人的情形,因为他们很可能会处在其过去行为已为对方或其他人所知晓的情形当中。即使自然状态中 A 和 B 两人再不会处在类似的情形当中,其他人也会知道他们在原初状态中的所作所为。等到下一次他们本可以从第三者的合作行为中受益时,他们的不合作行为反而会使他们处于不利境地。这种"一次发生的囚徒困境"所存在的问题,能够被所谓的"重复发生的囚徒困境"加以纠正。有学者还提出其他一些问题(马蒂尼奇 1997),其中一个击中其要害的问题,我认为首先是由艾伦·瑞恩提出的:"困扰 20 世纪人们的囚徒困境和免费搭车的诱惑问题,预先假定了一种霍布斯所不相信的动机理论。霍布斯的个体们在自然状态中所想要最大化的是力量。"(瑞恩 1988:92)而他们之所以要最大化力量而不最大化有用之物,乃是因为为了保全自己的生命他们必须这么做。

道德哲学

霍布斯思想的影响力之大,使得哲学家们把他的观点与当代论争联系在一起,有时是以一种连霍布斯都想象不到的方式相联系的。我们在这部分要讨论两种相联系的方式。第一种方式叫内在论,内在论认为,如果 x 对人 P 来说是一条道德戒律,那么 P 就有了遵从 x 的动机(达翰尔 1995:9-10)。根据斯蒂芬·达翰尔的意见,道德哲学对霍布斯而言就是善与恶的科学。

> 既然他[霍布斯]主张,英语语言的使用者们一成不变地仅用'善'、'恶'来分别指称他们欲望和嫌恶的对象,那么就不可能"从对象本身的本质中得出任何善恶的共同准则"。霍布斯主张伦理学同样也可被定义为这样一门科学,"从人类激情进行推理"是这门科学的主题(《利维坦》第6章第7段;第9章第4段)。简单说来,伦理学是这样一门学科,它会弄清楚,人从自己欲望和嫌恶的前提出发应该做什么,也就是说,从他们认定为善恶的东西出发应该做什么。
>
> (达斡尔 1995:53)

这段有关霍布斯道德哲学的话很误导人,因为它没有说清楚,实际连霍布斯自己也不十分明白"伦理学"或道德哲学是否属规范科学。在霍布斯著名的科学分类表中,他把伦理学描述成"从人类激情进行推理得来"的知识(《利维坦》9.3),它与"正义和非正义的科学"分列为两门不同的学科。它之所以被单独分列出来,也许是因为只有在国家中才会有正义和非正义。但出于两个原因这好像也不正确。首先,霍布斯认识到自然状态中各类人都签订了契约(《利维坦》14.27);第二,凡不属不义的都属正义(《利维坦》14.2),因此,自然状态中凡没有签约的人(因而也不可能违反任何自然法)都是正义之人。

当霍布斯把生活引至法律之下,道德和义务当然也不会缺席。起初,这法律就是自然法,包括"正义、感恩、谦虚、公正、仁慈"等等(《利维坦》15.40),他称这些为"道德美德",并且还说"由于研究美德与恶行的科学就是道德哲学,所以有关自然法的真正学说便是真正的道德哲学"(《利维坦》15.40)。我们在第三章已经看到,人们对"自然法"的解释提出强烈质疑,我这里只需说明一点。以下这种说法要不是错误的,就是严重误导人的:"霍布斯说,严格说来,它们[自然法]被称作法,但'却不正确'。他说,它们实际

'不过是对有助于人的自我保全和自卫的东西进行推理而得来的结论和法则而已'(《利维坦》15.41)。"(达斡尔 1995:54)

霍布斯的实际说法是这样:"这些**理性的命令**人们一向称之为法,但却是不正确的。"(《利维坦》15.41;黑体着重号为我自己所加)霍布斯显然区分了理性的命令和自然法,他并没有说自然法被不正确地称之为法。霍布斯使用的语言表达式是"人们一向称之为",这说明他没有把自己也算在说话不正确者的行列里,他也从来没有说过"自然法并非正确意义上的法",他只是说,如果我们把理性的命令看成"是以有权支配万物的上帝的话宣布的,那么我们也可正确地称它们为法"(《利维坦》15.41)。如果一个哲学家一直坚持"恰当的"定义,并且也区分了正确的定义和错误的定义,这样一个哲学家竟然会选择一个错误的词语来表达他自己哲学中的一个关键概念,这就太不可思议了。对霍布斯而言,有没有义务和规范,要看有没有法。

霍布斯从未想到过内在论问题,①这也是达斡尔对霍布斯哲学的解释所犯的错误之一,因此,达斡尔费尽心思,想在霍布斯的文本中找到霍布斯从未提问过的问题的答案。

对达斡尔而言,理性发号施令,再不可越雷池一步。他说:

---

① Internalism,指的是伦理学上的内在论。伦理学的内在论是一种关于道德动机的理论。内在论认为,就道德行为的辨明而言,某种东西之能成为行为的理由,乃是因为当事人希望得到它。只有当行为者相信,他应当做某事,这个义务才能成为他行动的理由。因此,内在论反对任何心理学上不可实现的道德理论。内在论有两种不同的形式。一种是柏拉图、康德所提出的理论,认为理性思考会产生动机,即知道某事正当,就会产生一个完成此事的动机,这也被称作"认知的或理性的内在论"。另一种是休谟所提出的理论,认为行为者的欲望会产生动机,他的理性信念只会以偶然的方式成为动机。不过,休谟相信,欲望和信念的结合会形成一种完整的动机状态(motivating state)。——译者注

只要主体已经具备目的,理性就会对行动发号施令。主体所具备的目的虽然不出自理性,但却能够提供赋予正确[理论]推理以实践"效力"所必需的背景。通过正确推理使动力从目的转向手段,这正是理性命令的任务。我们可称此为工具理性的规范观。

(达斡尔 1995:59;也可参见 60)

工具理性中没有任何规范的东西,也不会引起义务,这正是达斡尔的答案所存在的问题。对霍布斯而言,理性只是计算而已。

有一种观点认为,戒律必须能够激发行动,这是戒律成为规范或伦理戒律的必要条件。在我看来,达斡尔的错误就在于他把这种观点归给了霍布斯。我们承认霍布斯为了推导自然法的内容而使用了含有行为的动机的前提——人人都希望保全自己的生命;可是,使自然法成为规范之法的原因,则是因为它们是命令,是上帝意志的产物。达斡尔所说的看来像是实情的东西,是指霍布斯的"权利、义务、正义和侵害等概念,在《利维坦》中似乎只在它们自己的规范空间打转",这种看法我以为的确是实情(达斡尔 1995:60)。

内在论与道德心理学有着紧密的联系,因为内在论要求道德能给人一种按道德行事的动机。一切自愿的行为都出自相当于"幸福"的自私自利,正是在这层意义上,霍布斯的伦理学才是"彻头彻尾的利己主义"(戴逸 1996:33-34)。道德出自审慎:"因此,按照正统的解释,自然法的有效性与一个人推进自己好处的这种愿望或更一般的愿望相对应。"(戴逸 1996:34)在当代解释霍布斯的众多立场当中,约翰·戴逸称此立场为"正统的立场"。

"持不同意见的"人们与正统的解释南辕北辙,他们主张,对霍布斯而言,自然法把义务强加给了人们。由于戴逸既否定了正统的立场,又否定了持不同意见者的立场,他从而引发了一场重要的论争。他虽然的确承认了持不同意见者们的消极观点,即承认霍布斯的伦理学"逻辑上独立于他的道德心理学";然而他却不承认他们的两个积极观点,也就是说,既不承认自然法把义务"普遍而非仅在人类社会中"强加于人,也不承认霍布斯坚持的是一种神圣道德命令的理论(戴逸 1996:34-35)。

戴逸认为霍布斯的自然法得自推理,①而推理就是"计算,也就是将普通名词所构成的序列相加减"(戴逸 1996:39-40,摘自《利维坦》5.2)。这有着以下后果,即推理"根据自己的本性……不能决定行为的目的"(戴逸 1996:39)。因而,他就否定了正统解释认为道德出自审慎的立场。《利维坦》中霍布斯一一回应了愚人的驳难。有这样一种对霍布斯回应的解释,说愚人认为,"当理性②被用来为自私自利服务时,当这种用法为的是确定最合适的手段来实现由利己主义的欲望所设定的目的时",理性就会发出不义行事的命令。戴逸拒绝这种解释,因为"这种证明所采用的是一种策略性的或达到目的之手段的思路,根本不是推理"(戴逸 1996:41)。有可能愚人的推理出了问题,出了一个连霍布斯自己也没有明确指出的问题,这个问题就是:愚人为了论证自己所主张的不义有时并不违反理性的看法,于是他想到了审慎,亦即想到了得自经验的知识。他的推理所犯的错误,是从得自经验的知识推导至理性。有鉴于霍布斯对审慎和理性的一般看法,他本该拒斥这种推理。虽然非人的动物也具有得自经验的知识(《利维坦》3.9),他们却没有理性,也就是说,他们不具有从知道语词序列的

---

① Reason 在霍布斯那里既指"理性",又指"推理"。在下引《利维坦》第五章第二节里,reason 的意思显然是"推理",而到了霍布斯所设计的"愚人问答"那里,霍布斯的愚人所用的 reason 的意义似乎又是"理性"了。所以霍布斯的论证似乎有偷换概念之嫌。——译者注

② 霍布斯这里的 reason 显然是指"理性",霍布斯从这里开始偷换了这个概念的内涵。——译者注

意义所推得的知识。但是,既然伦理学是科学,它就不能利用审慎,它应该从命题进行推理,不管这种命题是语词的定义,还是从得自定义的命题推导而来。

金池·霍克斯特拉拒斥这种解决办法,理由是,如果这种办法不错,霍布斯回应愚人时就该强调审慎和理性的区别(霍克斯特拉1997:652)。然而,霍布斯却没必要通过反复述说来强调这种区别。回应愚人所出现的语境,是对第三条自然法的证明。而这种证明像所有其他证明一样,必须依赖理性,也就是说,这种证明必须出自定义和由定义得来的命题,审慎在这种证明中没有任何合法的作用。即使霍布斯提到了审慎,它对证明本身来说也无足轻重(海耶斯 1999;霍克斯特拉 1999)。

各条自然法从自然法的定义演绎而来,这种观点意味着理性没有在手段—目的思维中起作用吗?答案要看"手段—目的"思维的意义如何。戴逸和他的主要论敌马克·墨菲,将其意义限定在具体情况下实现具体目的的具体手段。在此意义上,手段—目的思维并没有用到理性,即没有用到霍布斯专门意义上、指语词相加减的理性。如果把"手段—目的思维"以一种自然的方式加以扩展,使它笼统地包括"实现"主体目的的"最好手段",包括那些"主体已经下决心追求的"目的,那么,理性在手段—目的思维中的确会起作用(戴逸 1996:58)。诚然,从自然法的定义来演绎各条自然法,的确涉及了手段和目的的关系(墨菲 2000:260-260;也可参见戴逸 2003:99-100)。定义涉及一个人"保全"自己生命所使用的"手段",而且这些手段也被自然法详细指明:追求和平,放弃你对一切事物的权利,遵守你订立的契约。对实现保全自己生命这个目的所需要的、这些手段的演绎,没有诉诸手段—目的推理所需要的经验命题和偶然命题,而是借助了因语词意义而促成的命题间的必然联系。

戴逸有可能会拒绝这种扩展手段—目的思维概念的企图,理由是,"手段—到—目的思维……从某个目的开始推论,即从欲望的对象开始推论,然后再从这个目的继续进行推论,直到确定那些有助于此目的实现的行为"(戴逸2003:103)。也就是说,手段—目的思维根本不涉及命题:推理过程是从欲望到行动。可是,我却不明白以这种方式来限定这个概念的理由何在。任何从欲望到行动的思维都可以表述为,从欲望的命题开始推论,经过推理的各种步骤,最终到达实现那些欲望的、行为的命题。有鉴于此,我们好像可以合法地称这后一种推理为手段—目的的推理(戴逸2003;霍克斯特拉2003。)

戴逸和墨菲还争论了一个枝节问题,即自然法的逻辑形式问题。自然法的逻辑形式是陈述语气还是祈使语气?墨菲认为它们是有条件的陈述语气,而戴逸则认为它们是祈使语气,但他又让步说霍布斯并没有直接推出祈使句。更确切地说,霍布斯推出的句子形式是"X是自然法",其中"X"的值是祈使句,例如,"'追求和平等'是自然法"。① 霍布斯的文本太过模糊或太过矛盾,因而不可能对它形成一锤定音的解释。

关于自然法的逻辑形式,还有一个不同的问题。卡夫卡声称,自然法除了主要条款还常常含有一个例外条款,②行为主体"在他人没有满足主要条款要求的情况下也可以摆脱这种要求"(卡夫卡1986:344)。例如,卡夫卡声称,霍布斯的第一条自然法是,"每一个人只要有获得和平的希望时,就应当力求和平;在不能得到和平时,他就可以寻求并利用战争的一切有利条件和助力"(《利维

---

① 我认为自然法的内容是that从句,例如,"(that)一个人放弃对一切事物的权利",认为自然法的祈使特征得自以言行事的、表示力量的语词——"上帝命令",可以作为第三种解释。这种解释说明了自然法既然是推演而来的命题,如何还会具有祈使力量。

② Escape clause,译为"例外条款",即规定签约人在特殊情况下可不受契约约束的条款。——译者注

坦》14.4）。这种看法存在两个问题。第一，正如霍布斯所宣称的那样，大部分自然法都不含有卡夫卡的解释所需要的限制条款。例如，第四条自然法是，"接受他人单纯根据恩惠施与的利益时，应努力使施惠者没有合理的原因对自己的善意感到后悔"；第五条自然法是，"每个人都应当力图使自己适应其余的人"（《利维坦》15.16－17）。当然也可以说这些自然法暗含一个不十分明显的限制条款，但是，对于大部分非康德式的法，我们都可以这么说："［除非人要救命或想阻止真实的邪恶行为，］否则不要超速。"因此卡夫卡对霍布斯自然法的形式并没有说出任何具体的东西。他的解释所存在的第二个问题是，那个据称的例外条款的功劳，应该算在霍布斯理论中其他东西的头上。自然法总是"在内心范畴中有约束力，也就是说，只要它们一出现就会对欲望起到约束作用"，但在外部范畴中，也就是说，"把它们付诸行动时"却并不总是如此（《利维坦》15.36）。这也是为什么霍布斯能够把第一条自然法解释为无条件"追求和平"的原因。①

主权者与国家

昆廷·斯金纳《政治的视界》第三卷《霍布斯与公民科学》的出版，是过去十年来霍布斯研究最重要的出版物之一。虽然本书的性质以及篇幅的局限不允许我对其思想展开全面讨论，但其中一个论题却与这里的主题十分相关。斯金纳认为，霍布斯思想中有一个学者们似乎都没有注意到的明显的问题。一方面，霍布斯说主权者或人为人本身就是国家，它通过理性和命令而制定法律；另一方面，国家又没有"能力做任何事情"（《利维坦》26.5；参见斯

---

① 布雷布鲁克书中有对自然法高度复杂的解释，但由于太复杂，这里就不做说明了（布雷布鲁克2001:114－120）。

金纳 2002:177)。这怎么可能呢?

斯金纳说(一)"国家"(斯金纳自己的用语)①是(二)"不过是没有实质内容的空话,因而不能立足"。就(二)而言,我们或许可以断言斯金纳的引文脱离了文本。霍布斯并没有说"国家"绝对是空话,他只是说"没有主权权力的国家不过是没有实质内容的空话,不能立足"(《利维坦》31.1)。限定性的介词短语十分关键,②没有主权权力的任何东西都不可能成为国家。斯金纳用"没有主权权力"来意指"没有主权者"(斯金纳 2002:201),但一个人若把主权者所拥有的权力等同于主权者本身,这就很成问题。主权者可以立法,而权力则不能立法。

就(一)而言,就如斯金纳曾经暗示过的那样,如果 state 和 commonwealth 之间存在区别,那么,语词"国家"(state)处在国家(commonwealth)与国家的政府之间就显得有些模棱两可。有很充分的文本证据,可以证明霍布斯认为国家与其政府或代表之间没什么区别。在《利维坦》第二十六章第五段中,霍布斯说:"只有主权者才是一切国家中的立法者。"也就是说,

(A)主权者 = 立法者。

他接着又说,"国家就是立法者",也就是说,

(B)国家 = 立法者。

从(A)和(B)可以推出如下结论:

(C)国家 = 立法者 = 主权者。

---

① 斯金纳用 state 指"国家",而霍布斯的"国家"用的则是 commonwealth。——译者注

② "没有主权权力"原文为介词短语 without sovereign power,是"国家"的后置定语,所以作者说"限定性的介词短语十分关键"。——译者注

也就是说,让斯金纳产生疑问的区别不过是一个没有分别的区别。

当然,事情在霍布斯那里也没那么简单。有时他似乎的确区分了主权者和国家,尤其当他想证明臣民必须服从政府命令时更是如此。例如,当他暗示国王是"国家的代表"时(《利维坦》42.130),他似乎区分开了国王(或主权者)与国家。有一段霍布斯讨论主权者和国家建立的话更能说明问题:

> 要建立一种能够让大家……生活满意的公共权力,只有一条道路:把大家所有的权力和力量授予某一个人或多人组成的集体,后者能通过多数的意见把大家的意志化为一个意志。这就等于是说,指定一个人或一个由多人组成的集体来代表他们的人格。……这就不仅是同意或一致,而是全体真正统一于同一个人格之中……
>
> (《利维坦》17.13;18.18)

在这段话中,似乎只有一个人为人,即主权者,而主权者既可以是君主,也可以是贵族团体或作为整体的臣民。既然这个主权者,这个人为人,承当着一群人的人格,并且还把"全体真正统一于同一个人格之中",看来就不需要另一个人格了。可是,当他接着这段话继续进行讨论时,好像的确又引入了另一个人为人,即国家:"像这样统一在一个人格之中的一群人就称为国家,在拉丁语中称为城邦。"(《利维坦》17.13)可是当他紧接着往下讨论时,他好像又收回了这种区别,"这就是伟大的利维坦的诞生,或毋宁说这就是有死的上帝的诞生,我们的和平和安全保卫……都归因于它"(《利维坦》17.13),因为霍布斯这里给人的印象好像是说国家就是利维坦,就是主权者。

斯金纳承认霍布斯的文本有时不是模棱两可,就是问题百出,但他强调霍布斯有时的确在主权者和国家之间做出了区分。我承认霍布斯有时的确做出过这种区分,但我必须强调,霍布斯的文本通常不是模棱两可,就是问题百出。

斯金纳认为,主权者与国家之间的区别,能够说明"明显非实在的国家人格如何还能够掌握主权权力并成为权力的中心"(斯金纳2002:199)。也许国家能够行动大概是因为主权者能够行动,但这却不是真正解决问题的办法。为什么由一小撮人或整个人口组成且被看成一个人格的主权者,比起被看作个别人的整个臣民人口,有更好的行动理由呢?毕竟,即使没有任何主权者把一群暴民的成员统一起来,这群暴民也可以借助其成员的行为的名义来行动。关键在于,既然主权者和国家都是人为的东西,那么,主权者就和国家一样,都是"明显非实在的东西"。如果我们不理解国家如何能够行动,即使知道国家是人为人,那么,告诉我们国家行动的理由乃是因为有另一个人为人——主权者,这也无济于事。

区分主权者和国家,似乎徒增了众多实体,对于解释民主政体毫无价值。在民主制中,既有个体的臣民,也有统一在国家人格中的臣民,除此以外再没有第三者,没有主权者代表不等于国家本身的。也许会有一个政府组织,一个由被选举出或被任命的官员所组成的团体,但这些官员并非主权者。我的看法是,霍布斯混合了主权者的性质与国家的性质。有时他区分它们,而有时他又不区分它们。除了以上讨论的《利维坦》第二十六章第5段,《利维坦》著名的封面插图也把主权者与国家混淆在了一起。我猜想,斯金纳想找到一种国家与国家的政府之间的分别,通过这种分别,臣民可以批评他们自己的政府的行为,同时又不会批评到他们自身,这与霍布斯的观点刚好南辕北辙。

对主权者与国家的混合或混淆,是霍布斯混淆人为人的一个具体的例子。在《利维坦》第十六章第1段,人为人就是代表其他某人或某事的人,例如,桥梁工程师、教堂牧师和未成年人监护人等都是这样。人们总认为这种看法有些奇怪,但如果我们把"工程师"、"牧师"和"监护人"等语词看作是一个自然人所充任的职责,这种看法就没有那么奇怪了。自然人不根据自己的权利行动,而是作为某种别的东西,作为另一个东西的代表而行动的。可是在后来的《利维坦》当中,他的说法又不同于此:他说人格"就是被代表的人,而且每当被代表时就是人格"(《利维坦》42.3)。也就是说,人为人并非代表,而就是被代表的东西。在1658年的《论人》中,霍布斯又申明了人为人并非某东西的代表,而是被代表的东西,例如,以上提到的工程师、牧师和监护人都是如此。斯金纳认为霍布斯最终定格在了这后一种看法上(斯金纳2002:188 – 189),但他错了。在《对布拉姆霍尔主教的书〈捕捉利维坦〉的回应》中,霍布斯又回到"人为人即代表"的看法上去了。他说人格是"一个有智慧的实体,它能以它自己或他人的名义或根据他自己或他人的权利而行事"(《对布拉姆霍尔主教的书〈捕捉利维坦〉的回应》310)。这说明,霍布斯对人为人到底是代表还是被代表的东西尚举棋不定。

要说明霍布斯对主权者与国家的混淆,还应该联系到他对授权与让权所说的闪烁其词的话。当他想让主权者的行为免受臣民的批评时(这是授权),那么他就会把主权者等同于国家。可当他想让臣民服从主权者时(这是让权),他就会把主权者与国家分别开来(斯金纳2002:207 – 208)。

怀疑论与宽容

理查德·塔克已经成为霍布斯解释者中最富想象且学识渊博的一位学者。他认为霍布斯的形而上学是对笛卡尔形而上学的回应,他的这个观点得到了广泛的认可(塔克1988a)。塔克还充分有力地述及了霍布斯的宽容观和怀疑论观。就前者而言,塔克声称霍布斯受到1666年10月颁布的"无神论与渎神言论[原文如此]法案"的巨大影响。人们以各种形式无时无刻地讨论着这个法案,一直讨论到1680年代。① 平民院授权一个委员会来搜集《利维坦》的信息,这让霍布斯感到无比困扰(塔克1990:157-158)。至少也是为了对抗这些事件,霍布斯才撰写了他的《哲学家和英国普通法学者对话录》和《对异端的历史叙述》两本书。塔克把这种对抗描述成"1666年至1668年的事件所带给[霍布斯]的、恐惧的证明"(塔克1990:159)。霍布斯与任何理智的人一样,的确担心可能会受到迫害。但若说他惊慌失措则有些言过其实。

根据塔克的看法,因为霍布斯认为国家不应当有反对异端的法律,所以他提倡宗教宽容(塔克1990:160)。可是,提倡宗教宽容,与认为国家不应当有反对异端的法律,这两者却有着天壤之别。他把迫害异端的做法归之于罗马天主教,认为这种做法并不好,但是国王却有权强制其臣民信奉国教。两种宗教虽有着相同的教义却成为不同的宗教,这种情形极有可能出现,因为它们的宗教仪式和教会体制相差万里。

霍布斯认为无神论者"应当被赶出国家。无神论者虽然不是罪犯,却会对公众构成威胁",塔克低估了霍布斯的这个立场(塔克1990:161,引自霍布斯)。塔克指出,霍布斯从未说过无神论者"不遵守契约"(塔克1990:161),这在我看来过于钻牛角尖了。霍布斯认为任何无神论者都会遵守契约,假设塔克的这个看法没错,那么,当霍布斯直截了当宣布无神论者"因其对公众构成威胁……而应当被赶出国家"时,他的这话就毫无意义了(塔克1990:161,

---

① "无神论与渎神言论法案"是1666年10月由英国平民院颁布、用来反对无神论和渎神言论的法案。平民院还成立一个委员会,负责实施和调查无神论和渎神的言论。作者之所以说"[原文如此]",因为法案原文的"渎神"用的是英文古体的prophanity,而不是现代体的profanity。——译者注

引自霍布斯)。塔克还认为,霍布斯否认"誓言会增强契约的效力",这一事实证明上帝与契约的效力毫无干系。我认为这误解了霍布斯的意思:"看来誓言对义务不会增添任何效力,因为契约要是合法的话,即使没有誓言,它在上帝眼里也具有约束力。"(《利维坦》14.33)除非上帝必然支持一切契约,否则为什么契约在上帝的眼里具有约束力?再者,如果上帝必然支持一切契约,那么,人们就不相信不承认上帝的无神论者会签订契约,这也是他们必须被赶出国家的原因。

塔克说霍布斯《利维坦》中"对宽容最富激情的辩护"是以下说法:"于是我们又回归到原始基督教徒的独立状态,每个人都可以随心所欲地跟从保罗、矶发或亚波罗。这种情形如果没有竞争……也许便是最好的方式。"(塔克 1990:163;《利维坦》47.20)但这里根本没有激情,唯有顺从"也许是最好的方式"。

宽容与普通意义上的良知自由有着概念上的联系,前者是后者的必要条件,可是霍布斯并不支持普通意义上的良知自由。他说:

> 我们不能每一个人都运用自己的理性或良知进行判断,而要运用公众的理性,也就是要运用上帝的最高代理人的理性进行判断。……由于思想是自由的,一个人在内心中始终有自由来决定相信与否……但说到对[教条]的信仰,个人的理性必须服从公众。
>
> (《利维坦》37.13)

这就抽去了良知自由概念的精华。① 霍布斯会害怕国教主教

---

① 塔克还倚重昆廷·斯金纳对霍布斯所撰写的、有关"排外危机"的手稿的解释,但是有人已经证明斯金纳的解释并不正确(马蒂尼奇 1999:347-348)。

对自己采取行动,但他并不惧怕主权者对自己提出的要求。因此他并不需要一个宽容的理论,也没有竭力主张一个宽容的理论。

说到怀疑论,塔克认为霍布斯也受到怀疑论的极大影响。塔克证明了许多论题,但唯独没能证明霍布斯与怀疑论之关系这个论题。他证明梅森受到了怀疑论的极大影响,梅森还利用霍布斯的光学成就来克服怀疑论(塔克1988b:238-239)。但是,梅森对霍布斯成就的利用,并不能证明霍布斯自己也受到了怀疑论的极大影响。

塔克还表明,格劳秀斯认为自我防卫与"对一个人的生存所必需的物质资料的防卫"是天经地义之事,他于是把自己的理论建立在这个人们普遍接受的命题之上,希望以此来使自己的哲学能够驳倒伦理怀疑论(塔克1988b:242-243)。然而,我们并不能因此就得出结论说,霍布斯使用类似的命题,动机也是为了驳倒怀疑论。为了发展哲学体系,一个人总想从尽可能多的、智者们会认可的前提开始推论,格劳秀斯的前提好像通过了这个测试。无论格劳秀斯前提的来源在多大程度上归功于怀疑论,这种来源也与霍布斯对此前提的使用毫无干系。同样的话也可用来述说霍布斯对伽桑狄的观察成果的使用,伽桑狄认为人所具有的唯一知识源自人自己的感觉。尽管霍布斯同意伽桑狄的这种看法,这也不能证明霍布斯使用此成果的动机与伽桑狄没什么两样。

塔克声称霍布斯怀疑论的动机在他的诗体自传中表现得一览无余。但在他摘引的段落中,霍布斯并没有谈到任何怀疑的疑问问题。相反,他只是说"他不停思考事物的本质",说唯一"真实的东西不过是运动而已",这唯一真实的东西是我们误将其认作某物的一切现象的基础(塔克自己的译文,引自塔克1988b:248)。这正是老老实实的物理学家或自然哲学家需要完成的计划。如果非要把这说成是怀疑论附体的人需要完成的计划,那就有些言过其实了。

塔克认为霍布斯"承认了笛卡尔对睡梦有些夸张的怀疑",因为霍布斯说:"一个人也不是不可能受到如此的欺骗,以致当睡梦过后,他会把梦境当真。"(《自然法与政治法原理》3.10)但怀疑的可能性("不是不可能")与怀疑的必然性不是一回事(塔克1988b:251;也可参加塔克1992:59,1993:300-301)。虽然霍布斯也表达了各种各样的怀疑,但这并不能证明霍布斯是一个怀疑论者。怀疑论者并非对一切疑问都有特别的兴趣,他们只对普遍的疑问有特别的兴趣。(参见索雷尔1993与此相类似的、更详细的批评。)

我已证明霍布斯并非怀疑论附体,我认为他倒是找到了医治怀疑论的良方。他把他的科学奠基在定义之上,而定义根据规定不会有错(例如,可参见塔克翻译的《论光》,塔克1988b:252)。只要科学根据定义进行推理,或根据由定义得来的结论进行推理,任何错误都别想溜进来。只要人全神贯注于自己的思想,他的推理就不会出错。这不是说霍布斯的良方会说服任何怀疑论者,而只是说这种良方很轻易地让霍布斯感到了满足。

宗教

罗伊特在她的《霍布斯〈利维坦〉中作为利益的理想》中,对宗教在霍布斯政治哲学中的作用,提出了一种全新的看法。罗伊特没有讨论上帝与自然法的关系,她认为先前的评论者们都未能足够重视霍布斯的以下认识,即普通人的行为很大程度上都受到"超然利益"的制约,这些"超然利益"就是植根于上帝信仰和来生信仰之上的价值体系。人们"根据自己的道德理想和宗教原则而去打仗,他们不仅会为了实现自己的价值信念而甘愿冒生命危险,而且当他们相信死亡可以推进自己的事业时,他们甚至会拥抱死亡",这个事实就是很好的证明(罗伊特1992:1)。她以为把霍布斯解释成心理学上的利己主义者,这与这个事实显然不相符合。因此她主张,霍布斯希望向他的读者证明,人们有压倒一切的理由去服从自己的主权者,这些理由不是与他们的超然信念相一致,就是植根于自己的超然信念。就是出于这个理由,罗伊特才看重《利维坦》的后半部分:第三部分,"论基督教体系的国家"和第四部分,"论黑暗的王国"。

就基督教的宗教原则而言,我们也很容易在圣经文本中找到人们应当服从其主权者的证据,例如,"奴仆呀,要服从你们的主人"(歌罗西书3:20),以及"把凯撒的东西归给凯撒"(马太福音22:21;也可参见马太福音 23:2 – 3,《论公民》18.1,《利维坦》20.16,43.2,和《比希莫特》54)。大多数人由于无知,才会不按照这些原则的正确解释行事,因此,需要对这些人进行教化。罗伊特也许比任何其他霍布斯评论者都更重视教化在霍布斯理论中的作用(罗伊特 1992:45,158 – 166;以及罗伊特 1997;也可参见《利维坦》19.9,27.11,30.2,30.4,30.6,30.14,31.4,综述与结论4 和6)。

罗伊特的解释之所以很有意思,除了它本身固有的优点,还因为她在某种程度上受到了罗纳德·德沃金解释理论的启发。根据德沃金的意见,好的解释一定要符合文本的"具体声明、断言和论点",一定要符合整个或大部分文本,一定要说明文本的实际结构(罗伊特 1992:15 – 16)。好的解释还应当证明文本的前后一贯、合情合理,证明文本与作者宣布的目的一致(罗伊特 1992:15 – 16)。由于证明了《利维坦》第三部分和第四部分的重要性,罗伊特的解释乍看上去要比普通的竞争对手更胜一筹。但我们必须对德沃金的解释原则提出反对意见。对第一原则的应用,即解释应当符合文本的"具体声明、断言和论点",就存在问题。这有两个原因。第一,如果这原则的意思是说,文本的语词看来说的就是文本实际上想说的意思,那么我们就可对此提出质疑,因为这种解释没有顾及讽刺和反讽的文本。第二,如果第一项要求的确顾及到了讽刺和反讽,对于一个想要区分讽刺、反讽和非讽刺、非反讽的人来说,它还是帮不了什么忙。换种方式来说,"具体声明、断言和论点"是解释的结果,它们不可能预先存在于某个地方,等着人们把它们连缀在一起。

还有一种与罗伊特观点一致且于同年出版的、对霍布斯哲学的解释,又回复到霍布斯自然法理论神圣—命令的解释维度上去了,但这种解释不仅依据霍布斯的文本,而且还有着广泛的语境主义的考量(马蒂尼奇1992)。① 这种解释把重心放在了两个语境事实上:其一是现代科学对传统基督教信仰提出的挑战;其二是由宗教信仰所引起的政治动荡。之所以要强调这两个事实,是因为霍布斯和他的朋友们似乎很在意这两个事实,霍布斯自己的著作以及与霍布斯有联系的其他哲学家的著作都可以证明这一点,这其中尤其是皮埃里·伽桑狄和托马斯·怀特的著作更是如此。我于1992年提出两种观点。第一种观点是,霍布斯试图调和传统基督教教义与现代科学的关系。这要求霍布斯必须放弃经院学者们所赞同的亚里士多德的理论,这些经院学者也包括如约翰·布拉姆霍尔等英国新教经院学者,它还要求霍布斯必须拒斥异教的希腊和罗马哲学对基督教造成的影响。就这方面而言,霍布斯依然追随着伟大的新教改革者马丁·路德与约翰·加尔文的脚步。

许多学者不同意这种解释,因为他们认为,霍布斯的调和努力很显然没有成功,而且霍布斯手头已没有多少合理的理由可以用来为自己的基督教信仰辩护。虽然我承认霍布斯的调和努力失败了,但我不相信顽固、傲慢、固执、古怪的霍布斯,那个要化圆为方并拥护绝对主权权力的霍布斯,也承认了这一点。有许多理由使

---

① Contextualism,也可译为"情景主义",也被称为"语境相对主义",伦理学和语言哲学中的一种主张,认为当我们考虑一种道德观点或一个术语的含义时,各种不同的语境都应予以重视。——译者注

我相信，霍布斯与任何其他哲学家一样，很愿意承认自己的基督教信仰。如果霍布斯不是基督教哲学家，那么，他对信仰领域和理性领域聪明的划分，他试图调和奇迹与现代科学的努力，他试图提出一种充满才智而又前后一贯的三位一体理论的努力，他对加尔文主义神学信仰的表白，就真有些荒诞无稽了。他不可能一方面试图用这些开创性的理论来掩盖自己的无神论，另一方面又暗示自己是无神论者，这只会让人匪夷所思。我的第二种观点是，霍布斯试图证明，真正的基督教，亦即霍布斯自己重构的基督教，要求臣民必须服从主权者。我的这个观点与罗伊特对此问题的看法十分接近。

许多对我理论的批评完全是无的放矢。我主张霍布斯是信仰上的正统派，于是有些批评者就认为我的主张明显有误，因为当时英国国教会的神学家们无不对他的观点大发雷霆，许多人甚至还认为他是无神论者。他们忽略了我所提出的、"正统"这个概念明确而又专门的定义，也就是说，"正统"指的是对"三十九条论纲"的公开表白。我也承认霍布斯的观点不那么标准（马蒂尼奇1992：1–10），但是13世纪托马斯·阿奎那的观点也不那么标准，16世纪路德的观点也不那么标准，而且两人有时也受到谴责。（与马蒂尼奇1992有关的批评和回应，参看科里1996和2004，莱特1999，以及马蒂尼奇2001a，2001b，和2004）

通常反对我的看法的人提不出任何论据。我以为当霍布斯用他的言辞来为某种类型的基督教进行辩护时，他的言辞就会充满反讽或讽刺意味，有些人就是不愿意重新考虑一下我的这个老观点。如果举不出相反的证据，能够证明霍布斯的观点完全不折不扣地与17世纪的语境相吻合，那么我的这个老观点就应当得到认可。

结论

过去几十年大多数有关霍布斯哲学的学术成果,讨论的都是他的政治哲学。新近出版的两本有关《利维坦》的论文集,表明本书依然是霍布斯的杰作(佛以斯诺和莱特 2004,以及索雷尔和佛以斯诺 2004)。

有些讨论其政治哲学的成果,希望相当直截了当地从其政治哲学中得出一种能够自圆其说的政治哲学。卡夫卡 1986 年出版的这本书是这方面最最完美的一个例子。其他哲学家以更富历史知识的进路做着同样的事情(汉普顿 1986)。自然法的性质是所有这些成果中最最重要的议题。自然法是不是真正的法律?它们是审慎的规则,还是道德戒条?还是两者都是? 自我保全与法是什么关系?霍布斯到底是如何推出后者的?这些都是有待进一步考虑的问题。

除了构建一种能自圆其说的政治哲学这个哲学上的任务,大多数的霍布斯研究都植根于有关社会、宗教和政治状况的、广泛的历史知识当中,霍布斯就是在这样的状况中开展其工作的。有些学者认为,这种知识对精确把握霍布斯的准确主张非常关键(斯金纳 1965,1972 和 2002;以及马蒂尼奇 1992),虽然这种知识对人们就其观点所提出的大多数重要问题都不能提供一个独一无二的答案。哲学观点是否如此地受限于语境,以致无论是根据流行的哲学概念来解释这个哲学观点,还是在政治理论中把它用于解决当前的问题,是不是既无裨益又不合法?有历史意向的哲学家们不同意这种看法。这其中有些哲学家对这个一般问题似乎还含糊不定(斯金纳 2002:177 – 178)。

近来,多少有些受到探究霍布斯宗教与其政治哲学关系的激励,对霍布斯宗教观的研究已经取得了最重要的成果,而且这方面的研究有可能会持续进行下去。与此相关联,人们对霍布斯《比希莫特》中有关英国内战历史的叙述也越来越有兴趣,尤其有兴趣的是他亲自翻译的修昔底德的《伯罗奔尼撒战争史》。现在还很难找到一本最新出版的、研究霍布斯《比希莫特》的好论文集,但是《比希莫特》已经在斯洛文尼亚出版,这一事实说明人们对霍布斯哲学的研究兴趣是多么的广泛(马斯纳客 2003)。由于篇幅所限,我不能讨论其他令人感兴趣的研究领域,尤其是他的科学观和数学观,例如,1985 年出版的夏平和谢弗的作品,以及 1996 年和 1999 年出版的杰西弗的作品等等。

霍布斯研究根本没有减缓的迹象,出类拔萃的作品仍然源源不断地问世出版,因而即使这方面的专家也很难尽览无遗。

拓展阅读

Martinich, A. (1997) *Thomas Hobbes*, London: Macmillan. 一本解释霍布斯哲学的书,也是 20 世纪主要的解释。

Skinner, Q. (2002) *Visions of Politics*, Vol. III: *Hobbes and Civil Science*, Cambridge: Cambridge University Press. 这是影响极大的、涉及广泛论题的论文集,本书认为研究霍布斯应注重历史语境。

Sorell, T. (ed.) (1996) *Cambridge Companion to Hobbes*, Cambridge: Cambridge University Press. 这是一本非常不错的、对霍布斯哲学进行概览的论文集,论文都出自最近的研究成果。

Sorell, T. and L. Foisneau (eds) (2004) *Leviathan after 350 Years*, Oxford: Clarendon Press. 这是一本由许多出色的霍布斯学者对《利维坦》进行广泛评论的书。

术语表

物体（body） 任何充满空间的东西，一种物质的东西。人的躯体只是物体的一种。

微动（conatus） 最小的运动；是否算最小，还要看度量方式。

欲望（desire） 广义上而言，欲望是朝向某物体的运动（即欲求），或离开某物体的运动（即嫌恶）；狭义而言，它只是欲求。

决定论（determinism） 一种认为每个事件都有其原因且唯有事件才是原因的观点。

利己主义（egoism） 一种认为人人都为自己的利益而行动的观点。

自由意志（free will） 一种引发行动的能力。霍布斯认为这是一个前后矛盾的概念：意志是行动前的最后一个欲望；如果一个人的行为因欲望而起，这人就是自由的。

自然法（law of nature） 一种由理性所发现、关于如何持身的戒条。例如，寻求和平、遵守契约、不要让一个有恩于己的人感到后悔等等。自然法不是物理规律。

唯物主义（materialism） 一种认为只有物体存在的观点。

机械主义（mechanism） 一种认为一切原因都是通过一个物体与另一个物体的接触而起作用的观点。

尼西亚信经（Nicene Creed） 公元4世纪正统基督教信仰的声明。人们通常所谓的"尼西亚信经"，更确切地说是尼西亚—君士坦丁堡信经，也就是说，是对君士坦丁堡大会通过的尼西亚信经的修订（公元381年）。尼西亚信经开篇说道："我只信仰一个上帝,一个大能的父,他是天地的创造者……只信仰一个主耶稣基督,上帝所生的唯一儿子。"

唯名论(nominalism)　一种认为只有个体、个别物体存在的观点,它们与共相相反。霍布斯是一个唯名论者,他认为唯一共相的东西是语词,一种能够命名许多东西意义上的语词。

理性(reason)　对霍布斯而言,理性就是计算,就是相加减。

自然状态(state of nature)　没有法律的人类状态。

三十九条信纲(Thirty-Nine Articles)　英国国教会有关正统的正式声明,伊丽莎白一世统治时期正式宣布,后来又经过多次修订。

参考文献

我所使用的参考书目的年份都是该书最初出版的年份。如果用到后来的新版,新版的信息也会注明。

Aubrey, J. (1680) *Brief Lives*, Vol. I, Andrew Clark(ed.)(1898) Oxford: Clarendon Press.

Bacon, F. (1996) *Francis Bacon: A Critical Edition of the Major Work*, Brian Vickers (ed.) Oxford :Oxford University Press.

Bramhall, J. (1658) *The Catching of Leviathan, or the Great Whale*, In T. Hobbes(1651) *Leviathan*, A. P. Martinich(ed.)(2002) Peterborough, Ontario: Broadview Press, pp. 562-79.

Braybrooke, D. (2001) *Natural Law Modernized*, Toronto: University of Toronto Press.

Brown, K. C. (ed.)(1965) *Hobbes Studies*,Cambridge, Mass. : Harvard University Press.

Burton, T. (1828) *Diary of Thomas Burton, esq. Member in the Parliaments of Oliver and Richard Cromwell, from 1656 to 1659*, John Towill Rutt(ed.)London: Henry Colburn.

Calvin, J. (1559) *Institutes of the Christian Religion*, trans. John T. McNeil(1960) Philadelphia, Pa. : Westminster. References are to book, chapter and section.

Curley, E. (1996) "Calvin or Hobbes, or, Hobbes as an Orthodox Christian," *Journal of the History of Philosophy* 34:257-71.

―― (2004) "The Covenant with God in Hobbes's *Leviathan*," in

T. Sorell and L. Foisneau (eds) *Leviathan after 350 Years*, Oxford: Clarendon Press. pp. 199-216.

Darwall, S. (1995) *The British Moralists and the Internal 'Ought' 1640-1740*, Cambridge: Cambridge University Press.

―― (2000) "Normativity and Projection in Hobbes's *Leviathan*," *The Philosophical Review* 109:313-47.

Deigh, J. (1996) "Reason and Ethics in Hobbes's *Leviathan*," *Journal of the History of Philosophy* 34:33-60.

―― (1999) "Motivational Internalism," in R. Audi (ed.) *The Cambridge Dictionary of Philosophy* 2nd edn, Cambridge: Cambridge University Press, pp. 592-3.

―― (2003) "Reply to Mark Murphy," *Journal of the History of Philosophy* 41:97-109.

Descartes, R. (1641) "Objections and Replies," in *The Philosophical Writings of Descartes*, Vol. II, trans. J. Cottingham, R. Stoothoff, and D. Murdoch (1984) Cambridge: Cambridge University Press, pp. 63-383.

Eire, C. (1986) *War Against the Idols: The Reformation of Worship from Erasmus to Calvin*, Cambridge: Cambridge University Press.

Foisneau, L. and G. Wright (eds) (2004) *New Critical Perspectives on Hobbes's Leviathan upon the 350th Anniversary of its Publication*, Milan: FrancoAngeli.

Gauthier, D. (1969) *The Logic of Leviathan*, Oxford: Clarendon Press.

Goldsmith, H. (1991) "The Hobbes Industry," *Political Science* 39:135-47.

Hampton, Jean (1986) *Hobbes and the Social Contract Tradition*, Cambridge: Cambridge University Press.

Hanson, D. W. (1990) "The Meaning of 'Demonstration' in

Hobbes's Philosophy of Science," *History of Political Thought* 11:639-74.

Hayes, P. (1999) "Hobbes's Silent Fool," *Political Theory* 27:225-9.

Hobbes, T. (1629) *Thucydides: The Peloponnesian War*, trans. Davide Grene(1989) Chicago,I11. : Chicago University Press.

―― (c. 1630) "The Short Tract on First Principles," in *Court Traite des Premiers: Le Short Tract on First Principles de* 1630-1, ed. and trans. Jean Bernhardt(1988) Paris.

―― (1640) *The Elements of law, Natural and Politic*, ed. J. C. A. Gaskin (1994) Oxford: Oxford University Press.

――(1641) "Third Set of Objections," in *The Phiosophical Writings of Descartes*, Vol. II, trans. J. Cottingham, R. Stoothoff, and D. Murdoch (1984) Cambridge: Cambridge University Press, pp. 121-37.

――(1643) [*Anti-White*], *Thomas White's* De Mundo *Examined*, trans. H. Jones(1976) London: Bradford University Press.

――(1647) *De cive* in *Man and Citizen*, B. Gert (ed.)(1991) Indianapolis, Ind. : Hackett Publishing Co. ,pp. 87-386.

――(1651) *Leviahtan*, A. P. Martinich (ed.)(2002) Peterborough, Ontario: Broadview Press.

―― (1654) "Of Liberty and Necessity," in *English Works*, W. Molesworth (ed.) Vol. IV,PP. 229-78.

―― (1655a) *De corpore*, in *English Words*, W. Molesworth (ed.) Vol. I.

――(1655b) *Logica: Part I of De corpore*, trans. A. P. Martinich (1981) New York: Abaris Books.

―― (1656) *The Questions Concerning Liberty, Necessity, and Chance*, in *English Works*, W. Mloesworth(ed.) Vol. V.

____(1658) *De homine*, in *Man and Citizen*, B. Gert (ed.) (1991) Indianapolis, Ind.: Hackett Publishing Company, pp. 33-85.

____(1668) *An Answer to Bishop Bramhalls's Book, The Catching of the Leviathan*', in *English Works*, W. Molesworth (ed.) Vol. 4.

____(1679) *Behemoth or The Long Parliament*, F. Tonnies (ed.) (1990) Chicago, Ill: University of Chicago Press.

____(1839-45) *The English Works*, W. Molesworth (ed.) 11 volumes. London.

____(1845) *Opera latina*, William Molesworth (ed.) 5 volumes. London.

____(1994) *Correspondence of Thomas Hobbes*, N. Malcolm (ed.) Oxford: Clarendon Press.

Hoekstra, K. (1997) "Hobbes and the Foole," *Political Theory* 25: 620-54.

____(1999) "Nothing to Declare? Hobbes and the Advocate of Injustice," *Political Theory* 27: 230-5.

____(2003) "Hobbes on Law, Nature, and Reason," *Jorunal of the History of Philosophy* 41: 111-20.

____(2004) "The *de facto* Turn in Hobbes's Political Philosophy," T. Sorell and L. Foisneau (eds) Leviathan *after* 350 *Years*, Oxford: Clarendon Press, pp. 33-73.

Hooke, R. (1663) "Letter to Robert Boyle," Sloane Ms. 1039, Add 6193, British Library.

Jesseph, D. (1996) "Hobbes and the Method of Natural Science," in T. Soress (ed.) *The Cambridge Companion to Hobbes*, Cambridge: Cambridge University Press, pp. 86-107.

____(1999) *Squaring the Circle*, Chicago, Ill: University of Chicago Press.

Joy, L. (1987) *Gassendi, the Atomist*, Cambridge: Cambridge University Press.

Kavka, G. (1986) *Hobbesian Moral and Political Theory*, Princeton, NJ: Princeton University Press.

Kenyon, J. P. (1986) *The Stuart Constitution*, 2nd edn, Cambridge: Cambridge University Press.

Lewis, D. (1969) *Convention*, Cambridge, Mass.: Harvard University Press.

Lloyd, S. A. (1992) *Ideals as Interests in Hobbes's* Leviathan, Cambridge: Cambridge University Press.

──── (1997) "Coercion, Ideology, and Education in Hobbes's Leviathan," in *Reclaiming the History of Ethics*, A. Reath, B. Herman, and C. Korsgaard (eds) Cambridge: Cambridge University Press, pp. 36-65.

Lloyd, S. A. (ed.) (2001) *Special Issue on Recent Work on the Moral and Political Philosophy of Thomas Hobbes*, Pacific Philosophical Quarterly 82.

Macpherson, C. B. (1945) "Hobbes's Bourgeois Man" (original title, "Hobbes Today"), *Canadian Journal of Economics and Political Science* 11; reprinted in K. C. Brown (ed.) (1965) *Hobbes Studies*, Cambridge, Mass.: Harvard University Press, pp. 169-83.

──── (1962) *The Political Theory of Possessive Individualism*, Oxford: Clarendon Press.

Malcolm, N. (1988) "Hobbes and the Royal Society," in G. A. J. Rogers and A. Ryan (eds) *Perspectives on Thomas Hobbes*, Oxford: Clarendon Press, pp. 43-66.

──── (2003a) *Aspects of Hobbes*, Oxford: Clarendon Press.

____ (2003b) "*Behemoth Latinus*: Adam Ebert, Tacitism, and Hobbes," *Filoszfski Vestnik* 24: 85-120.

Marshall, J. (1985) "The Ecclesiology of the Latitude-men 1660-1689: Stillingfleet, Tillotson and 'Hobbism,'" *Journal of Ecclesiastical History* 36:407-27.

Martinich, A. P. (1992) *The Two Gods of Leviathan*, Cambridge: Cambridge University Press.

____(1996) *A Hobbes Dictionary*, London: Blackwell.

____(1997) *Thomas Hobbes*, London: Macmillan.

____(1998a) "Thomas Hobbes in Ben Jonson's *The King's Entertainment at Welbeck*," *Notes and Queries* 243, new series 45: 370-1.

____(1998b) "Francis Andrewes Account of Thomas Hobbes's Trip to the Peak, " *Notes and Queries* 243 ,new series 45: 436-40.

____(1999) *Hobbes: A Biography*, Cambridge: Cambridge University Press.

____(2001a) "Interpretation and Hobbes's Political Philosophy," *Pacific Philosophical Quarterly* 82: 309-31.

____(2001b) "Hobbes's Translations of Homer and Anticlericalism," *The Seventeenth Century* 16: 147-57.

____(2004) "The Interpretation of Covenants in *Leviathan*," in T. Sorell and L. Foisneau (eds) *Leviathan after 350 Years*, Oxford: Clarendon Press, pp. 217-40.

Mastnak, T. (2003) "Behemoth," *Filozofski Vestnik* 2:1-320.

Murphy, M. (2000) "Desire and Ethics in Hobbes's *Leviathan*," *Journal of the History of Philosophy* 38:259-68.

Oakeshott, M. (1957) "Introduction," in Thomas Hobbes *Leviathan*, Oxford: Basil Blackwell, pp. vii-1xvi.

Pasquino, P. (2001) "Hobbes, Religion, and Rational Choice: Hobbes's Two Leviathans and the Fool," *Pacific Philosophical Quarterly* 82:406-19.

Peters, R. (1967) *Hobbes*, 2nd edn, Harmondsworth: Penguin.

Pope, W. (1697) *The Life of the Right Reverent Father in God Seth Ward etc.*, London.

Raylor, T. (2001) "Hobbes, Payne, and *A Short Tract on First Principles*," *The Historical Journal* 44: 29-58.

Ryan, A. (1998) "Hobbes and Individualism," in G. A. J. Rogers and Alan Ryan (eds) *Perspectives on Thomas Hobbes*, Oxford: Clarendon Press, pp. 81-105.

Schelling, T. (1960) *The Strategy of Conflict*, New York: Oxford University Press.

Schuhmann, K. (2004) "*Leviathan* and *De cive*," in T. Sorell and L. Foisneau (eds) Leviathan *after* 350 *Years*, Oxford: Clarendon Press, pp. 13-32.

Shapin, S. and S. Schaffer (1985) *Leviathan and the Air-Pump*, Princeton, N. J.: Princeton University Press.

Skinner, Q. (1965) "History and Ideology in the English Revolution," *Historical Journal* 8: 151-78.

———(1972) "The Context of Hobbes's Theory of Political Obligation," in Maurice Cranston and Richard S. Peters (eds) *Hobbes and Rousseau*, Garden City, N. Y.: Anchor Books, pp. 109-42.

———(2002) *Visions of Politics*, Vol. III, *Hobbes and Civil Science*, Cambridge: Cambridge University Press.

Sommers, F. (1970) "The Calculus of Terms," *Mind* 79: 1-39.

Sorell, T. (1986) *Hobbes*, London: Routledge.

———(1993) "Hobbes without Doubt," *History of Philosophy Quarter-*

ly 10:121-35.

―――(2004) "The Burdonsome Freedom of Sovereigns," in T. Sorell and L. Foisneau (eds) Leviathan after 350 Years, Oxford: Clarendon Press, pp. 183-96.

Sorell, T. (ed.) (1996) Cambridge Companion to Hobbes, Cambridge: Cambridge University Press.

Sorell, T. and L. Foisneau (eds) (2004) Leviathan after 350 Years, Oxford: Clarendon Press.

Springborg, P. (1975) "Leviathan and the Problem of Ecclesiastical Authority," Political Theory 3: 289-303.

―――(1995) "Thomas Hobbes and Cardinal Bellarmine: Leviathan and the Ghost of the Roman Empire," History of Political Thought 16:503-31.

Strauss, L. (1952) The Political Philosophy of Thomas Hobbes: Its Basis and Its Genesis, Chicago, Ill.: University of Chicago Press.

Taylor, A. E. (1965) "The Ethical Doctrine of Hobbes," in K. C. Brown (ed.) Hobbes Studies, Cambridge, Mass.: Harvard University Press, pp. 35-55.

Thomas, K. (1969) "The Social Origins of Hobbes's Political Thought," in K. C. Brown (ed.) Hobbes Studies, Cambridge, Mass.: Harvard University Press, pp. 185-236.

Tuck, R. (1983) "Grotius, Carneades, and Hobbes," Grotiana 4; reprinted in V. Chappell (ed.) (1992) Grotius to Gassendi, New York: Garland, pp. 51-91.

―――(1988a) "Hobbes and Descartes," in G. A. J. Rogers and A. Ryan (eds) Perspectives on Thomas Hobbes, Oxford: Clarendon Press, pp. 11-41.

―――(1988b) "Optics and Skeptics," in E. Leites (ed.) Conscience *and Casuistry in Early Modern Europe*, Cambridge: Cambridge University Press, pp. 235-63.

—— (1989) *Hobbes*, Oxford: Oxford University Press.

—— (1990) "Hobbes and Locke on Toleration," in M. Dietz (ed.) *Thomas Hobbes and Political Theory*, Lawrence, Kan.: University of Kansas Press, pp. 153-71.

—— (1992) "The Christian Atheism of Thomas Hobbes," in M. Hunter and D. Wootton (eds) *Atheism from the Reformation to the Enlightenment*, Oxford: Clarendon Press, pp. 111-30.

—— (1993) *Philosophy and Government, 1572-1651*, Cambridge: Cambridge University Press.

—— (1999) *The Rights of War and Peace*, Oxford: University Press.

Warrender, H. (1957) *The Political Philosophy of Hobbes*, Oxford: Clarendon Press.

—— (1969) "A Reply to Mr. Plamenatz," in K. C. Brown (ed.) *Hobbes Studies*, Cambridge, Mass.: Harvard University Press, pp. 89-100.

Watkins, J. W. N. (1973) *Hobbes's System of Ideas*, 2nd edn, London: Hutchinson University Library.

Woodhouse, A. S. P. (1992) *Puritanism and Liberty*, 3rd edn with new preface, Rutland, Vermont: Charles E. Tuttle.

Wright, G. (1991) "Hobbes's 1668 Latin Appendix to *Leviathan*," *Interpretation* 35: 323-413.

—— (1999) "Hobbes and the Economic Trinity," *British Journal for the History of Philosophy* 7: 397-428.

—— (2002) "Curley and Martinich in Dubious Battle," *Journal of the History of Philosophy* 40: 461-76.

译后记

  2002年我从上海外国语大学毕业,来到美丽的西子湖畔做了一名教书匠。虽然杭州城美不胜收的景色让我心满意足,但是我心中却一直埋藏着一个魂牵梦绕的向往。我对哲学虽然一直情有独钟,但还没有真正听哲学老师讲过哲学课。于是,在一个浙大读博士的朋友的带领之下,我得以走进了包利民先生的课堂,听了我平生以来的第一次哲学课。包先生风流儒雅,温柔敦厚,深得浙大学子们的热爱。他专治古希腊哲学和政治哲学。记得当时坊间正热卖甘阳先生作序的《自然权利与历史》,于是包先生就推荐我们去买这本书,后来还在课堂上大论特论施特劳斯,他还推荐我们尤其要细读甘先生的序言。现在回想起来,如果不是那堂课,我对政治哲学就不会有那么大的兴趣;要不是他大谈特谈施特劳斯,我后来的博士论文就不可能研究霍布斯。到后来,哲学魅力之大如汝伦先生者,都没能改变我的执着。在此,真的应该感谢汝伦先生的宽宏大量!

  后来,承蒙包利民先生的厚爱,推荐我翻译这本书,想起来已经是2012年的事了。自那以后,我就开始翻译这本书,中间经历了"子欲养而亲不待"的人生欠然和至大伤痛,挣扎了许久才重新振作起精神,在罗庆编辑的不断督促之下,终于完成了本书的翻译。

  愿这本书能够告慰双亲的在天之灵!

  本书译文参考了商务印书馆出版的《利维坦》中文本,对于本书引到的中文本的文字,我没有完全照录,有些地方做了些许的改动。这一方面是因为原译文句子太长，另一方面是因为原译文有些落伍，如原译文将 natural law 翻译成"自然律"等等。

本书原文的注释原本在书末，为使读者查找起来方便，我把注释都改放在该注释所在书页的页脚。

本书的翻译还得到妻子姜丽的耐心协助，她不但全部承担了洒扫洗炊的繁重家务，还细心录入了书末的"参考文献"，要不是她的孺子牛精神，这本书的翻译不知又要拖沓到何时。我的儿子也很关心我的翻译工作，不时把脑壳伸进门缝，装模作样地对着电脑屏幕夸奖我翻得不错。他们一直的期待也成了我翻译的动力。

虽然我尽了最大的努力来使译文准确流畅，但是书中错误之处在所难免，希望方家不吝指正。

王军伟
2014 年于昆明虚静斋

图书在版编目（CIP）数据

霍布斯／(美)马尔蒂尼著；王军伟译.—北京：华夏出版社，2015.8

书名原文：Hobbes

ISBN 978-7-5080-8530-2

Ⅰ.①霍… Ⅱ.①马… ②王… Ⅲ.①霍布斯，T.（1588～1679）－政治哲学－研究 Ⅳ.①B561.22②D0

中国版本图书馆 CIP 数据核字(2015)第 175848 号

Hobbes／by A. P. Martinich／ISBN:978-0-415-28328-0
Copyright© 2005by Routledge.
Authorised translation from the English language edition published by Routledge, a member of the Taylor & Francis Group. Copies of this book sold without a Taylor & Francis sticker on the cover are unauthorized and illegal.

本书中文简体翻译版授权由华夏出版社独家出版并限在中国大陆地区销售。未经出版者书面许可，不得以任何方式复制或发行本书的任何部分。本书封面贴有 Taylor & Francis 公司防伪标签，无标签者不得销售。

版权所有 翻印必究
北京市版权局著作权合同登记号：图字 01-2011-0896

霍布斯

作　　者	［美］A. P. 马尔蒂尼
译　　者	王军伟
责任编辑	罗　庆　田红梅
出版发行	华夏出版社
经　　销	新华书店
印　　装	三河市少明印务有限公司
版　　次	2015 年 8 月北京第 1 版 2015 年 12 月北京第 1 次印刷
开　　本	880×1230　1/32 开
印　　张	8.75
字　　数	220 千字
定　　价	36.00 元

华夏出版社 地址：北京市东直门外香河园北里 4 号　邮编：100028
网址：www.hxph.com.cn　电话：(010) 64663331（转）
若发现本版图书有印装质量问题，请与我社营销中心联系调换。